◎ 米脂文史之八

米脂出了個李自成

米脂县政协文史科教委员会　米脂县博物馆 编

毕华勇　艾 剑 编

陕西新华出版

太白文艺出版社·西安

图书在版编目（CIP）数据

米脂出了个李自成 / 毕华勇，艾剑主编. — 2版
— 西安 ： 太白文艺出版社，2017.9（2024.1重印）
ISBN 978-7-5513-1247-9

Ⅰ．①米… Ⅱ．①毕… ②艾… Ⅲ．①李自成（
1606~1645）—人物研究—文集 Ⅳ．①K827=48

中国版本图书馆CIP数据核字（2017）第185353号

米脂出了个李自成
MIZHI CHULE GE LI ZICHENG

作　者	毕华勇　艾　剑
责任编辑	李明婕　林　兰
整体设计	西安博华平面设计工作室
出版发行	太白文艺出版社
经　销	新华书店
印　刷	天津旭丰源印刷有限公司
开　本	787mm×1092mm　1/16
字　数	220千字
印　张	16
版　次	2015年10月第1版
	2017年9月第2版
印　次	2024年1月第4次印刷
书　号	ISBN 978-7-5513-1247-9
定　价	48.00元

《米脂出了个李自成》编委会

顾　　问：杨志先　高　寒

主　　任：马生光

副 主 任：常庆武　高辰开　李金凤　毕华勇

委　　员：艾丕富　艾　剑　申长明　李　睿

　　　　　李　波　窦　荟　（按姓氏笔画排序）

主　　编：毕华勇　艾　剑

副 主 编：李　睿

编　　辑：李　睿　杜　琪　窦　荟　李　波

　　　　　刘彩霞　姬美玲　马林军　马　军　杜　伟

前　言

没有历史的城市，就像没有灵魂的荒城。即使一个城市建设得再漂亮，再现代，当老建筑越来越少的时候，这个城市的文化历史也会变得越来越模糊。

我们在介绍自己的人文地理、风俗民情等情况的时候，总不忘追溯到几百年前。"千年古县"的命名，使米脂的历史拉得更长，在这千年的变迁中，某一段历史让人刻骨铭心，有时津津乐道。传说也好，史料也罢，能给米脂人最深刻感触的便是李自成。因为，李自成行宫就在盘龙山矗立，它的中国态的建筑、物件和故事，让我们长久地感慨万千。

因各种原因，关于李自成的种种研究与讨论一直争论不休。然而，我们关注的不是历史文物，而是一份珍贵的文化遗产，更是深厚的精神财富。遗憾的是，我们对于李自成的研究远远不够，他的失败与教训，让我们不得不反思，要巩固一个政权，没有自己的先进性，没有树立以民为本的思想，何谈理政治国？

李自成留给我们的思考太多太多了，作为他的家乡人，我们不断挖掘、整理他的点滴故事，研究他的特殊性和历史定位。以史存鉴，启迪后人，吸取教训。作为文史编纂者和记录者，我们必须以米脂历史传统为根基，无论外面对李自成炒作得如何沸沸扬扬，对于学术我们可以讨论，而对历史，我们无论如何也不能篡改。

现在，面对商业化泛滥的无奈，对李自成行宫因旅游开发而舍弃了对他的研究。我们在叹惜历史文脉的断裂时，应以如何的方式追寻米脂县古老的文化和厚重历史，追问米脂原来形成的特定人文关系和生活习俗？又如何结合现实探求米脂老城在农耕文明与现代化经济交流的作用，并创新传承、古为今用？这些都值得我们思考。

《米脂出了个李自成》作为文史出版，我们这已是第二本了，我们收集编发了有关专家学者对李自成的种种探究与考证，希望能给读者一些启示，它也反映了我们对待历史人物的态度。

目 录
Contents

米脂李自成纪念馆讲解词

尊敬的各位领导、尊敬的游客朋友：

大家好！

欢迎莅临李自成行宫参观游览，我是我馆×号讲解员×××，本次由我带领大家参观李自成生平事迹展览。我们这个展览，以李自成主要经历为线索，以史实为依据，通过文字 、图片、实物、雕塑，辅之以现代化的声、光、电技术，力图再现李自成非凡的一生，使各位朋友和同志们对明末农民革命运动，对李自成这位举世瞩目的伟大农民革命领袖有更进一步的了解。下来请朋友们观看本展览：

米脂，采历史长河之灵气，文明开化，源远流长；

米脂，得民族文化之精华，人才辈出，闻名遐迩。

李自成就是无数米脂优秀儿女的杰出代表。他以黄钟大吕之声，疾呼"均田免赋"之口号，胸怀父老，志救黎民；用气吞山河之势，高擎"闯"字大旗，叱咤风云，战斗一生。犹如行空巨龙，翱翔于神州八面，腾飞在华夏九天。

一、峥嵘岁月立壮志，动荡年代树雄心

李自成诞生之时，正逢明王朝没落之日。封建帝王，骄奢淫逸；宦官阁臣，争相弄权；贪官污吏，横征"三饷"；民怨鼎沸，灾荒连年。悲惨境遇，磨炼了他刚正不阿的坚强意志；动荡年代，铸就了他威武不屈的英雄气概，翻开他成长和战斗的峥嵘岁月篇章，展现在我们面前的是一幅幅波澜壮阔的历史

画卷。

　　李自成生于公元1606年9月22日，也就是明万历三十四年八月二十一日。他的曾祖名李世辅，祖父叫李海，父亲李守忠。他的母亲各史书记载为吕氏、金氏、石氏不等。他的哥哥叫李鸿名，侄儿李过。李自成有很多小名，如黄来儿、黄娃子、枣儿、闯儿等。李鸿基是他最初的学名。

　　李自成出生在米脂县的李继迁寨。根据《明史》《甲申传信录》《荒书》《绥寇纪略》《明季北略》《豫变纪略》《明史纪事本末》《虎口余生记》《康熙陕西通志》《怀陵流寇始终录》等大量文献记载李继迁寨在明代、清代都属米脂县域之内，后方划到横山县域。所以说，李自成是米脂人是毫无疑义的，而说李自成是横山人当不能成立，切合实际的说法应为李自成是当时的米脂人，现在其出生地属横山县。

　　李自成的祖籍为米脂县李站，这也有大量的历史资料可以印证，而流传于李站丰富的口碑传说又可作为旁证；随着历史烟海而逐步消失，现存不多的遗迹、遗物则可成为这一历史问题的铁证。这是李自成祖上所居住窑洞旧址，当地人把它叫作马圈圪。这是和李站仅一河之隔的叶站《叶氏宗谱》，真实的传说则又可证实这一问题。叶站原不叫叶站，这里的人也不姓叶，而都属于李站李氏一族。李自成兵败之后，清军欲剿灭李自成族人，当时一青年为逃脱清军追杀从山崖坠落而致体无完肤，后侥幸得以生还，人称其为"李没皮"；也因

此人脖子上挨过清军一刀，人们又称其为"李没脑"。此人以后结婚生子，为了防止清军再度追杀，后改为叶姓，其村亦改为叶站，也称叶家站。一代又一代逝去之人，为还其真实姓氏，则在墓葬内的墓砖、墓瓦上写上其真实姓氏李某某，而在墓碑上则又明书叶某某。

李自成出生前后，是明末多灾多难的一个时期。统治阶级为了维持其摇摇欲坠的封建统治，满足皇室穷奢极欲的生活，连年加派田赋课税，这个表我们一看便知，从万历到崇祯年间，加派"三饷"的巨大数额。从这个表我们也可以清楚地看到，当时皇室、官僚、地主侵吞霸占田地数量之巨大。万历皇帝朱翊钧是明代倒数第四个皇帝，他在很早的时候，就大兴土木为自己修建陵墓，从这个表上可看出修建定陵的耗资用工情况。

由于皇室、皇族、外戚、官僚、地主敲骨吸髓的压榨和剥削，加上连年灾荒，广大人民群众的生活贫困异常，逃荒之饥民成群结队。这是在河南出土的《饿殍图》，图上的四个图题"盗贼夜火""人食草木""饥民逃荒""饿殍满路"，可见人民生活困苦不堪的悲惨情景。

李自成就在这样的艰难困苦中度过了自己的童年，父亲在这样的艰难环境中还节衣缩食，让李自成和李过从六岁起在村塾上学，李自成厌恶刻板式的读书生活，而喜好舞拳弄棒。后来，由于又遭特大灾荒，李守忠只得忍痛将十岁的李自成送到姓艾的地主家放羊。根据米脂县常福元同志所著《李自成陕北史事研究》一书中考证，李自成为其牧羊的这个地主姓艾，名叫艾应甲，是后来被李自成所杀的明副总兵艾万年的父亲，常福元同志在艾家的窑洞就住过十八年。在艾家，李自成吃尽了苦头。这幅描写李自成幼年生活的"牧羊图"，透过破烂的衣衫，可见伤痕累累，血迹斑斑。

在这苦难的岁月中，李自成一天天成长了起来，他身体强壮，双臂有力。这幅画，我们把它定名为"较力"，意思为比试力气之意。《明季北略》中记载：李自成和幼时好友刘国龙以及李过一同去关帝庙玩耍，李自成欲和他们比试一下力气，关帝庙有一铁香炉，重七十三斤，李自成将香炉举起并绕殿一周，仍放原处。刘国龙上前也想举起，但不能成功，双手握住香炉，只走了几步。李过奋力一提，也不能动，学着刘国龙的样子，抱起后走了十五步。李自成又举起绕殿一周，慷慨地说：大丈夫应横行天下，自成自立，若只守父业，可称为男子汉吗？可见李自成在少年之时，心胸不凡。

后来，李自成听说延安有位退伍的军官罗襄（又名罗君彦）收徒传艺，非常高兴，背父私逃，前去学艺。几个月之后，他捎信让李过和刘国龙也来延安，李守忠得知儿子下落，为满足其心愿，将罗请到家中给他们传授武艺。

李自成和李过都在十八岁那年结婚，自成比李过迟半年。婚后不久，李守忠就去世了。二十三岁时，李自成应募做了驿马夫，来到了米脂县城。这张古旧的照片就是米脂县老城的照片。当时的银州驿，在现在的党校，也就是清代米脂县衙西侧，当地人称为马号圪台，取名于当时拴驿马之意。关于李自成当驿卒之事，历史资料多有记载，《陕西通志》卷三十一说："李自成，少孤贫，为驿卒。"《明史纪事本末》卷六十三说他"家贫，为驿卒"。《荒书》中讲："李自成，父为农，贫甚，父亡，自成年长无依，为驿马夫。"还有很多资料对此都有记述，如《鹿樵纪闻》《国榷》《石匮书后集》《后鉴录》等。在李自成当驿卒之时，奔波于当时米脂仅有的两处驿站，即碎金驿、银川驿与延安之间的石咀驿、甘谷驿这条驿道上。有一个故事在光绪《米脂县志》中得以记载，故事是这样说的：一天正午，李自成正行于驿道，见一红衣少妇独行，李自成就大声问她："你一个妇人因何独行，意欲何往？"少妇答说："我非人，乃红煞女也，今某家结婚，犯我忌日，我准备前去作祟。"李自成说："人家成婚喜事，何苦作祟人家？"红煞一听，回答说："遵星主之命我即回转。"说完当即不见。李自成又走一段后，见前方村中鼓乐齐鸣，一家人正在举行结婚庆典，李自成当即走到这结婚之家，问其家主和阴阳先生说："今犯红煞忌日，你不知道吗？"家主答说："知道，今虽是红煞忌日，但有福星救护（民间传说为紫微星救驾），没有关系。"李自成从此产生异志。这则故事，虽有浓厚的迷信色彩，但作为一个美丽的传说，在县志里被记述了下来。这幅照片是我县的西角楼，米脂县城作为宋代元丰四年就筑城的古县城，东、南、北城门俱全，唯独没有西门。这又有着一个神奇的传说。传说米脂西城下压着九条龙，朝廷闻知，恐怕这里出了真龙而夺了皇位，就责成米脂不准修西城门，并且在西城角上修了一座西角楼以示镇压。米脂现在流传下来的酒曲《远照米脂城》是这样唱的："远照米脂城，近照米脂无有西门，西角楼下压九条龙，大老庙金钟又响几声，狐子刨，老鼠捯，出了个闯王李自成，三反河南攻打北京。"虽说这又有些迷信色彩，但李自成在米脂广大群众的心里，是一代真龙天子。就在前数年我县新建的立交桥，也名为"九龙桥"。这些都反映了米脂人民对李自成的深厚感情。

在李自成当银川驿卒的前后，全国普遍遭灾，陕北地区更严重。明朝官吏马懋才奉皇帝谕旨回家乡视察，他目睹了家乡的灾情之后，用触目惊心的文字写下《备陈灾变疏》上奏朝廷（讲述原文），这份使人看后毛骨悚然的奏疏，如实地反映了当时陕北的严重灾情，也很大程度上道出了陕北风起云涌的农民起义爆发的直接原因。生活穷困潦倒的广大民众普遍认为："死于饥和死于盗等耳，与其坐而饥死，何不为盗而死，犹得饱死鬼也。"

此时的李自成，一年到头风风雨雨，而每天只能领取驿银二分，根本不能养活全家，无奈之下，只得向艾同知家借债度日。有一天，李自成为债务之事到艾家交涉，艾同知正在陪客，守门之人又不让李自成进去，他只能在前石坊下躺下休息。艾同知送客出，看见李自成躺在石坊下而没即刻起来，顿时大怒，喝令仆役将他捆绑起来，毒打一顿，后又将他锁在庭院柱子上，不许吃饭，不给喝水。艾同知的小儿子手拿面饼奚落自成，并将饼子扔在地上踩得稀烂，还说："我宁喂狗，也不给你吃。"这幅画所反映的就是李自成在艾同知家受辱的情景。

后来，李自成因所骑驿马一连死了几匹，又丢失一份公文，上官严责，家中又出了一桩命案，被打入监牢。《流寇志》《荒书》《延绥镇志》等很多历史资料对此事都有明确记述。此时，艾同知趁危索债，嘱托米脂县令将李自成打入死牢。李自成在李过和狱卒的帮助之下，越狱脱险，一出狱，就杀了艾同知，随即带着侄儿李过，向外逃亡。关于李自成是否杀了艾同知之事，各书记载不一，如《流寇志》卷四中说："李自成……以负债为艾同知所责，即杀艾……"《甲申朝事小纪》初编卷三、《后鉴录》卷五等的记述与此完全相同。我们《米脂艾氏宗谱》的第一卷《世系考》和第二卷《人物传》中则记述，艾应甲为艾万年之父，殁于崇祯十年，并非李自成所杀。对此问题，我们还将进一步考证，以得一个正确的结论。

上述内容，为本展第一部分主要内容，主要讲了李自成的祖籍、家世，他出生前后的时代背景和他青少年时期的主要经历，以及他为什么要走上农民革命道路。下来请同志们观看第二部分"高举闯旗救黎民，疾呼均田济苍生"。

二、高举闯旗救黎民，疾呼均田济苍生

农民革命领袖李自成，以其超凡的智慧和勇气，聚百万民众，铲除暴戾，拯救饥寒；汇千里铁流，荡垢涤污，摧枯拉朽。三遭败绩而气不馁，五覆官军而胜不骄。尤其值得大书特书的是：在我国农民革命运动中，首次提出"均田免赋"的伟大口号。得民心，遂民愿，为成就一代伟业打下坚实基础。

离开米脂的李自成走到了哪里这一问题是一个比较重要的问题，这直接关乎李自成是在何地参加农民军的大问题。这一问题，明清遗留下的千余种历史资料说法不一，现在研究农民革命战争史的学者、专家也各持观点。归纳起来，主要说法有两种。一种说法认为：李自成离开米脂之后，逃往甘肃，投甘肃巡抚梅之焕部下，后发动金县兵变，杀参将王国，走上革命道路；另一种说法则认为，李自成离开米脂后，到米脂西川先投王左挂子（王子顺），后从不沾泥（张存孟）。记述前种说法的历史资料有《绥寇纪略》《明季北略》《鹿樵纪闻》《后鉴录》，等等。记述后种说法的历史资料有《荒书》《延绥镇志》《豫变纪略》《明季实录》，等等。本展因展出面积所限，我们将前一种说法作为这一问题的主线。

1628年，李自成和李过逃往甘肃，为找一栖身之所，就在巡抚梅之焕部下当了兵，不久就升为把总。李自成久慕义军首领高迎祥侠骨豪气，乘征剿"盗警"差事，多次寻访，终得相见，并结为兄弟。

1630年，李自成随参将王国北上勤王，在金县因王国责打李自成手下弟

兄而发动大规模兵变，杀掉王国，走上革命道路。1631年，李自成投闯王高迎祥，称八队闯将。1633年11月，各路农民军辗转南下，云集黄河北岸。前有黄河天险，后有追兵，形势危急。恰在这时，北风大作，气温骤降，大河封冻，坚冰如桥，十万大军踏冰渡河，开辟了新的战场。此时，李自成已成为和高迎祥、张献忠并驾齐驱的三大主力。

1634年6月，李自成等部误入兴安之车箱峡，被陈奇瑜围困。粮援断绝，形势十分严重。车箱峡，也叫狗脊关，峡长四十里，形同狗脊骨，四山峙立，险峻难攀。官军垒石断路，堵塞峡口，地主乡丁也从西边山巅推落巨石，加之连阴雨数十日，农民军人马久被雨淋，衣甲俱腐，刀枪锈蚀，饥饿困顿达于极点。在这紧急关头，李自成采纳谋士顾君恩假降之计，重贿五省总督陈奇瑜左右亲信，假称受抚。陈奇瑜久剿无成，以为大功唾手可得，当即应允，下令停止攻击，准许农民军出峡听编。农民军表面上与官军易马而乘，抵足而眠，暗中却加紧准备。一出绝地，犹如猛虎出柙，杀尽所有"安抚官"，各股分头出击，纵横长驱，所向无敌，李自成在危难之时为农民军再立功劳，受到部下与别部将士的尊敬，他的队伍也迅速发展为十余万人。李自成车箱峡假降之计获得成功的消息传到京师，朝廷惊恐万分，革陈奇瑜职逮讯，命洪承畴为兵部尚书，总督陕西、山西、湖广、河南、四川五省防务。

1635年（崇祯八年）春，农民军十三家七十二营大会荥阳，各部首领在闯王高迎祥主持下商议对敌之策。会上，为分兵问题张献忠与马守应发生争执，李自成慷慨地说："一夫犹奋，况十万众乎？官兵无能为也，宜分兵定所向，利钝听之天。"李自成所说的这段话，在《明史·李自成传》和光绪《米脂县志》等众多的历史资料中都有明确的记载。李自成讲完之后，各路农民军首领一致赞同李自成的意见，他们用拈阄的办法分配了战斗任务。

荥阳大会，以会议的形式，由各路农民军首领坐在一起共同商议对敌之策，这在我国农民革命史上是罕见的，对多年来自立山头、各自为战的农民军来说，无疑是伟大的进步。而李自成在会上的提议，充分地显示了他杰出的军事才华。

荥阳会议之后，农民军各部分兵进击。李自成、高迎祥、张献忠分为一路，向南挺进，所向披靡，不到十天便直逼安徽凤阳。凤阳是明皇室发祥之地，也是明皇室祖陵所在之处。李自成所部在正月十五一举攻克凤阳，放火焚烧了朱元璋年轻时当过和尚的龙兴寺和朱家皇陵的楼殿、享堂。消息传至京师，崇祯皇帝寝食不安，哭告太庙，降旨逮杨一鹏至京问斩。

1636年（崇祯九年），李自成第一次回米脂。李自成回到米脂，米脂人民群众奔走相告，夹道欢迎。李自成将米脂知县唤到城外，告诉他说：这里是我的故乡，这里的百姓是我的父老，你不可虐待。并留下金银，命赈济百姓及修缮文庙。这里，需要给朋友们说一下关于当时米脂知县是谁这一问题。根据《明史•李自成传》记述：呼知县边大绶曰："此吾故乡，勿虐我父老。"《明通鉴》卷八十五亦有同样的记载，我县1993年新编县志《政权志》中载："温应显（星）九年任，边大绶（河北任丘），十四年任。"这就是说，崇祯九年，米脂的知县应是温应星而不是边大绶。历史资料《流寇长编》中记载说：李自成回米脂县后，"知县温应星力守得全"。这说明当时的知县应是温应星。《顺治六年内外官署奏疏》中，边大绶的奏本说："臣本任丘书生，荷先朝特典，于崇祯十三年除授米脂。"边大绶本人说，他是崇祯十三年到米脂任知县的。上述争议，何以明辨，尚需时间，但有一点是肯定的，回到米脂的李自成，确实将时任米脂的知县唤出，告诉他，这是我的家乡，不可虐待我的父老。此后，李自成所率的农民军取得了很大的胜利。在襄乐和三溅头之战中，明总兵曹文诏和副总兵艾万年被农民军所杀，也是在1636年（崇祯九年）高迎祥不幸被俘，各家农民军公推闯将李自成为最高领袖，承袭"闯王"的名号。从此，李闯王的称号便响彻大江南北。

1638年（崇祯十一年），李自成率部东行，在潼关南塬遭孙传庭伏击，损失惨重，李自成以十八骑突围，败走商洛山中。虽遭惨败，李自成毫不气馁，收集散兵，整顿队伍，休养生息。他认真总结近十年的作战经验与教训，常给部下讲汉高祖刘邦百战百败，一战成功而得天下的历史，鼓舞将士，以图再起。关于李自成在南塬惨遭败绩，败走商洛山中这一重大的挫折，贯为封建王朝而鼓吹的史料多有记载。如《明史·列传》中这样说："李自成尽亡其卒，独与刘宗敏、田见秀十八骑溃围，窜伏商洛山中。其年献忠降，自成势益衰。"《平寇志》《庄烈帝本纪》《鹿樵纪闻》等都有如此记述，就连《直隶商州志》对此事也有记载。为了进一步核实展出资料的真实性，我们对李自成屯兵商洛山的实地进行了现场考察。当年，李自成败走商洛后主要活动地点为现在的商南县富水镇。在这里，迄今还流传着许多有关闯王的逸闻故事。许多地名如将军营、擂鼓台、铁匠营、点将台，这些极具阳刚之气的地名中，似乎使人能听到当年李自成所率农民军金戈挥舞的铿锵之声和战马的咴咴嘶鸣。出于对李自成的怀念，当地群众主动集资，在名叫生龙寨的山顶上修建"闯王宫"一座，宫门两侧撰有一副藏头抑尾对联。上联是："生在豪杰，死也鬼雄，覆灭朱明在乎闯。"下联为："龙非帝胄，虎非名门，均田免赋称顺王。"对联头尾藏抑有"生龙闯王"四字。说到生龙寨，则又引出了一则优美的历史传说，根据地名、口碑，这些传说是真实可信的。李自成在潼关南塬遭伏击后，和夫人高桂英离散，到了商洛山中，他在富水关南四公里的金钟山扎营，招兵买马。金钟山下有两个一百多户的大村子，一个叫王家楼，一个叫王家庄。王家楼有一位财主见李自成所率义军军纪严整，对百姓秋毫无犯，乃真正的仁义之师，又见闯王身材魁梧，气宇轩昂，心想将来必成大器，而且现在闯王身边又无妻小，于是就主动将自己的小女儿灵芝许配给他做妻子。王灵芝长得非常秀美，一头秀发从绣楼直拖到楼下，她性情柔和，顾全大局。无论是月下练剑，还是灯下读书，灵芝都紧紧陪伴着李自成。李自成也非常喜欢灵芝，两人形影不离，后灵芝生下一子，李自成高兴异常，当即将金钟山改为"生龙寨"。此名一直沿用到今。两年后，闯王带大军进入河南，灵芝因孩子幼小未随，她十分想念自己的丈夫，就把她的绣楼改为望君楼，朝朝暮暮，倚窗东望，只盼夫妻早团聚，只盼征人早归来。后来，灵芝听说闯王兵败被杀，身边的孩子也不幸夭折，她在极度悲伤之下，坠楼而死。人们同情这位贤良的女子，将她埋在寨北山梁之上，名为"西宫垭"。优美的故事、美丽的传说，似乎使我们窥视出当年李自成龙蛰大泽，图谋天下的远大抱负。现在商南县人民政府已将上述生龙寨、闯王宫、西宫垭等地点开辟为旅游景点，供游人观光和瞻仰。

到了1639年，也就是崇祯十二年，张献忠在谷城重新起义，罗汝才也于房县重反，李自成在湖广山区活动，与张、罗会合，三军联合，军威大震。谷城之变的消息传到京师，崇祯闻知后大怒，下令削熊文灿职，令其戴罪视事。杨嗣昌因为是自己推荐的熊文灿，怕受责备，主动向皇上请求，愿亲自领兵出征。崇祯帝对此很是高兴，特旨批准，赐尚方宝剑，准许"便宜诛赏"，佩以"督师辅臣"银印，赏大量金银、绸缎，并设宴，亲自赋诗为杨送行。这是崇祯手书拓本，原碑藏碑林博物馆。诗的原文是："盐梅今暂作干城，上将威严细柳营，一扫寇氛从此靖，还期教养遂民生。"（讲解员应讲述诗的本意，注重讲清盐梅、干城、细柳营、靖之意）

杨嗣昌出山之后，他玩弄招抚和围剿的反革命两手，致使李自成在崇祯十三年被围困于巴西鱼腹山，这次围困，可以说是李自成革命道路上的最低潮，辎重阻隔，粮援断绝，情况万分危急，从某种程度上讲，李自成甚至有些绝望。据很多资料记述，在一破庙之中，李自成觉得突围无望，对刘宗敏说：卜三卦，如不吉，则拿我的人头去投降。刘宗敏连卜三卦，皆为大吉，发誓跟自成战斗到底。《明史》卷三〇九是这样记述此事的："顾而叹曰：'人言我当为天子，盍卜之，不吉，断我头以降。'宗敏诺，三卜三吉。宗敏还，杀其两妻，谓自成曰：'吾死从君矣。'军中壮亡闻之，亦多杀妻子愿从者。"在这种置之死地而后生的情况下，李自成部尽烧辎重，轻装突围，打回河南。队伍迅速壮大。于崇祯十四年正月，也就是1641年，将洛阳围住。洛阳是历史上著名的古都，在军事上，政治上都占有十分重要的地位，是崇祯帝的叔父朱常洵（福王）的藩封之地。正月二十日，李自成攻占洛阳，将欲逃跑未成的福王抓回，李自成当众宣布他的罪状，将他杀掉。农民军以福王之血和鹿血掺于酒中，名曰"福禄酒"以示庆贺。在李自成攻陷洛阳后的第十三天，张献忠攻克了襄阳，杀掉了襄王朱翊铭。杨嗣昌深感自己罪责难逃，于崇祯十四年三月初一在沙市徐家花园自杀。

李自成攻打洛阳的目的虽无法正面得知，但从他打下洛阳后所采取的各项措施来看，他已很大程度地把"争天下"的政治要求提到付诸行动的地位。正因为如此，他到处寻访乡宦士子和读书之人，如牛金星、李岩等；同时，他注重了政治上的舆论宣传，一些口号、歌谣、儿歌相继在民间传唱。如"吃他娘，穿他娘，开了大门迎闯王，闯王来了不纳粮"等。与此同时，李自成提出了前无古人的政治口号"均田免赋"。这个伟大的口号一经提出，深得广大民众之拥护，李自成农民军得以迅猛壮大，他同罗汝才、革里眼等联合作战，在中原大地上取得了三围开封，五覆官军主力的辉煌胜利。至此，明王朝已无什么有生力量能和李自成抗衡，崇祯十六年十月初三日，在潼关彻底消灭了明王朝最后一张王牌——孙传庭的火车兵之后，李自成便长驱西进，于十月十一抵达西安。西安守将王根子射书城外，约为内应，开东门迎降。秦王朱存枢被俘投降。李自成兵不血刃，夺取西安，改西安为长安，以秦王府为新顺王府，以"定鼎长安府"为题，开科取士。从上面所讲的李自成采取的各项措施来看，在政治上，他提出了"均田免赋"的伟大口号，早在襄阳之时，就自封为"奉天倡义文武大元帅"；在军事上，他首先攻取了洛阳，而后又猎取关中；在舆论宣传上，他结识了许多仁人志士和饱读诗书之人，并委以要职，传播了大量人民群众所喜欢的歌谣，而最为明显的一点，是在占领西安不久，就以"定鼎长安府"为题开科取士。由此可见，此时的李自成，已明显地将夺取天下作为了自己最高目标，用最简单、最直接的话讲，此时的李自成将准备称王，准备当皇帝。

李自成在攻取西安之后不久，于崇祯十六年十一月第二次回到他的家乡——米脂。我们认为，李自成第二次回米脂的目的有三：一、在政治上他准备称王，准备当皇帝，所以他需光宗耀祖，以示世人。二、在军事上，他欲攻取"三边"（延绥、宁夏、甘肃）。三、要报伐墓之仇。关于李自成第二次回米脂的时间、声势以及他回米脂后的所作所为，历史资料有大量的记载。《明史·李自成传》载："自成兵所至风靡，乃诣米脂祭墓，向为官军所发，焚弃遗骨，筑土封之……"《流寇志》："十一月初三，闯贼入延安，大会群贼，戎马万骑，旌旗数十里，祭祖于米脂。"《延绥镇志》："……大会群贼，戎马数万匹，旌旗百余里，自古出师之盛，前所未有，遣伪礼政府侍郎姜学一祭陵，磔艾诏于市。"这些不同的历史资料，都比较一致地提到李自成声势浩大地回到米脂，都提到回米脂之后的祭墓。事情的原委是：崇祯十五年正月，当时米脂知县边大绶遵照陕西总督汪乔年的指示，由米脂贡生艾诏为向导，将李自成的祖墓二十三座尽行挖掘。崇祯十五年正月十四，边大绶将伐李自成祖墓之事，又用塘报再稿报告给汪乔年。汪乔年在接到边大绶塘报稿后，又给边大绶回信说："接来札，知闯墓已伐可以置贼死命，他日成功定首叙以酬。"这份塘报再稿是时任米脂知县边大绶所写，他是当事人，可以说是可信的。李自成第二次回米脂之后，边大绶已逃离米脂，以后李自成将其抓获，本应将他立即处死，但由于当时的战事紧张，边大绶借饮水之机侥幸逃脱，此后他写下了《虎口余生记》，而这些塘报就是在《虎口余生记》中保存下来的。李自成第二次回米脂后，城内谣言四起，说李自成要屠城，从我县《冯氏宗谱》和光绪《米脂县志》中的记述，我们清楚地看到了李自成只惩首恶，并不迁怒百姓，从清人高照初的诗句"凤谐休矣忿以泄，其他鸡犬莫惊慌""农夫走说毫无犯，士女闻言喜欲狂""大军北上薄榆塞，辎重输运尽商量，恳念地方诸父老，饱经离乱免输将"，我们可以清楚地看到，李自成和家乡人民深厚的感情。至于《冯氏宗谱》何以记述李自成第二次回米脂之事？事情是这样的，宗谱中提及的冯起龙，字云潭，是当时米脂的名士，他总理城防事务。李自成回米脂后，城内鼎沸，阖邑惊慌，冯起龙和当时一姓高的人士去李自成军营进行交涉。在军营中，冯起龙给县城写了五封信用箭射入城内，而这五封信得以在《冯氏宗谱》中记载下来。通过这五封信，李自成第二次回米脂的所作所为，我们可一目了然（讲解员应细讲五封信及信中所涉及的问题，左将军、补之将军、周将军、速请医生，毕惠两君等）。李自成在米脂短短的几天中，部署了攻打榆林的战斗，杀掉了掘其祖墓的向导艾诏，修葺了被官军所伐的墓葬，进行了祭祖，而后便于辛亥二十一日返回西安。返回西安之后，李自成于崇祯十七年正月称王于西安，国号大顺，改元永昌。此后，他便部署和实施攻取京师的战略决策。这是第二部分的主要内容，下来，请同志们观看第三部分"光辉业绩千秋颂，不朽功勋万代传"。

三、光辉业绩千秋颂，不朽功勋万代传

闯王李自成，纵横半个中国，将"均田免赋"口号唱响大江南北；苦战十七载，把"闯"字大旗插遍黄河两岸。终率百万雄师，入山西、破太原、战宁武、取燕京。推翻腐朽明王朝，建立大顺帝王业。伟大历史功绩将与日月同在而彪炳千秋，不朽革命精神伴随山河永驻而相传万代。

1644年（崇祯十七年）正月，李自成从长安发兵，往取京师，命刘宗敏、李过等率众两万为前锋。二月初一日，李自成亲统马步军数十万，从韩城禹门渡河。这幅照片是韩城大禹庙黄河渡口，拍照的时间是抗日战争之时，现在此地变化巨大。这是韩城闯王行宫的照片，下面是文物保护碑记。李自成所率大军所向披靡，进军神速。于二月初五便兵临太原城下，在一举攻取太原之后，李自成兵分三路，一路为主力，另一路为南路偏师，再一路为东路偏师，主力由李自成亲自率领。刘宗敏、李过、谷可成等随征。李自成所率领的主力，于十三日遣兵北上，大军继后而发，所过之地有"攻而陷者，有迎而降者"，于二十一日抵宁武关。在宁武关，李自成所率农民军遇到了明总兵周遇吉的顽强抵抗，大顺军伤亡甚大，李自成甚至准备撤兵。部下有人建议说："我军超敌军十倍，用十攻一，轮番而进，攻打不停，未有不胜。"李自成采纳了这些建议，重新布置兵力，轮番猛攻，二十二日将城攻破。周遇吉被俘。大顺军恨他负隅顽抗，将他缚于高竿乱箭射死。此后，农民军势如破竹，连破大同、宣化、居庸关、昌平。三月十七日，将明王室的统治中心北京团团围住。

北京被围后，崇祯皇帝犹如热锅之上的蚂蚁。十八日晚，当外城被大顺军攻破的消息传入宫中时，崇祯觉得事已无望，亲自动手杀死妃嫔多人，将大女儿坤仪公主砍断一臂，并杀死幼小的昭仁公主。见周皇后也自缢于坤宁宫中，崇祯连呼"死得好"，后企图从前门突围未成，又返回内宫。本来原来有暗号的，如若遇到万一，前门上悬出三盏白灯笼，但是，李自成的农民军还尚无一人进城，前门上莫名其妙地挂出三盏白灯笼。崇祯看到三盏白灯笼，知事已无救，着上便装，独携王承恩，从玄武门仓皇出逃，来到万岁山（今日景山）自缢而死。

三月十九日，北京下了点小雪，伟大的农民革命领袖李自成头戴白毡笠，

身着青箭衣，骑乌驳马，由德胜门缓辔进入北京。当行至紫禁城第一重门承天门（今天安门）前，仰望红墙黄瓦，门楼高耸，上悬"承天之门"四字巨匾，李自成骑在马上顾盼自雄，抽箭弯弓，对众人说："如能安定天下，则一箭射中四字中心。"说完一箭射去，稍偏，未能正中，中天之下，牛金星马上祝贺道："中其下，当中分天下。"李自成投弓而笑。历史资料《明史纪事本末》较为翔实地记述了此事。

李自成进入北京紫禁城后，在武英殿办理政务。在武英殿内，李自成先后两次接见了一些旧明官吏和父老乡亲，商讨如何治理国家大事。为了严肃军纪，李自成在未进北京之时就严明军纪，进京之后，兵政府遍贴安民榜："大军临城，秋毫无犯，敢有擅掠民财者，凌迟处死。"初进北京时，两士兵在前门茶盘街抢了一家绸缎店，立即被处死，尸体被钉在前门右边的栅栏上示众。

李自成自三月十九日打进北京，至四月三十日退出北京，一共只在北京停留了四十一天，若除去东征讨伐吴三桂一度离京时间不算，实际在北京只待了二十多天。在这二十多天的时间中，北京城发生了翻天覆地的变化，李自成所领导的大顺政权，做了"安定民心""考选前明官员""追藏助饷"等一系列重要工作，还在政治上和军事上采取了一系列步骤和措施，如"筹备登基典礼""更定大顺官职""联络吴三桂"等。但由于种种原因，这些步骤和措施未能落到实处，反而因将士滋长享乐思想，因拷掠明臣过分、因兵士住在民宅而发生败坏军纪之事的增多以及山海关吴三桂檄文到京的影响，百姓们的失望之心和怨离之心与日俱增。面对这种情况，李岩曾经上疏，而李自成只在奏疏中批了"知道了"，并未付诸实施。尤其是在联络吴三桂的问题上，由于大顺政府对某些问题处理不当，伤害了吴三桂的个人尊严和切身利益，致使吴三桂在山海关降而复叛，李自成又不得不亲率将士东征。四月十三日发兵，二十一日才到山海关，短短七百里，而李自成的部队却整整走了八天。这八天，吴三桂已争取到了充分的时间，完成了军事部署。李自成部到达山海关当天，战斗便开始了，在山海关一片石，清军一旁严阵以待，吴三桂与大顺军大战，当吴三桂快要溃败之时，清军万马出动，大顺军伤亡惨重，大败而逃。二十六日，大顺军陆续回京，杀吴三桂全家三十余口；二十九日，李自成即位大顺皇帝于武英殿；三十日凌晨，大顺政府退出北京，经丰台、卢沟桥、保定折入山西；五月初十前后，退到太原；六月二十二日，李自成退至山西平阳。此时情况更为严重，后有清军、吴三桂追击，原河南所派的地方官都被杀。李岩主动提出要兵两万前去平息叛乱，牛金星谗言"李岩雄武大略，不甘久居人下，十八子莫非指岩乎"，要将李岩杀掉，以绝后患。李自成同意了这个意见。六月二十二日，在山西平阳郊外一座军帐中，牛金星利用酒宴，将李岩、李牟杀死在席间。此事一经传出，人心更加涣散，所过之地皆不能保。从山西到潼关、西安、商州一直败退，第二年四月，李自成率部退到武昌。

四、宏愿皆空警后世，大业未成鉴古今

经十数载血与火洗礼的李自成，在武英殿内登上了天子宝座，成了至高无上的一代帝王。

使人扼腕叹息的是，转瞬之间，江山顿失，败局难收。我们的英雄竟落了个黄尘万里无归处的可悲结局。总结其沉痛教训，探究其失败原因，正应是执政党巩固政权重大意义之所在。对此，毛泽东有宏论，郭沫若有著述，史学家有高见，亦是本馆举办此展之初衷也！

这一部分，我们主要讲李自成的归宿问题。换言之，也就是说，主要讲李自成死于何地？关于李自成的归宿问题，历史史料有多种不同说法，根据我们现掌握的史料，有湖北九宫山说，有湖北通城说，有黔阳罗公山说，有湖南罗公山说，有湖南石门夹山寺为僧说，有山西五台山为僧说，有镇远府说。至于网上则说法更多。特别是20世纪80年代，湖南石门夹山寺出土的奉天玉和尚墓的情况报道以来，各报纸杂志刊载了不少文章，先后在湖北通山县和湖南石门县召开了李自成归宿问题学术研讨会，不少的研究农民革命史的专家、学者参加了学术讨论会，阐述了自己的观点。从总的情况看来，当前，关于李自成的归宿这一问题，主要说法有两种：一种认为李自成在湖北通山被当地地主武装杀害；另一种认为李自成辗转到了湖南石门夹山寺为僧。对此问题，我馆现暂

不做定论，将当前两种主要观点都着重给予展现。

李自成到了武昌之后，声称：西北虽不定，东南岂能再失？欲取南京。而当时的情况是，前后有清兵追堵，中间又有明左军夹击，欲进不能，欲退不得，只好折往西南，向江西、湖广交界的九宫山区撤退。闰六月某日，李自成带少数随从，有说十八骑，有说二十骑，在九宫山脉中，看到小山上有一小庙，李自成吩咐其他人在山下等候，自己去庙中，欲占卜看前途如何。在庙内，遇到当地乡勇程九伯（程九伯因青年时双臂有力而得名），程九伯看李自成身材魁梧，面目似西北之人，就和李自成搏斗，被李自成压于胯下，自成欲拔剑而杀之，但因南方连日阴雨，剑锈而不出，程九伯大呼救命，李自成被程的外甥金某，从脑后一铲而死。《荒书》《甲申岁弋闯志》《金氏宗谱》《湖北省志》《武昌府志》等大量史料都记述了此事。新中国成立后，当地政府在九宫山修建了"闯王陵""李自成生平陈列室"。郭沫若为李自成墓题写了碑铭和碑文，郭沫若在碑文中讲道："……不幸在这九宫山为地主的党羽所杀害，年仅三十九岁。"

1984年，湖南省石门县夹山寺发现了一座奉天玉和尚墓，墓葬中出土了奉天玉和尚舍利子瓷坛和奉天玉和尚镇墓符以及奉天玉和尚墓碑残段等物。一些持李自成为僧说的学者、专家以及文物工作者，经研究和考证后，认为这个奉天玉和尚就是李自成，也就是说，李自成在湖北九宫山巧设了一出金蝉脱壳之计，后辗转到了夹山寺为僧。死的时候不是三十九岁，而是六十九岁。我馆派员在湖南夹山寺实地考察时，他们的三种说法给我们留下了深刻印象。他们认为：一、李自成早在襄阳之时就自誉为"奉天倡义文武大元帅"，后又为新顺王，后又为大顺帝，帝者王也，王者主也，主若隐其头则为"玉"。而隐藏为僧的李自成还要以奉天为法号，则成为奉天玉和尚。二、奉天玉和尚的镇墓符，两侧有一对联，上联为"身披北斗头戴三台"；下联是"寿山永远石朽人来"。他们认为：北斗、三台这些字眼，只有帝王身份的人才能用，而石朽人来，则预示这个谜待石朽之后必有人来能解开。三、奉天玉和尚墓碑仅留有残段，上面的文字中有："门徒数千指中兴……况值戎马星落雨泪天……"他们认为，奉天玉和尚有门徒数千个，有戎马生涯的一生，是一个非同小可的和尚，而这个非同小可的和尚非李自成莫属。这三种说法同样也有着一些历史史料为依据，如《夕阳红泪录》《石门县志》《澧州志》《广虞初新志》等，就是在我们《米脂县志》和后来李健侯先生所著《永昌演义》中也提及了李自成为僧之说。

关于李自成归宿问题，可以说是一个历史疑案，而破解这个疑案的重任，作为我馆来说是责无旁贷的。今后，我们将更加注重对此问题的研究、探讨和考证，以使我们米脂的一代帝王归宿之谜得以澄清。

不管米脂人民的英雄李自成的归宿如何，作为米脂县人，我们十分地思念我们的英雄。早在新中国成立前，我县的李健侯先生就写出了《永昌演义》，毛泽东于1944年在延安看过《永昌演义》之后，给陕甘宁边区政府副主席李鼎铭先生写了一封信，在这封信中，毛泽东对李自成以及他领导的明末农民革命战争给予了极高的评价。他在信中说："实则吾国自秦以来二千余年推动社会向前进步者主要的是农民战争，大顺帝李自成将军所领导的伟大的农民战争，就是二千年来几十次这类战争中极著名的一次，这个运动起至陕北，实为陕人的光荣。"我们有幸作为李自成家乡李自成纪念馆的工作人员也可自豪地说：李自成是我们的光荣。

农民领袖李自成，拼搏十数载，率义军百万，锐意北伐，渡河入晋，破大同，取京师，登上天子宝座，何其鼎盛。

马上皇帝李自成，弹指三四月，带败将残兵，仓皇南逃，离陕奔楚，弃襄阳，败武昌，顿失锦绣江山，可谓悲惨。

他为历史，为后人上演了一出惊心动魄、成败转瞬的悲剧，留给历史的是警世钟声永久回荡，留给后来者的是感叹和惋惜，启迪和遐想……

这是我们这个展览馆的整个情况，但由于展出面积所限，诸如李自成和高迎祥甥舅关系，是谁在开封射伤李自成一目？李自成和陈永福折箭为誓，李自成怒杀张国绅，李自成诛杀罗汝才等未能展现，谨表示歉意。我们诚恳地希望各位朋友们参观后提出宝贵意见！

米脂民祭李自成祭文

常福元

维公元二〇〇七年，岁次丁亥。金秋十月，闯王故里隆重举办"中国·米脂李自成文化高层论坛暨李自成行宫修复竣工庆典"。十一日，民乐竞奏，秧歌纷呈，城乡邑民，专家学者，汇聚行宫广场。为纪念李自成诞辰四百周年，民祭李自成仪式举行于此。谨致文曰：

泱泱中华，	无数英雄。	闯王自成，	灿若明星。
生长边地，	农家出身。	曾为牧童，	苦累谋生。
奔波驿站，	备尝艰辛。	胸怀大志，	练武习文。
遭逢暗世，	向往光明。	官绅逼勒，	举义起兵。
剑指恶势，	扫荡不平。	追赃助饷，	除暴剿兵。
义无反顾，	勇闯枪林。	不畏挫折，	斗志坚定。
心系百姓，	勤政爱民。	均田免粮，	赈饥济贫。

议事民主，　礼遇贤能。　酒色财利，　不好不重。
与卒同伍，　甘苦与共。　衣食起居，　简朴以从。
精神作风，　百姓称颂。　平民本色，　可歌可敬。
刀马娴熟，　骑射艺精。　智勇有识，　多谋善攻。
治军有方，　御众知兵。　建设义师，　军纪严明。
东征西伐，　逐鹿中原。　百万雄师，　威震敌胆。
期国大顺，　定鼎长安。　盼年永昌，　竟成遗憾。
推翻明朝，　黑暗世界。　抗清彰显，　风骨气节。
功绩昭彰，　史不忘却。　数百年后，　国人纪念。
纪念建筑，　多处有建。　纪念活动，　各地开展。
历史车轮，　滚滚向前。　华夏巨变，　沧海桑田。
民富国强，　社会和谐。　以人为本，　科学发展。
陆疆海域，　气象万千。　南国北方，　捷报频传。
高原米脂，　蒸蒸日上。　大河东西，　百业兴旺。
人民群众，　开来继往。　与时俱进，　共奔小康。
历史文化，　大力弘扬。　万众一心，　创造辉煌。
英雄当年，　情牵故乡。　英灵有知，　含笑天堂。
今日民祭，　告慰闯王。　舞乐奉呈，　伏惟尚飨。

李自成行宫

申长明

李自成，明末农民起义领袖。《辞海》记载其为陕西米脂李继迁寨人，曾为驿卒。崇祯四年东渡山西投附闯王高迎祥，成其部下一勇猛闯将。崇祯九年，高迎祥死，李自成被推为闯王，与当时农民起义领袖张献忠等呼应共同推翻明朝腐朽政权。崇祯十七年，建立大顺政权，不久攻克北京推翻明王朝。但是李自成因用人的失策和思维的局限性，加之被胜利冲昏了头脑，龙椅还未坐热就被吴三桂勾结清兵迫离北京，从此一败不起。

如今，这个曾代表着农民利益，在历史上昙花一现的政权能保留下来最完整的实体就是李自成行宫了。

李自成行宫，坐落在米脂县城北盘龙山南麓。玲珑的山，陡立的台阶，巍峨的殿堂，颇为壮观雄伟。它由乐楼、八角梅花亭、捧圣楼、二天门、览胜楼、启祥殿、兆庆宫等七处主要建筑组成，楼台叠峙，亭殿交错，廊腰曼回。

盘龙山原名马鞍山，行宫前身为明嘉靖年间一座小庙。李自成在襄阳建立了大顺农民政权后命其侄李过回米脂。李过登上马鞍山，见其后有群山环抱、前有无定河回绕，龙盘虎踞，气势非凡，便报李自成在此建行宫，以备闯王返乡时用。行宫院内原留有一通李过修建行宫的碑记，毁于战争年代。

李自成曾两次返故里，第一次是在崇祯九年（1636年），乘胜破延长、绥德、米脂等县城。李自成率军至米脂时，驻军城外，并"呼知县边大绶曰：此吾乡也，无虐我父老"，"遗之金，令修文庙"。文庙现在城内东街小学院内，保存完好。

　　李自成第二次返故里是在崇祯十六年，当时把农民军大营所驻之马鞍山改名盘龙山，将他居住在城外的驻地改为行宫，并把行宫的住所起名为启祥殿、兆庆宫，以为纪念。

　　自闯王兵败，清政府对李家满门抄斩，这座行宫却以"真武祖师庙"之名得以保留。后曾在清朝两次维修，增添神像，香火不断，甚为热闹。

　　三百多年间，这座行宫古建筑历尽风雨。十年浩劫，也未能幸免，遭严重破坏。近年来，这一古迹受到政府重视，多次拨款修葺，逐渐恢复本来面貌，并于1992年公布为省级重点文物保护单位，现为全国重点文物保护单位。近年来，相继在行宫内举办了《米脂县出土文物展览》《李自成纪念展》《米脂妇女史迹展》等，行宫成了人们参观浏览之所，吸引着众多游客。

李自成商洛战事编年录

姚怀亮　邱伯岳

　　商洛地处鄂、豫、陕三省交界，自古为秦豫咽喉，吴楚要枢，方圆六百余里，其中万山绵亘，丛林密箐，绝岭深谷，兵易埋伏；但弓矢无所见长，匹马不能驰骤，粮料难以裹输，又给封建统治者剿灭农民起义造成很大困难，且有商於古道之便，退可守，出可攻，所以明末农民起义军领袖李自成一直将它作为游击根据地，"驰骋往来无虚岁"。至今商洛各县仍然传颂着许多关于闯王李自成同明官军在此鏖战的动人传说。但是由于历代统治阶级视闯王为"逆寇"，他们主持编纂的地方志中对农民起义横加诬蔑，致使许多宝贵史料湮没无闻，散佚严重。为此，我们依据《明史》《清史稿》和明清内产大库所藏明题行稿、兵部抄出题本、奏章，塘报、邸报以及一些方志资料研究，整理了这篇编年录，谨供读者参考之用。在叙述李自成和与他有关联的农民起义军在商洛的主要活动的过程中，为使农民军的活动脉络更清晰，对涉及的当时全国社会背景亦适当予以说明。鉴于笔者学识浅陋，且手头掌握的材料有限，可能有许多不妥的地方，极望各方面的同志予以指正。

　　崇祯元年（1628年）

　　陕西大饥。十一月，府谷王嘉胤、汝南王大梁、安塞高迎祥等人，先后率饥民起义。

　　崇祯二年（1629年）

　　杨鹤任陕西三边总督。鹤，武陵人，万历年间进士，曾任洛南县令。

　　欲进军汉中的农民军王大梁同明商洛道参议刘应遇于略阳大石川，失利被害时李自成归宜川王左挂（王子顺）部。

　　崇祯六年（1633年）

　　五月，农民军全翅雕（黄九峨）、闯塌天（刘国能）等率众自蓝关入商州，下河南，明官军望风而逃。

　　十一月二十四日，农民军突破明军的包围，自山西毛家渡履冰渡过黄河，破渑池，乘胜向河南、湖广、四川等地进发。

　　十二月，农民军邢红狼、一斗谷、满天星（尹世财）、扫地王等八营十余万众，由山西进入商州，自武关迤西屯集百余里，同一日连克山阳、商南、镇安。又由景村直逼洛南县城，沿路战杀南河司（在今洛南县东南八十里）巡检段文采、商州防守事阎调化、王乃贲等。陕西巡抚练国事急发商州都司解文英、游击郑嘉栋等星夜驰援，继又着原任守备弥孚远、标兵中将守备史大勋率韩（城）、郃（阳）营兵七千自西安赶赴商洛，起义军遂舍洛南，取卢氏，经汝州，至淅川、光化、均州。此时李自成与其侄李过及顾君恩、高杰等已自成一军。十二月初十，起义军入郧阳。

　　崇祯七年（1634年）

　　正月初二，明延绥巡抚陈奇瑜擢任陕西总督，兼理陕、晋、豫、楚、川五省军务。是月，八大王（张献忠）同明总督洪承畴虎于周至，失利，遂由信阳奔入商洛、兴安（今安康）山中。时陕抚练国事移驻商洛。

　　二月二十八日，张献忠等十三营自商洛而出，南破凤县，进入汉南。

　　四月，农民军曹操（罗汝才）自湖广、马守应自四川复返陕西，进入汉中、兴安、商洛一带。

　　五月十三日，农民军闯塌天（刘国能）部围商州，明官军游击（武官名）费国勋不敢出战。

　　是年夏，陈奇瑜与郧阳抚治卢象升合兵于郧西上津，以农民军多入汉南，乃引众西向，会同陕西巡抚元默等，对起义军进行第三次围剿。高迎祥、马守应、罗汝才、李自成等见官军四集，误走兴安之车箱峡（即今镇安熨斗至茅坪间的二十里水峡）。时天雨两月，道路泥泞难行，农民军马疲食尽，后又有官军追赶，情况十分危急。李自成用顾君恩诈降计谋，以重宝引诱陈奇瑜的部下，才得以脱身，遂从陇州，进至凤翔、宝鸡、泾阳、礼泉一带。

七月，张献忠自汉南来商洛，时李自成亦从邠州（今彬县）而来，两军会合，同出潼关。

是年秋，马守应攻洛南，与明商州守备史大勋战于黄部川，明军大败，起义军杀死史大勋。洪承畴闻讯赶赴蓝田，欲从山后间道偷袭，马守应避其锋芒，走阌乡、灵宝（今河南省境内）。

十月，马守应、邢红狼等自潼关大峪口出，复返商洛，驻军棣花（在今丹凤县境内）、夜村等处。

十一月，陈奇瑜被明政府逮捕，下狱治罪。洪承畴兼摄五省军务。

是年冬，高迎祥、李自成等率军由陕西分进河南、湖广。

崇祯八年（1635年）

正月初四，农民军连克河南上蔡、汜水、固始、荥阳。马守应、罗汝才、革里眼、射塌天、混十万、过天星、九条龙、高迎祥、张献忠等十三家七十二营大会于荥阳，商讨对敌作战方略。高迎祥部将李自成提出联合作战，分兵迎敌的办法。至此，农民军由防守转入进攻，革命形势开始改变。

二月，在农民军顺利东进的时候，李自成与张献忠意见不合，遂分军。高迎祥、李自成、罗汝才、过天星等率众由河南入陕，经商洛进入汉中。

三月，张献忠亦从安徽西还，取道枣（阳）、襄（阳）、郧（阳），于四月进兵汉中。时李自成已由终南山出，进取富平、宁州。

四月，洪承畴驻军灵宝，认为："商洛为贼薮（音叟。聚集的地方），汉中兴安，其寄境也。"遂命中军曹文诏出阌乡，直捣商洛。

五月十六日，李自成在真宁湫头镇（今甘肃宁县榆林子乡曹洪村）包围曹文诏所率官军，曹自刎而死。

七月，农民军整齐王等数百众自涌峪沟（今丹凤县东北）出，直逼商州重镇龙驹寨（即今丹凤县城），同驻军在此的明游击费国勋虎于老君殿、青石砭等处。十三日，农民军扫地王、黑煞神（张宠混）、爬山虎等自山阳两河口、土地岭、莲花池而来，昼夜两次攻打丰阳关（在今天山阳漫川附近），守将贾一选、周继先一日数次申报紧急军情，郧、襄震惊。明决镇秦翼明星驰到关应援，农民军过青岩洒同明军对峙驻扎。十四、十五两日，明监军道右参政苗胙土亲率精兵三千自洵阳远来追堵农民军，又着郧阳石柱营（今商南县石柱河）游击周仕凤统领六百官兵前往照川（今山阳县照川）扼要堵截。二十日，明军分三路，从土地岭蛮王洞、稻地沟向驻扎在袁家坪的农民军发动进攻，农民军损伤较多，遂转移汉南、豫。是月，农民军乘胜进攻西安，阻于洪承畴军，遂分十三路相马出潼关，进入河南。高迎祥、李自成独留陕西。

十月，农民四队、六队数万人由商洛奔郧阳黄龙镇、石滩河，攻三台寨。初八，明治院宋祖舜、郧西守道程策传谕军李玉华、都司秦良宪统兵千余堵郧西罩川（在今山阳、郧西交界处），游击周仕凤统兵五百防堵上津、丰阳。初十，农民军在过风楼（今山阳县漫川附近的过风楼）、崎山受挫，退至夹河关、塔儿洼、香水河，随即离开上津、洵阳。

十二月，马守应等从河南返回陕西，同洪承畴战于临潼，失利，退据商洛、郧阳山间。

崇祯九年（1636年）

正月初三，农民军四队自洵阳、上津、八里川、天河口奔龙驹寨，会合驻扎在丰阳关农民军六队，聚众约七八万人，遂据山阳、上津、郧西。

二月初六，张献宗由河南内乡奔郧县白桑关、雷峰垭，击败巡检司代任大使郑国纪所率乡兵，郑毙命，印信不知下落。

三月，李自成同明都司陈永福战于潼关。农民军分道入陕：高迎祥由郧、襄进入安康、汉中；李自成循南山，沿洛河到商洛，又往延安、绥德。是月，明政府为加强对农民军的围剿，命孙传庭为陕西巡抚。

四月，农民军满天星（尹世财）等由商南而上，兵临商州。明参将王锡命欲降，暗中同农民起义军接头，准备打开城门，迎接农民军入城。不料明官军游击马献图于前一日，统兵五百赶至商州，同起义军虎于城东爬楼山下。同月，农民军一斗谷等从石梯峪入洛南境内，与来陕助剿的四川总督杨玉振大战于梁塬、黑潭川（今洛南西北四十里的眉底乡黑潭村），农民军两路出击，川兵首尾不能相顾，终于矢尽力竭，溃败丧军，杨玉振当场毙命。农民军遂围洛南县城四十余日，不克，便引兵转移。

七月，农民军混十万等进驻商州与山阳之间的东西牛槽一带，明决兵曹变蛟亦抵商加强防守。十九日，高迎祥迎虞明巡抚孙传庭于周至黑水峪，中伏被俘，至北京遇害。不久，李自成被推闯王。

崇祯十年（1637年）

春，农民军混天星据商洛，李自成、过天星、蝎子块等至泾阳、三原。过天星走河南，其余十七部云集渭南，欲再图西安。

三月，明政府起用杨嗣昌为兵部尚书。杨制定四正（陕西、河南、湖北、江北），六隅（延绥、山西、山东、江南、江西、四川），合为十面网之策，对农民军实行合剿。

闰四月，张献忠入湖广，直破邓州、淅川，十六日攻郧阳不克，十九日攻占上津，据守三月后移军郧西前院。明政府任熊文灿总理山西、陕西、四川、湖广、河南和南京军务。熊力主"求抚"，杨嗣昌的十面网之策遂停止执行。

秋，豫西农民九条龙、瓦背、混十万等聚集熊耳山一带。蝎子块、混十万数营兵马驻扎商州北乡，攻占泉村、黄川、砚瓦石（即今商县大荆一带。泉村即腰市，砚瓦石即砚川）、板桥等处寨堡，并屡战商州守备王铁胡，克寻家坪直逼洛南县城。商州东乡农民林中高、陈谟旦等亦起事响应，袭击官军，劫富济贫，商州抚治边仑急令守备主兵围剿。九月，起义军一支出灵宝、陕州，破渑池入山、陕；一支由汝州奔山东。时李自成攻取陕南宁强、七盘关，向四川进军。张献忠扎营湖北房山、竹溪。

崇祯十一年（1638年）

正月十三日，李自成自四川返回陕西。

四月八日，张献忠占据湖北谷城，为保存力量，伪降于熊文灿。

八月，农民军马进忠、贺一龙、左金王等十三家西逼潼关，联营数十里，被明陕西巡抚孙传庭打败于河南阌乡、灵宝山间。

十月初四，李自成在潼关南塬战洪承畴、曹变蛟，伏大败，与刘宗敏、高一功等十八人，扪萝附葛，伏窟穴中数日，方得走脱，遂潜入商洛山中，休练整军。在避居商洛山期间，自成终日修文习武，立志要推翻明王朝以成帝王之业。

崇祯十二年（1639年）

五月，张献忠在湖北谷城复举反明大旗，罗汝才等九营悉起响应。李自成在商州闻之大喜，即赶赴谷城商讨联合行动事宜，险遭张献忠暗算，孤身逃走回商洛后，便公开旗号，招收兵马，战局又转向高潮。

九月，杨嗣昌督师襄阳将熊文灿逮捕下狱，结束"求抚"的狼狈局面，开始最后一度对农民军的大围剿。

十一月，张献忠、惠登相等八营农民军进入郧阳、商洛、兴安山间，尽歼明杨世恩军于香油坪。

冬，李自成同明参将郑国栋，都司艾文彬大战于商州军岭川（在商县西南四十里，其地名秦王城，相传是明时秦王朱樉屯军处）。

崇祯十三年（1640年）

三月，张献忠出兴安、房县，走北羊山（在今镇安县东南一百里处，属西口区），破镇安县城，火烧县署，与罗汝才会师。

八月，明军围李自成于巴西鱼腹山中，自成大困。轻骑逃出重围，经郧县进入商洛。

十一月，李自成由商洛山出，进军河南，连克宜阳、永宁、偃师。时河南连年大旱，斛谷万钱，饥民争相参加农民军，不出几月队伍发展到数十万人。杞县举人李岩亦率众来投自成。

崇祯十四年（1641年）

三月，杨嗣昌惧"陷藩失疆"罪自杀。明政府起用丁启睿督师。

四月，李自成自南阳北出宝丰，河南卢氏举人牛金星和宋献策投奔农民军。

七月，李自成在内乡、淅川与罗汝才会师，战明保督杨文岳、虎大威于河南邓州（今邓县），未胜。

十一月，李自成攻克南阳，杀明唐王王聿镆乘胜取十四城。

崇祯十六年（1643年）

十月初五，李自成破潼关，击毙孙传庭，连克华州、渭南、临潼。初八，李自成分遣右营制将军锦侯袁宗第、果毅将军光山伯刘体纯以及白鸠鹤、兰应诚等由宛、邓率兵来取商州。十二日前锋抵商，十三日大兵尽至，围商州数匝。陕西布政司右参议兼理商州道黄世清门下员役张玉绝城投奔起义军，并返回劝黄世清开城投降，黄执迷不悟，立杀张玉，并取其首级高悬城头示众。起义军围城三天，城内官军炮矢俱尽，黄世清命令城中妇女剜街道所铺石头以为武器，终无济于事。十五日中午起义军一举拿下商州城。黄世清退至州署衙门，被农民军擒获杀死。署州事同州周文炜、学正杨条、训导王猷、中军守备王烈等拒降，亦被杀。农民军入城后，廪生、庠生邵坤、李本健、孔缵文、苟日跻等制造谣言，煽惑群众，被巡视城池的袁宗第察觉，立即进行了镇压。十七日，农民军攻克洛南县城。二十日起义军离开商州，进军商南。

是月十一日，明西安守将王根子率众起义，农民军顺利进入西安。李自成改西安为长安，称西京。

公元1644年明崇祯十七年（大顺）永昌元年（清）顺治元年

正月初一，李自成称王于西安，国号大顺，建元永昌。

三月十七日，大顺军进攻北京。十九日，崇祯朱由检自缢于万岁山（即煤山），明王朝灭亡。李自成乘乌驳马入承天门（即天门），登皇极殿。此时大顺国版图包括有今山西、陕西、河北、河南、山东全境及甘肃、宁夏、湖北、安徽、江苏、青海之大部或一部。

四月初七日，清摄政王多尔衮率师南下，明山海关守将吴三桂叛变，投靠清军。

四月三十日，大顺军放弃北京，向陕西撤退。

七月初八日，清迁都北京。

八月初十日，张献忠在四川成都称大西国王，建元大顺。

公元1645年（大顺）永昌二年（清）顺治二年

二月，李自成率师至潼关，挫于清将多铎军。十一月，潼关失守。十三日，自成弃长安，十五日到商州，经棣花、龙驹寨走武关，入襄阳转至武昌。

四月，李自成在湖北通山县九宫山遭当地地主武装的袭击，壮烈牺牲，年仅三十九岁（一说自成未死，在湖南石门县夹山灵泉寺出家为僧）。

△公元1646年（清）顺治三年

二月，李自成余部刘体纯、郝摇旗等率众驰入武关，直逼商州，经过一个月的激烈战斗，终于攻克城池，同时击杀清总兵金某，商洛道袁生芝自缢而死，抚治冯某奔长安请救。刘体纯等见援兵至，遂退去湖广同南明桂王政府的清将领何腾蛟等联合，继续丌展抗清斗争。

参考文献：

张廷玉等撰：《明史·李自成传》。

郑天挺等辑：《明末农民起义史料》。

谷应泰：《明史纪事本末》。

计六奇：《明季北略》《明季南略》。

钱只：《甲申传言录》卷六《李闯始末》。

吴伟业：《绥寇纪略》。

翦伯赞：《中国史纲要》（第三册）。

李培浩：《中国通史讲稿》（中）。

张传玺、杨汝安：《中国古今地名对照表》。

赵尔巽等撰：《清史稿》。

康熙四年《续修商州志》。

乾隆九年《直隶商州总志》。

李自成遇害洪江罗公山
——大顺军屯兵遗址、闯王遇害地及坟墓惊现罗公山

李代方

一、罗公山简介

洪江（1997年黔阳县改洪江市）罗翁山，位于湖南省洪江市东北面。《水经注》称之为龙桥山，后称罗公山。现通常称作罗翁八面山，属雪峰山脉。山脉最高的苏宝顶海拔一千九百三十四米。据《湖南名胜志》记载："罗公山周回五百里，绝顶有池，广数十里，此为兵家必争之地。"罗公山按照当地人的口音又称罗孔（空）山，离黔阳（今洪江）约六十公里，古时是通往洞口的必经地之一。

笔者针对《黔阳县志》及《明史纪事本末》记载中所涉及的罗公山进行了为期七天的实地考察和核实，经考察后确定李自成屯兵于罗公山桃冲（总指挥部所在地），殉难于黔阳罗公山血塘背，葬于罗公山山背莲花地。

二、历史文献

历史上最早记载李自成殉难事件的是康熙五年（1666年）编的《黔阳县志》：李自成"留屯黔阳……部贼亡大半，然尚拥众十余万，乏食，遣贼将四处抄掠，黔阳四境鸡犬皆尽，川湖督何腾蛟攻之，自成营于罗公……食尽，逃者益众，自成自将轻骑抄掠，何腾蛟伏兵邀之，自成大败，杀伤几尽，自成以十数骑走村落中求食，村民皆筑堡自卫合围……自成左右格开，皆陷淤泥击之，人马俱毙……截其首献腾蛟……李过闻自成死，勒兵随赴，仅夺其尸，灭

一村而还"。

顺治年间成书的《明史纪事本末》记载："大清兵既定三秦，下河南入楚取荆襄，李自成南奔辰州将合张献忠；献忠已入蜀，遂留屯黔阳，尚拥众十余万……乏食，遣贼将四出抄掠……川湖督何腾蛟进攻之，自成营于罗公山，倚险筑堑，为久屯计。势弥蹙食尽，逃者益众。自成自将轻骑抄掠，何腾蛟伏兵邀之，大败，杀伤几尽。自成以数十骑突走村落中求食，村民皆筑堡自守，合围伐鼓，共击之。自成麾左右格断，皆陷于淖，众击之，人马俱死。村民……截其首献腾蛟，验之左眼镞伤，始知为自成。李过闻自成死，勒兵随赴，夺其尸，灭一村而还……以衮冕葬之罗公山下。"

其次还有《平寇志》又称《流寇志》《石匮书后集》及《明季北略》等文献史书都有详细记载。

三、实地考察

2007年11月份，笔者先后两次入罗公山进行实地考察，行程约一百公里。笔者第一次考察是11月22日中午从怀化出发，于当天下午6点到达黔阳罗公山台田组。23日早上8点，笔者在台田组谢泽亮和谢泽舒两位老人的指引下，对罗公山的桃站、楠竹山及烟竹山进行实地考察。

在入山考察过程中，笔者对罗公山上所有的坟墓一一进行了记录，直到当天下午7点左右回到出发地台田组。从早上8点到下午7点，耗时达十一个小时，其间除在山上吃中午饭休息一会儿外，一路没有做任何停留。在23日晚8点左右，笔者开车下罗公山，当晚9点左右到达山脚的罗翁村。24日早上8点，笔者在黎明村唐村主任的带领下，对黎明村的老村支书进行采访并考察了位于黎明村的闯王庙（现是水库，庙已被淹）和血塘背等遗址，当天下午返回怀化。

11月27日下午，笔者再次从怀化出发，于当天下午4点到达罗翁村。4点左右，笔者和黎明村的唐村主任一起对血塘背进行第二次考察和拍照。28日上午9点从罗翁村出发，对隔壁花元村老村支书谢存富进行采访。10点左右，从罗公山的避暑山庄出发，经过独岩，翻越海拔一千五百米的罗公山，到达罗公山的

背面。下午3点在罗公山的背面发现李自成坟墓，可惜坟墓已经被盗。下午4点半从李自成埋葬地按照老路走，然后到达山腰的公路上，沿公路往下到达中平江、下平江、桃冲、官冲及避暑山庄。从避暑山庄开车返回山脚的罗翁村已是晚上7点半，耗时达十小时，行程约五十公里左右。在这次考察中，因在家准备不足，没有携带干粮，一路忍着饥饿，当笔者回到罗翁村时除筋疲力尽外，剩下的就是伤痛。29日早上8点半，笔者在村罗翁杨长生家中查阅杨家族谱，并对族谱有关记载进行咨询及拍照，中午回到罗翁村，于当天下午1点离开罗翁村，返回怀化。

李自成屯兵遗址（桃冲）考察纪实

桃冲位于烟竹山的对面，地处罗公山的半山腰，距离山脚罗翁村约五公里路左右。笔者在这里发现屯兵遗址，遗址虽遭到破坏，但还有高约两米左右的石墙存在。屯兵遗址的面积大约一千平方米左右，依山垄走势而建。在屯兵遗址围墙外有一条小溪，水长年不断。距屯兵遗址正门的前方，大约五百米处是一条古道，此道不但是古时罗翁村民赶集必经之路，又是从罗翁村走罗公山过洞口的唯一通道。靠古道的前下方是一条大溪，宽约二十米左右，溪对面为烟竹山。笔者从屯兵遗址的面积上分析，位于桃冲的屯兵遗址应该是李自成的总部，也可以说是李自成临时的寝宫所在地。

李自成殉难地（血塘背）考察纪实

血塘背位于罗公山山脚，属两山之间的山垄，距罗翁村约两里路。山垄一年四季有水，故古时依山修建农田，农田常蓄水过冬。农田右边山上有一条路是上罗公山过洞口的古道，又是古时罗翁村民去上坪江（罗公山上）赶集的必经之路。当年李自成中何腾蛟的埋伏后，一路逃回到罗翁村时，在村里掠食后准备上罗公山，却被村民当贼围剿，并追杀于血塘背。至此，李自成及部下全部殉难于此地。

李自成墓葬地（罗公山背面）考察纪实

在第二次入罗公山考察前，对花元村的老村支书谢存富进行了采访。据谢书记回忆：他和爱人在1998年时到罗公山的背面采摘岩鹰毛（当地一种草本植物，用于覆盖秧苗种子）时，发现一座古墓，墓已被盗，在墓旁发现一件龙袍及盔甲。当时龙袍的颜色还比较鲜艳，颜色以红、紫色为主，绣有狮子头图案（其一，李自成是穿着战袍外出掠食的，狮子头的图案应该是李自成本人的战袍，狮子代表动物之王；其二，李自成死后，众将推李过为首，龙袍和金印之类的物品应当传下，不会随李自成入葬），只是衣服被分解成了几块并暴露在墓旁。谢书记回到家里后赶紧把情况告诉了罗翁村老书记杨长生（谢书记的亲家）。杨书记得知情况后，当天就打电话到安江镇政府，把发现李自成墓和龙袍的情况在电话里向政府做了汇报，要求政府派博物馆的人来查看古墓和龙袍，但安江镇政府的回答是暂时不需要，直到最后也没派人到罗翁村来进行核实。

笔者对谢书记所讲的情况半信半疑，因为这样重大的事情政府不可能不来调查和核实。同时，谢书记看见的龙袍是不是真的龙袍，而他又是凭什么认定古墓就是李自成的坟墓？总的来说，笔者当时对谢书记讲述的事情很是怀疑，甚至认为是编造。在离开谢书记家后，笔者想放弃寻找所谓的李自成墓，但考虑到一位年近八旬的老共产党员没有理由去捏造这些情况，再说既然来考察了，就没有理由放弃，因此笔者决定还是入山考察和核实一下。

28日上午，笔者邀请谢书记一同前往古墓地，但由于谢书记爱人身体不好，家里许多事情没人照顾，不能随同。笔者只好根据谢书记描述的地理位置，于28日上午10点在杨书记与黎明村的唐村主任的陪同下入山寻找。在当天下午3点左右，笔者一行到达谢书记所描述的位置，并找到了古墓。笔者这才相信谢书记描述的情况属实，但是在墓旁没有发现谢书记所讲的龙袍和盔甲。

笔者一行人对墓进行了仔细勘查：墓的埋葬方位是坐东南朝西北，长约十米左右，宽约六米。埋葬的山为丘陵地貌，墓地为三四百平方米。在墓前三十米处往下走二百米发现一处约一百平方米的建筑遗址。笔者分析，此建筑遗址应是当时埋葬李自成时的临时办公地点，从墓的占地面积和暴露在外的一些棺木来看，当时的工程比较庞大。在地处海拔一千多米的高山修建如此大的坟墓，修建的时间不是一天能完成的，因此在埋葬地旁修建临时的办公场所，是很有必要的。

笔者对暴露在外的三根棺木进行了测量，每根棺木长约两米四，宽约一尺，暴露在外的棺木为棺材的上盖部分。棺木的表面涂有约两毫米厚的防腐剂，防腐剂是用生漆和碎瓷混合而成。笔者在12月3日上午拿实物到市文物处咨询，接待笔者的是市博物馆副馆长、市文物调查领队田云国同志。田云国同志在查看了棺木上的防腐剂后，确认是明朝时期的产物，最晚也是清初时期的产物。这一点，恰好与李自成殉难的时间吻合。

从墓所在的位置分析，墓是处于罗公山的背面，海拔一千三百米左右，周围十五公里内没有任何村庄。谁有如此大的财力和能力修建如此大的坟墓？如此重的棺木又是用怎样的方式抬到山上来的？根据棺木的大小计算，棺木至少重达四百到五百公斤左右。笔者想，李过把李自成埋葬此地，应当会留下记号之类的东西作为标志，以便来日寻找。面对这些疑问，直到笔者下山时才得以解开。笔者是按照原路下山，在下山的路上，笔者发现一些石头上刻有三角形状的箭头，而箭头所指的方向是坟墓的埋葬地。笔者随着箭头指引的方向逃向下山，正好到达了罗公山的桃冲（李自成屯兵地），这就证明了棺木是从桃冲抬上山的。当时抬到山上的应该不是整的棺木，是在桃冲做好后，拆成几部分搬运到山上，然后在山上进行组装而成。

笔者把李自成墓的方位告诉罗翁村当地的一些老人，老人在听完后竟然告诉笔者："李自成所埋葬的地方叫莲花地，是最好的风水地之一。"笔者不相信这所谓的风水之说，但李自成埋葬的位置确实有些特别，很像一朵莲花。笔者在罗翁村遇见一位年近八旬的老人，其系铁山村人。他告诉笔者，莲花地那座墓古时是有人看守的，看守三年后就走了。笔者不敢相信，如此高的山，周围十五公里内又无村庄，看守的人怎么生活？那只能说明看守的人应该很多，至少是轮换制度，同时还有专人上山送粮食，才能得以维持生活。那么，谁具备这样的能力呢？是当地最富裕的地主？对于当时罗公山的环境来说，除了李自成具备这样的能力外，没有人具备！李自成殉难后，李过以及其他将领直到顺治六年才被迫离开黔阳一带，会不会是李过派人看守的呢？如果调查研究后确定的话，那么李自成殉难的时间应该是顺治三年或四年，至少不会是湖北所说的顺治二年。

杨氏族谱考察纪实

在罗翁村和花元村一直流传杨姓被灭族的传说。根据当地老人讲述："杨姓家族灭族是因为他们把李自成杀了，后来李自成的部下就把杨姓族人全部杀死。"在这一点上，笔者从杨姓族谱上得到了证实。

根据杨姓族谱记载："杨姓祖先是在元朝时迁入罗翁村的。杨姓家族在六世至十一世时，家族特别兴旺，但到十一世岁末，明朝已革，杨姓族人遭到了兵燹，直到康熙年间才陆续搬回，但大部分杨姓族人还在异地。"除这些记载外，笔者在杨姓族谱上还发现一条重要的线索：杨姓族谱中竟然有几页是空白的，没有任何的记载。怎么会出现这样的情况？笔者从杨姓族谱的记载时间和顺序上进行了考察，惊奇地发现谱中出现空白页的时间正好是顺治年间，也就是说，杨姓家族在顺治年间断了谱！从这一点上更证明罗翁村和花元村流传杨姓家族被灭一事是真，断谱的时间为顺治年间，断谱的原因就是因为被李自成的部下灭了族。在这一点上，吻合了李自成殉难后，李过勒兵随赴，仅夺其尸，灭一村而还的史料记载。

许多史学者认为文献中提到的"平阳"二字是指李过所灭村的名字，其实"平阳"二字不是指村的名字，而是指姓。李过在夺尸后，灭了杨氏家族，"平阳"的"阳"字实为"杨"的误写。

四、对证文献

笔者将实地考察的结果与历史文献进行了一次全面的相互印证，经对证研究分析后确定：黔阳罗公山才是李自成的终寝地所在！

见文献："李自成南奔辰州将合张献忠；献忠已入蜀，遂留屯黔阳，尚拥众十余万……乏食，遣贼将四出抄掠……川湖督何腾蛟进攻之，自成营于罗公山，倚险筑堑，为久屯计。势弥蹙食尽，逃者益众。自成自将轻骑抄掠，何腾蛟伏兵邀之，大败，杀伤几尽。自成以数十骑突走村落中求食，村民皆筑堡自守，合围伐鼓，共击之。自成麾左右格断，皆陷于淖，众击之，人马俱死。村民……截其首献腾蛟，验之左眼镞伤，始知为自成。李过闻自成死，勒兵随赴，仅夺其尸，灭一村而还……以衮冕葬之罗公山下。"

这段记载文献描述的是李自成南下辰州，屯兵黔阳，后营兵罗公山。因粮食缺乏，李自成带领兵马抄掠食物，但中了清兵埋伏，几乎全军覆没，李自成突围后在村中求食被村民打死的过程。很多史学家对记载的过程表示怀疑，经笔者实地考察核实后，发现除文献记载的个别地方有误外，其他均在黔阳罗公山一一对上。

李自成在未进入罗公山之前，是屯兵于黔阳县城，当时还拥有十余万大顺军。由于驻军人数众多，军饷成了大顺军面对的最大问题，不得已在黔阳四处抄掠粮食。川湖总督何腾蛟大兵镇压，李自成退出黔阳。根据文献记载分析，李自成在黔阳与何腾蛟交战后，大顺军已损失大半。从这一点上分析李自成扎营罗公山桃冲时，人马已经不多，甚至不到万人。在退走时，李自成为何选择罗公山作为屯兵地点呢？当笔者爬上罗公山桃冲后，才明白李自成选择扎营罗公山桃冲的原因所在。罗公山之所以又称八面山，主要是山有八面，山不但绵延百里，还可周回五百里。罗公山除山势险要外，又是黔阳过洞的古道，选择罗公山不但可进可守，同时还能及时退走。由于罗公山山高路陡加上还有近万人马屯在罗公山一带，此时粮食已经全尽。见文献："自成营于罗公山，倚险筑堑，为久屯计。势弥蹙食尽，逃者益众。"在没有粮食的情况下，许多大顺军逃走。笔者分析，此时屯在罗公山一带（龙船塘、洗马等地）的人马不足五千人。经笔者从桃冲屯兵遗址的面积（大约一千平方米左右）来看，也证实了笔者的分析。大顺军为了能筹备粮食，李自成留李过守营，亲自带人下山寻找食物，但在寻找食物的路上又遭遇伏兵埋伏。根据笔者实地考察，李自成遭遇伏兵的地点应是今纱弯乡一带（古时纱弯比较富裕，人口众多）。纱弯属盆地，距罗公山大约二十公里左右，是黔阳到罗公山的必经之道。李自成下山后经罗翁村走官道进入纱弯一带掠食时遭遇埋伏后，从纱弯逃回了罗公山。此时逃回的李自成只剩下数十人。见文献："自成自将轻骑抄掠，何腾蛟伏兵邀之，大败，杀伤几尽。"

《明史纪事本末》记载："自成以数十骑突走村落中求食，村民皆筑堡自守，合围伐鼓，共击之。"这段文献记载中提到的村落，经笔者实地考察后确定就是现在的罗翁村。罗翁村位于罗公山山脚下，地势十分平坦，属盆地形状。当时李自成逃回罗公山时在罗翁村中掠食，村民以为是贼（笔者更相信是乡团故意追杀之），合围击之。李自成边战边逃，村民（乡团）一直追到血塘背处与李自成进行激战。李自成从纱弯逃跑到罗翁村，逃跑路程长达二十公里，加上人马乏食，此时的李自成人和马都处于相当疲惫的状态，加上血塘背的农田常年蓄水，田泥十分松软，李自成的人和马都陷入了泥潭，这是导致李自成被村民（乡团）杀死于农田之中的根本原因之一。村民（乡团）在杀死李自成后用刀（村民经常使用的一种砍柴或者割草的工具）割下其头，派人送往黔阳。

经笔者现场考察，从罗翁村到血塘背的路程不到一公里，山比较平缓。血塘背地名的由来，笔者对附近村子里的老人进行调查，在调查中得到一条重要的线索。据当地人回忆，听上辈人讲是因罗翁村的乡团和李自成在那里打了一仗，并把李自成和他的兵全部打死，后面李自成的部下又把罗翁村一村子人全部杀死。血塘背是因农田里全是血，而背是指山的背面，因此得名血塘背。

文献中记载的献首于何腾蛟，按笔者分析，村民为什么献首给何腾蛟有两个原因：一个是不知道被杀之人是李自成，以为杀的是强盗。见文献："截其首献腾蛟，验之左眼镞伤，始知为自成。"第二个就是明知道是李自成，故意杀之。李自成营兵罗公山时，就算村民不认识，凭李自成特有的相貌，作为罗公山下罗翁村的村民理应猜出被杀之人是李自成。据笔者分析，被杀的原因是自李自成屯兵罗公山以来，经常到村里掠食，引起村民很大的反感。在当时食物极度缺乏的时期，粮食对于村民来说重于生命。根据当地老人讲，当时山上能吃的东西都被李自成的兵吃了，甚至连村民挖的山葛，都被李自成的兵偷走了。

笔者一直不相信，凭一些村民的力量是很难杀死李自成的。我想很多人有着和笔者一样的同感。当笔者调查和查阅村民的族谱后，才彻底打消了这个疑虑。为此，笔者觉得有必要把当时罗翁村的情况进行介绍：从元朝至明末，在罗翁村居住的村民大多为杨姓。从家谱中得知杨姓从元朝到明朝，做官的人相当多。尤其到了杨姓的六世至十一世这几代，杨姓家族更是出了许多举人和官员。在当地黔阳（辰州）就有两位重量级的官员，一位是黔阳府副府，另外一位辰州总兵，不定期管靖州。笔者从杨家族谱记载分析，当时罗翁村的杨姓除势力相当强大以外，更具备与李自成交战并杀死李自成的条件和能力。

当李过听到李自成被罗翁村民（乡团）打死后，从桃冲赶到罗翁村抢夺尸体，桃冲距罗公山脚的罗翁村大约五公里路。在抢尸体过程中又与村民（乡团）发生交战，并灭掉了整个罗翁村的村民。见文献"李过闻自成死，勒兵随赴，仅夺其尸，灭一村而还"。这段文献记载的事情除《明史纪事本末》有记载外，还有其他文献中有提到"平阳"二字。很多研究者认为李过所灭的村叫平阳村。笔者为此在罗翁村进行了实地调查，现住罗翁村的村民大多为谢姓，是有几户杂姓，都是后面搬迁而来。在进一步调查中发现，现在居住罗翁村的谢姓也是后来搬迁来的，在他们未搬迁来之前，这里还有两姓，一是杨姓，另外是明姓，而杨姓又在明姓之前。笔者查阅杨姓族谱时发现：在明朝时，罗翁村主要是杨姓。那么可以肯定当时李过所灭的村是罗翁村，所杀的村民是姓杨的村民。在这一点上，笔者从杨姓族谱上得到了证实。杨姓族谱明确记载了在杨姓的六世至十一世岁末（正好是顺治年间），遭到灭族之灾。杨姓的族谱也从十一世后就断了谱（见家谱图七），直到康熙年间才陆续把谱续上。由此笔者认为"平阳"二字不是指地名或是村名，应该是指姓。"平阳"应理解为李过杀掉了罗翁村杨姓的村民。

杨姓被灭族一事至今还在罗翁村流传，村里的老少都知道杨姓被李闯王的部下灭了族。由此笔者认为，李过来罗翁村无论从时间或者从杨姓族谱的记载来分析，都是十分的吻合。李自成下山掠食时，留李过把守营地，当李自成被罗翁村民打死后，李过从罗公山营地（桃冲）下山抢尸。更有研究者认为，就算是李过灭了罗翁村的杨姓，那么下山夺尸灭村时就不担心清兵吗？实际是，李过下山到罗翁村不过五公里，而清兵指挥部所在地的黔阳距罗翁村五十多公里。这就印证了在这么短的距离，李过完全能够下山抢尸。

直到现在，许多史学者还在对李自成殉难何地心存疑虑，尤其是对李自成殉难通山九宫山表示出认可的态度。笔者本人没有到通山及湖南常德石门夹山寺进行过实地考察。但通过对黔阳罗公山的考察后，笔者坚决认定黔阳罗公山不但是一代枭雄李自成的殉难地，更是李自成的终寝地。笔者不是坐在家里，看着历史文献做出的结论。甚至连具有权威性的《明史》在记载李自成殉难都出现了两种死法："或缢死，或锄中脑死。"而通山九宫山之说又依《明史》记载为主要依据，这可信度在哪？许多史学者总是认为《明史纪事本末》《流寇志》等文献的记载不实，可通过笔者对《明史纪事本末》《流寇志》有关李自成殉难文献记载进行了实地考察和核实时发现，文献所记载的事件与笔者实地考察的结果基本一致。在这一点上，不但出乎笔者的意外，更出乎了许多史学者的意外。

结 论

笔者结合实地考察和历史文献，可以得出以下结论：《明史纪事本末》《黔阳县志》及《流寇志》等历史文献在记载李自成殉难一事上属实。

（1）旧《黔阳县志》是最早记载李自成殉难的文献，比官方《明史》早了八十年。

（2）文献中涉及的地名：黔阳、罗公山存在。

（3）文献中记载李自成营于罗公山，现屯兵遗址仍在。

（4）文献中记载李自成乏食，与罗公山的环境吻合。李自成屯兵（桃冲）或者罗翁村一带，都是崇山峻岭。

（5）文献中记载李自成人马陷于淤泥，被村民毙之。记载的环境与血塘背吻合。

（6）文献中记载李自成掠食，死于村民手中。此事正好与血塘背发生的战事吻合。

（7）文献中记载李自成葬于罗公山下，实为罗公山上，现坟墓还在。

（8）文献中记载李过夺尸时并灭了一村。恰好与罗翁村杨姓被灭族一事吻合。

（9）从李过灭罗翁村的路程和时间来说，与实地吻合。从屯兵地（桃冲）到罗翁村只有五公里左右。

（10）有关文献中提到的"平阳"二字，实指姓，并非地名或村名。此又和罗翁村的杨姓的杨吻合，虽然字有所区别，但读音完全一致。笔者认为是记载的失误。从《平寇志》的平字上理解的话，那么"平阳"二字应该理解为踏平或者扫平的意思。所谓"平阳"二字应是扫平或者杀完了姓杨的村民。

后人纪念

当地人为了纪念李自成，于清嘉庆八年（1803年）在界角（黎明村）修建闯王庙一座。庙用条形石块砌成，高约两米左右，宽约四米左右。庙前种两棵松柏树，离树不远处立有一块高约一米五，宽约一米二的石碑。据笔者调查得知，此碑为功德碑。

《黔阳文化志》载："罗翁有祭闯王的传统，每年春秋两祭，春季二月初二，秋季十月初二；并设有祭田。祭祀期间要上演阳戏，还保持闯王当年'有饭大家吃，有酒大家喝'的遗风，过往行人都可入座看戏、饮酒、吃饭。"据笔者实地调查，这一祭祀活动一直保持到20世纪40年代。

笔者在罗公山台田调查得知，当地村民每年在农历十月初二过小年。这样的节日只有罗翁村一带才有，每年到这个时间，罗公山附近一带的村民自愿组织到闯王庙集合，举行庙会。当地村民为了能使庙会长期举办下去，特意献出八担田作为公用，所得的经费作为举办庙会的费用，其原因是纪念李自成。村民告诉笔者，十月初二是李自成的忌日。

附：

参与考察的人员有：舒大席、韩杰道、张学行、罗翁村老支书杨长生、黎明村唐主任以及谢泽亮、谢泽舒等人。

参与研究的人员有：怀化市地方志办公室原主任黄清泉、怀化军分区《军事志》主编梁厚高及《五溪》杂志主编谭善详等人。

清钦定《明史》最终刊定
李自成之死的定论

李道生

明末起义首领李自成失败后之死的定论，刊载于清修钦定《明史·列传》卷三〇九第一百九十七页《流贼传·李自成》。

《流贼传·李自成》的纂写，修订、定稿及其结论，清廷虽然仍旧沿袭了新旧交替，改朝换代，败则为贼的封建传统历史观，但就李自成一生的主要事迹，却遵循了以事实为原则并进行了准确、深刻、详细的描写。为了分析、研究《明史》最终是怎样刊定李自成之死的定论，有必要对《明史》的修纂人选、过程、纂稿、查核、改订等做简要的概述。

据《清史稿·刚林传》，清皇太极崇德八年（1643年），即有议"八年以编修明史"之举。这是见之于最早有关动议修纂《明史》的文字记载。顺治二年五月"命内三院大学士冯铨、洪承畴、李建泰、范文程、刚林、祁充格等纂修明史"（见《清史稿·刚林传》）。在这个刚刚初步完成建立的清王朝，正还是"天下初定，百事更始"，唯对修纂《明史》做出这样详尽的计划，这不能不说清廷对前明国史的关注和重视。

至康熙十八年（1679年）三月，康熙帝再次调整和重组《明史》修纂班底，"三月丙申朔，御试博学鸿词于保和殿，授彭孙遹等五十人，侍读、侍讲、编修、检讨等官修明史，以学士徐元文、叶方蔼，庶子张玉书为总裁"（见《清史稿·圣祖纪》）。康熙十八年可谓为《明史》修纂的总动员，而且以此进行认真地组稿纂写，所以后来，一般都认为《明史》的修纂"始于康熙十八年"。

后累数十年，直至乾隆初，在由张廷玉任总裁时，《明史》终于告成。《明史·考证捃逸叙》载："《明史》三百三十六卷，本纪二十四卷；志七十五卷；表十三卷；列传二百二十卷；目录四卷；乾隆四年告成。简明目录《明史》三百六十卷，大学士张廷玉等奉敕于康熙十八年至乾隆四年（1739年）告成。其中考究未详者，近又承命刊正，今谨以新定之本著于录案，今通行《明史》，皆三百三十六卷。"《明史》后跋载："是史经始于康熙十八年，成于雍正末年，高宗继位之后，武英殿刊刻至乾隆四年竣工，此为第一官版。"

虽然《明史》第一官版成书，在乾隆四十二年，乾隆帝"特命馆臣照辽、金、元三史例查核改订……乾隆四十七年（1782年）四月而《明史》考证告成"（见《明史·考证捃逸叙》）。杨艳秋先生在关于《明史》改修的几个问题一文中指出："乾隆四年，《明史》刊竣颁行。然而，未及四十年，大规模全面、彻底的勘改、修订又再次进行。实际上也就是指的这次查核改订。"对于《明史》从修纂到考证，在《明史》后跋中做了这样的评断："殿本诸史均有考证，《明史》系出钦定。"（见《明史·跋》）

最终完成的《明史》，从上可以看出应该是阅顺、康、雍、乾四朝。其中大致有三个主要阶段：一是康熙十八年前的初期阶段；二是康熙十八年至乾隆四年的修纂成书阶段；三是乾隆四十二年至四十七年的查核改订阶段。严格意义上讲，从顺治二年计起，这部《明史》鸿典先后经历了一百三十七年。这在中华二十四史的修史史上是罕见的，也是绝无仅有的。由此也可以看出，清帝，尤其是其中的康熙、乾隆二帝在修史上严肃、慎重、务实的态度。该《明史》绝不是现在某些人所认为的"但这是由于乾隆四年"钦定，"《明史》的编纂者没有经过认真查考，以致误定李自成在顺治二年（1645年）九月死于湖北通城九宫山"。持这一观点的人，只不过是为达到某种需要，去编造《明史》是如何不符合自己观点的一种借口罢了。持这一观点的人更没有实实在在去了解《明史》的修纂和考证记录。

　　《明史》的修纂不但时间上在修史史上是最长的，取用人才和汇集的力量在修史史上也是空前的。在这些所取用的修史者中，既是当代当时人，也是清廷的重臣，而且大多数还是当代博学大家，例范文程、刚林、洪承畴、徐元文、王鸿绪、毛奇龄、熊赐履、叶方蔼、张玉书、张廷玉等。在《明史》的修纂过程中，这里必须提及王鸿绪。据《王鸿绪传》，在康熙朝时，"大学士张玉书为监修，尚书陈廷敬为总裁，各专一类。玉书任志，廷敬任本纪，臣任列传（注：指王鸿绪）"。需要特别指出的，当然无疑包括《李自成传》在内，王鸿绪专职负责的列传在此做了明确的说明："成列传二百八卷，其间是非邪正，悉据公论，不敢稍逞私臆，但年代久远，传闻异辞，未敢自信，为是谨写全稿，赍呈御鉴，请宣付史馆以备参考召谕之。"这就是说列传是只有在什么条件下才能成稿，以及成稿后还需应上呈的最终必要程序。

　　从《明史》的成书，结合清史稿史料，综合评价《明史》最少有以下六点：

　　一、《明史》成书是慎重的、严谨的，正因为如此，也是历时最长的。

　　二、《明史》修纂所取用的人才，既有重臣，也有当代人，非常了解当时历史事件，有绝对的优势条件和资源，从而获得第一手资料。

　　三、《明史》的修纂，分工明确，各专一类，且"互相参订"既不能也无权独揽独定。

　　四、《明史》修纂的列传，"悉据公论，不敢稍逞私臆"。

　　五、《明史》成书前之稿本必须经"赍呈御鉴"首肯。

　　六、由此断定《列传·李自成传》的纂写定论"悉据公论"，而且无疑得到康熙帝的最终肯定。

　　在认识和分析了《明史》修纂的过程与程序的基础上，有关李自成之死的定论，绝不可能依照所谓传言，信手杜撰，随意臆造的。据有关资料，《李自成传》："第一稿出自毛奇龄之手，第二稿由王鸿绪纂写，最后又对王鸿绪稿做了删改。"王鸿绪是专任列传的，史料载，王鸿绪也不是最后断定者，而是必须经"御鉴"。这就十分清楚地表明，《李自成传》事迹与结局的历史记载，是由一个初级资料的形成，再经上层核查改篡，最后由最高层康熙帝的亲鉴肯定。

为此，最终完成的《李自成传》，载《明史·列传》卷三〇九第一百九十七页，为李自成的最终归宿做了如下载述：

"顺治二年（1645年）二月，我兵攻潼关，伪伯马世耀以六十万众迎战败死，潼关破，自成遂弃西安，由龙驹寨走武冈（关），入襄阳，复走武昌，我兵两道追蹑，连蹙之邓州、承天、德安、武昌，穷追至贼老营大破之者八。当时左良玉东下，武昌虚无人，自成屯五十余日，贼众尚五十余万。改江夏曰瑞符县，寻为我兵所迫，部众多降或逃散。自成走延（咸）宁、蒲圻、至通城，窜于九宫山，秋九月，自成留李过守寨，自率二十骑掠食山中，为村民所困不能脱，遂缢死。或曰村民方筑堡，见贼少，争前击之，人马俱陷泥淖中，自成脑中锄死。剥其衣，得龙衣金印，眇一目，村民乃大惊，谓为自成也。"

李自成的最终结局被载入《明史》后，这项修史工程还没有完成，在乾隆四十二年又开始了对《明史》的"查核改订"。其中在《明史·考证捃逸·三十七》"李自成"专条中，进行了七则有关李自成的史事的补充和订正。有关李自成败后最终本人生死问题，清廷自始至终是特别重视和关注的，这些由清重臣担任的修史者，也是十分小心慎重的，如果在这期间确有李自成之死的新发现和有确凿无疑的死地死因证据的话，在《明史》前九十四年的修篡时，之后至查核改订完止的四十三年，这两个时期中的任何哪个时期，既来得及重篡，也来得及重新改订，或在"考证捃逸"中加以注明。显然，这两个时期都没有更动《明史》中李自成之死的结论。更没有注释新的质疑。这就是说，最后历时五年的"考证捃逸"，在《明史》乾隆四年成书后经三十八年的历史考验，不认可"传闻异辞"，依然坚信李自成遇害于通城九宫山这一结论。这一结论既没有在"考证捃逸"的过程中起什么新的争议，也没有对其结论产生丝毫的动摇。

还应特别说明的是"考证捃逸·李自成"条中，五次提到崇祯进士，先仕明后仕清的两朝朝臣吴伟业的历史专著《绥寇纪略》（有关《绥寇纪略》另文专述）。作者以当事人在改朝换代中的特有经历，详细记述了有关李自成及大顺军的绝大多数重大事件。所以，"考证捃逸"的记载，非常值得重视。这部有根有据的史料，是其他任何野史杂记无论在条件上，所获得的第一手资料上，还是个人资历上所不能比拟的。这部专著是对李自成所有的重大问题著述留存的史料，是对这一时期历史史料的贡献。

《明史》有关李自成之死这个定论，首先确定并描述了李自成败退的这段行军路线，是自湖北的咸宁行进至蒲圻，然后进入通城县，在通城县城郊的九宫山为村民所困遇害，后来有人对这个载述曾产生质疑，一是通城县是否有九宫山；二是认为载说两死，或缢死，或中锄死。这两个问题，第一通城县九宫山及其名始于唐代，有确凿记载该山名，且有多种史料可证可查的，九宫山名在明成化丁亥年即有（此问题另文详述）。第二个问题，两死之说。因为李自成之死既非清军所亡，也非南明所亡，正因李自成之死是一个偶发的民暴事件，在死亡地确定后，就只能按历史如实地表述，也就是有些研究者所认为的："为对历史负责，才不得不把两种说法并列记述。"所谓后来的杂记传闻，乃至于传闻在清晚期之后所有的考证也好，什么新的结局也好，没有哪一个人能真正提出一个踏踏实实的、实实在在的、使人十分信服的证据和证物，可以推翻《明史》李自成之死于通城九宫山这一定论。

农民领袖李自成与永昌通宝

马 军

明朝末年，皇帝昏庸无道，政治腐败黑暗。为了维护其即将灭亡的封建统治，官府连年增加田赋课税和侵吞霸占土地。特别是陕北连年旱灾，饿殍满路。被统治阶级踩在脚下的亿万饥寒交迫的人民，日益觉醒，不断掀起波澜壮阔的反抗斗争。而李自成就是这大动荡时代造就的无数农民起义英雄的杰出代表。他用自己的鲜血和生命谱写了一曲悲壮的时代之歌。

李自成原名李鸿基，陕西米脂人，自幼家贫，略识文字。十多岁就给米脂姓艾的财主家放羊。在财主家他受尽了欺压，吃尽了苦头，他幼小的心灵里埋下了对当时社会和剥削阶级仇恨的种子。成年后的李自成应募为银川驿卒。最后由于朝廷裁减驿卒，李自成失业。迫于生计，他只得向艾财主家借债度日，因无力偿还，被艾财主勾结官府打入死牢。在侄子李过和驿卒兄弟的帮助下，李自成越狱逃出虎口。官逼民反，自古天理。逃出监狱的李自成最后投奔在闯王高迎祥部下。崇祯九年，高迎祥被俘牺牲，李自成承袭闯王名号，转战陕南四川、河南等地。与此同时，李自成提出我国农民起义史上史无前例的政治口号"均田免赋"。在这个口号的感召下，各地农民争相参军投奔李自成，李自成的部队迅速壮大到几百万人。

崇祯十七年正月，李自成率部攻克西安，在西安建立了大顺政权，改元永昌，并改西安为长安。新政权进一步完善了政权组织，增设大学士及六政府尚书，大封功臣，开科取士，铸造钱币，选拔官员接管地方政权。二月初，李自成率领主力于十三日一路北上直指北京。农民军所到之处势如破竹，到处都是开门迎降者。三月十八日，外围失陷的消息传到崇祯耳朵里，他觉得事已无望，趁着夜色仓皇出逃，来到煤山一棵歪脖子老槐树下上吊自杀。三月十九日，北京下了点小雪，李自成头戴白毡笠，身披红斗篷，骑乌驳马，带领着百万大军浩浩荡荡由德胜门进入北京城。至此，统治中国长达二百七十六年的朱明王朝在农民军的一片欢呼声中落下了帷幕。

关于李自成铸造钱币之地，明清时期的正史中语焉不详，但在明清之际的文人笔下是可以见到的。《平寇志》《小腆纪年》《绥寇纪略》《甲申传信录》《明季北略》《流寇志》《明鉴》《明通鉴》中，都有李自成大顺政权铸钱的记载。从上述明清人著作的书籍看，李自成大顺农民政权不但铸了钱，而且铸造的地点还不止一处。从出土及流传下来的李自成大顺政权铸钱看，李自成铸钱钱文为"永昌通宝"，而且当时铸造的钱也有相当的数量。所见"永昌通宝"铜钱分小平、折五两种，均为楷书，背无文；但版别较复杂，仅小平就达二十多种，区别集中在"永"字的写法上。"永"字常由"二水"字样组成，称"二水永"。也有"永"字第一笔为一点，第二笔为"一"字等。发现的永昌通宝钱据研究者分类有A、B、C、D四种版式。前三种版式中又都有大钱和小钱两种。

学者袁林撰写的《李自成铸币新考》一文，结合近十年来全国出土永昌钱的原始资料，确定版式和铸地，再结合钱文发展情况，参照其他大顺文物，确定各类版式的铸造时间，最后对李自成的货币政策做一些分析，力图比较全面地介绍李自成铸币过程。全国共有十三个省区的三十多个县市出土了永昌通宝，尚不含发现永昌钱的地区，而陕西西安地区、湖北襄阳地区则又是永昌钱的重点出土地区。

据史料记载，西安：《小腆纪年·附考》卷一，《绥寇纪略》卷二十均有记载。"甲申（崇祯十七年，一六四四年正月）：李自成称王于西安，国号曰顺，改元永昌，铸永昌钱，大者值银一两，另有当五、当十等钱。平物价。"而西安地区又大量出土了不同版别的"永昌通宝"。1645年正月十四日，李自成撤离西安,因此西安版式的永昌钱应铸造于1644年正月至1645年正月十四日之前。

北京:《甲申传信录》卷六,《小腆纪年·附考》卷一,《国榷》卷一〇一,《明季北略》卷二十,《流寇志》卷十一,《燕都日记》《明史·李自成传》等均言之甚详,不仅有(四月)初二的铸钱颁谕,还有初四日及初八日铸钱日期,还设有"管钱局",主事者是明"兵部侍郎刘永誉之子也"。四月初二日下谕铸钱,初四(《燕都日记》说)或初八(《甲申传信录》卷六《清钱轵》)开始铸钱。但十一日吴三桂降清消息传来,十三日李自成便亲率六万大军东征,二十二日即遭遇一片石大败,三十日即撤出北京。前后算来,李自成在北京铸钱的时间极短,只有在四月初四至三十日这短短二十余天时间,故北京铸钱铸量极少。北京所发现小平钱也证实了这一点,它风格独特,继承明工、户部铸钱二点通之遗风。

各种版式永昌通宝铸造时间的推定

李自成大顺政权于1644年正月在西安建国,年号"永昌"史载明确此时开始铸造永昌钱。西安Ａ式小钱是所有永昌钱中铸造时间最早的,时间当在1644年正月。主要理由是:(1)西安Ａ式小钱不同于其他各式永昌钱,采用点直永写法,且铸造精美,铜质精良,有初铸、试铸的痕迹。从铸造数量看,未曾广泛流通就突然停铸。(2)西安Ａ式小钱承明钱文字遗风较重,"通宝"二字与明西安府铸钱无异,属铸钱匠人体,而与此后大量铸造的永昌钱风格迥异。正因为此式永昌钱是明式钱体,不符合李自成反明立国的理念而遭到李自成的弃用,仅仅试铸便停铸了。

西安Ｂ式小钱已开始使用二水永,由于仍使用明廷工匠,风格与崇祯西安版近,从货币发行的原理上推论,一般建国之初都先发行小钱。因此,西安Ｂ式小钱的铸行应早于西安Ｂ式大钱的铸行,其出土数量占百分之七十也能证明这一点。从出土范围看,西安版小钱、西安Ｂ式大钱,均出土于大顺全盛时期的范围,分布最广,所以应当是大顺政权在1644年正月全盛时期铸造的。

"永昌通宝"铸造精美,铜质优良,钱体厚重,是大顺王朝留给我们为数不多的珍贵的遗存。当人们看到"永昌通宝"时则不由得想起叱咤风云、曾经横扫千军的大顺农民军。无论在何时，对李自成的研究都是不可忽视的。李自成率领起义军推翻了腐朽的明王朝，建立了农民阶级自己的政权。虽然在取得胜利不长的时间内就令人惋惜地惨遭失败了，但他用自己的经验和教训给我们后人留下非常大的启示，在我国农民起义史上写下了不朽的篇章！

李自成农民军经济政策略论

姜良贵

　　明末，在决定中国历史走向的关键时期，纵观李自成农民军成败的战争史，成败确有其种种原因，但其中实施的经济政策也是重要因素。经济是基础，经济政策的实施，也决定着国家兴亡，政权更替。李自成农民军的经济政策，在中学中国历史课本中主要有：均田免粮、追赃助饷、赈饥济贫和工商业政策，这些都有其重要研究价值。

均田免粮深得民心

　　"均田免粮"是李自成农民军最重要的一项经济政策。这一经济政策，仅载于查继佐《罪惟录》内，前后共两条。其一如该书卷三十一《李自成传》内云："李岩教自成以虚誉来群望，伪为均田免粮之说相煽诱。"另一条则在卷十七《帝纪》内载云："谓五年不征，一民不杀，且有贵贱均田之制。"（柳义南：《李自成纪年附考》，以下称《附考》）这一记载道出了"均田免粮"是李岩提出的基本事实。所言"均田"，就是指均土地，实质上是贫富均田。

　　明朝时土地是最基本的生产资料，它是民食之本，而土地的占有却严重不均。据《附考》载：山东曲阜举人孔尚钺上言"土地不均之叹，处处有之！富者动连阡陌，贫者地鲜立锥，饥寒切身，乱之生也"，就是当时的真实情况。这一主张和斗争口号是根据明王朝土地高度集中而提出的，它满足了农民对土地梦寐以求的心理，它把解决农民的土地问题与推翻明王朝的战争结合了起来。

大顺地方政权"明示通衢",号召贫民夺回抵押或被强卖于官绅富户的祖业田地,实行自耕自种,并把没收官绅富户的田产均分给农民耕种(《附考》),为生存久远之计。这一"均田"的明确主张,意义深远,启示了太平天国做出《天朝田亩制度》那样具体的平均土地方案。由于农民军忙于征战,建立地方政权巩固时间短,没有采取有效措施落实。

所谓"免粮",内容指田赋,就是减免百姓缴纳粮食的赋税,绝不是取消赋税,因为当时的历史条件,没有那样的经济实力。只有在中国共产党领导下,在改革开放市场经济发展的今天,才敢于实现李自成农民军当年提出的"不纳粮"口号,敢于从2006年起全国取消农业税,取消实行了两千六百多年的"皇粮国税"。

这一经济政策的内容有"五年不征""三年不征""一年不征""迎闯王,不纳粮""一应钱粮,比原额只征一半"等。其内容与明王朝在崇祯年间,除正税之外,加派三饷——辽饷、练饷、剿饷的横征暴敛相比减轻了许多,因此赢得了民心。这在当时各地大灾荒的背景下,有很大的号召群众力量。加之"岩复造谣词曰:'迎闯王,不纳粮',使儿童歌以相煽。从自成者日众"(《明史·李自成传》)。这在郭沫若《甲申三百年祭》(以下称《甲申》)中,大加赞誉评价李岩:"但他对于宣传工作做得特别高妙,把军事与人民打成了一片,却是有笔共书的。""有了他的入伙,明末的农民革命运动才走上了正轨。""势力的转变固由于多数饥民之参加,而作风的转变在各种史籍上是认为由于一位'杞县举人李信'的参加。"

"免粮"经济政策实施的结果,到处出现传唱"开了大门迎闯王,闯王来了不纳粮""盼星星,盼月亮,盼着闯王出主张"的动人场面。据《明清史料》记载:"中州民竞送马骡粮草,贼(李自成农民军)日盛日强。"还有米脂《冯氏家谱》载:"崇祯十六年十一月,李自成率军返乡,诛上年掘其祖墓首恶时,主办城防的冯云潭自愿出城,到盘龙山大营与李自成交涉,在兵营中写了五封书札与城中乡绅道:"粮秣宜竭力输运。所需麻绳五百斤,赶掌灯时务必送到。运输辎重需驴马三百头,可尽力拉凑,千万不可贻误。"这些都真实地反映了民心归顺李自成、竞送粮草等所需的情景。

"均田免粮"同时合之实施，使李自成所领导的农民运动大为转机，风起云涌，百万浩荡之军，崇祯十七年二月出兵山西，不到两个月便打到北京，不到三天工夫便把北京城打下了。还有《附考》中载述："均田免粮确为当时人民所梦寐以求的。尤其是教远近儿童到处传唱'迎闯王，不当差，不纳粮'的歌谣时，它的影响便迅速传开，深得人心。故自成能在二三年之内，即席卷中原，进取关中。"这充分说明了这一经济政策的巨大历史作用。

追赃助饷措饷安民

"征饷于仕宦""追赃助饷"也是李自成农民军重点实施的经济政策。它的本意就是李自成农民军认为，封建官绅所拥有之财富，是不义之财，是赃物而已。李自成也说："卿相所有，非盗上则剥下，皆赃也。"（《怀陵流寇始终录》卷十八）所以李自成农民军强迫封建官吏、贵族乡绅和富商大贾缴纳饷银。

这一经济政策的提出是针对明末的社会现实，是以明末这个贫富不均的社会现实，以明末这个社会的封建经济为基础的，是为了措饷安民的需求而提出的。以历史唯物主义的观点洞察分析，在当时的历史条件下，提出征饷于仕宦和追赃追饷，这是正义的有进步性的举措。早在《甲申三百年祭》中，郭沫若已予以充分肯定地指出："其实就在这下《罪己诏》的前一年（崇祯九年），早就有一位武生提出一项相当合理的办法，然而却遭了大学士们的反对，便寝而不行了。《明季北略》卷十二载有《钱士升论李琏搜括之议》，便有这样的事情：'四月，武生李琏奏致治在足国，请搜括臣宰助饷。……'这位武生其实倒是很有政治头脑，可惜他所上的'书'全文不可见，照钱士升的驳议看来，明显的他恨'富者兼并小民'，而'兵荒之故归罪富家'，这见解倒是十分正确的。"接着又指出，"搜括臣宰的目的，在李武生的原书，或者不仅限于'助饷'吧。因为既言到兵与荒，则除足兵之外尚须救荒。灾民得救，兵食有着，'寇乱'绝不会蔓延。结合明朝全力以对付外患，清朝入主的惨剧也绝不会出现了。"此精辟分析足以说明了"搜括臣宰"的合理性和适用性。

这一经济政策实施的法令有：在崇祯十六年十月，李自成在西安颁布"掠金令"。规定征饷数额为："九卿五万，中丞三万，监司万两，州县长吏半之。"（《怀陵流寇始终录》卷十六）又于崇祯十七年三月十九日，大顺军进入北京后，设立比饷镇抚司设施机构，委派刘宗敏和李过专任此职，进行考讯追赃，具体"对明官所追银数，亦作具体规定。如：内阁十万，部、院正堂，锦衣卫负责人，则分七万、五万、三万三等。六科给事中，十三道御史，吏部文选司，兵部武选司则分五万、三万、二万等级。翰林院则三万、一万，郎中、员外郎以下各千计。惟独勋戚无限数，直至人财两尽而后已。上交财物，现银加二，首饰十不当一，衣服罗缎，亦分级定值。若古玩则一概不收"（《附考》）。又记载追赃结束后，"所追财物，若刘宗敏处，厅内缎匹堆积如山，金银作两处收藏，衣服高与屋齐，计其值约得银一千万两。其余诸将所追，不及其半"。此次北京追饷，共追得白银七千万两。凡是追赃所获金银财物，奠定了农民军军饷的物质基础，也辅助实现了"免粮""赈饥济贫"的经济政策，以及其他各种所需，这是李自成农民军措饷安民最重要的经济获取手段。

在实施追赃助饷的做法上，据《附考》载："又特置夹棍五千副，专为拷掠之用，故这次追饷，又称为拷饷。"按此进行勒索绑票，逼取饷银有失当过头的弊病，造成了封建官绅的拼死反抗，又为窥伺入关而来的清朝统治者所利用，导演了失败的悲剧。这从吴三桂叛变降清、引狼入室就说明问题。在《甲申三百年祭》中，郭沫若尖锐地批评了刘宗敏："刘非刑官，而他的追赃也有些不分青红皂白，虽然为整顿军纪——'杀人无虚日'，而军纪已失掉了平常的秩序。特别是他绑吴襄而追求陈圆圆，拷掠酷甚的章法，实在是太不通政略了。后来失败的大漏洞也就发生在这儿，足见李岩的见识究竟是有些过人的地方的。"在《附考》中也有载："三桂行至永平，闻京中追饷，又闻其家中人员被拘，乃急返山海关，逐走唐通等，假称'为明帝报仇'，发檄远近。并通过其舅父祖大寿（降清明将），向清政府乞降求援。"这些清楚地说明追赃助饷所产生的消极作用。再则这一经济政策，使农民军闻风而动，哪里有富者，哪里有金银，就先打到哪里。这滋长了"流寇"姿态，忽略了根据地的建设。所以，李自成领导的伟大的农民战争，成也，追赃助饷有重要作用；败也，追赃助饷也有重要因素。

赈饥济贫拯救黎民

在中国历史课本中有述：在河南洛阳农民军抓到福王朱常洵，李自成怒斥道："你是藩王里最富的，在当今饥荒战乱年月，却不肯拿出一丝一毫来赈济百姓！"说完让左右打他四十大板，然后砍头示众，把没收他的粮食、财物分给饥民。这一例就是李自成"赈饥济贫"的经济政策，它是为拯救饥民而提出的。

在崇祯年间，年年岁岁差不多遍地都是旱灾、蝗灾。据康熙二十年《康熙米脂县志》载："崇祯三年大旱，夏秋无收，李自成以驿卒失公文盗起。""李自成银川驿之一马夫耳，因裁驿饥荒，无所得食，振臂而呼。"民间传说，米脂当时草籽、草根和树皮俱尽，饥民入山中掘软石磨末而食，不数日则腹胀下坠而死，甚至有人相食之说。李自成不甘饿死，铤而走险而起义。而这时的李自成，据《康熙陕西通志》载："自成成年后，身材高大，躯干伟壮，额高而目深，沉凝多智，通猛而有胆略。"而《豫变纪略》又载："自成原即粗通文字，为人有远识而能顾大局，与交舍己好义，因而能得众，为诸驿卒所拥戴。"于是李自成便率众投入西川不沾泥部。河南实情更为严重，据《明季北略》卷二十三《李岩作劝赈歌》条下云："又作《劝赈歌》，各家劝勉赈济，歌曰：'年来蝗旱苦频仍，嚼啮禾苗岁不登。米价升腾增数倍，黎民处处不聊生。草根木叶权充腹，儿女呱呱相向哭。釜甑尘飞炊烟绝，数日难求一餐粥。官府征粮纵虎差，豪家索债如狼豺。可怜残喘存呼吸，魂魄先归泉壤埋。骷髅遍地积如山，业重难过饥饿关'……"这些史料所记，就是当时灾荒的真实写照。由于此情此景，又有《明史·李自成传》载有："岩因说曰：'取天下以人心为本，请勿杀人，收天下心。'自成从之，屠戮为减。又散所掠财

物赈饥民，民受饷者不辨岩、自成也。杂呼曰：'李公子活我。'"即此说明
"赈饥济贫"的经济政策也是李岩提出的。而在《甲申三百年祭》中，郭沫若
予以肯定地指出："他（指李岩）在指斥官吏，责骂豪家，要求县令暂停征
比，开仓赈饥，比起上述的江南武生李琏上书搜括助饷的主张要温和得多。"
这说明李岩对待人民和臣宰的态度截然不同。

李自成赈饥济贫的方式有：处死福王朱常洵后，"自成乃发王府中仓粟
与富室存粮数万石，以赈饥民"（《附考》）。这种"开仓济贫"就是赈饥济
贫的一种方式。另外，《明季北略》记载：崇祯十六年，崇祯皇帝不时召对群
臣，马世奇的《廷对》最有意思："贼知人心之所苦，特借'剿兵安民'为
辞。一时愚民被欺，望风投降。而贼又为散财赈贫，发粟赈饥，以结其志。遂
至视贼如归，人忘忠义。"其中"散财赈贫，发粟赈饥"又是另一种方式。

赈饥济贫的经济政策实施，有极大的历史作用。郭沫若的《甲申三百年
祭》予以高度赞誉："在十年的经过当中，杀了不少的寇，但却增加了无数的
寇。寇在比剿中也渐渐受到了训练，无论是在战略上或政略上。官家在征比搜
括，寇家在散财发粟，战斗力也渐渐优劣易位了。"接着又指出，"直到十三
年，他才来了一个转机，从此一帆风顺，便使他陷北京，覆明室，几乎完成了
他的大顺朝统治。这一个转机也是由于大灾荒所促成的。"这些充分说明了政
策实施后成效显著。更能发人深省的是李自成以人为本，仁义礼先，赈饥济贫
使挣扎在死亡线上的饥民重新获得生命，这是对生产力的拯救，为以后的经济
恢复和发展奠定了基础。这也是李自成农民军不可磨灭的历史功勋，值得后人
称道。

这一政策的实施减少了农民军的粮食储备，使长期保障农民军的粮食供给
有了困难。就连李自成在崇祯十六年也担心地说："今军需匮甚。"（《皇明
四朝成仁录》卷四）为此，李自成在生活上，带头艰苦朴素，就是官书的《明
史》都称赞他"不好酒色，脱粟粗粝，与其下共甘苦"。在《附考》中记载：
"即将登基（即皇帝位）的李自成，由于平生力主节约，故至此时，仍食无兼
味，早起仅饮少许米汤。临朝时仍穿戴如旧。"李自成真是保持了劳动人民的

本色。

这也符合史家郭沫若对李自成失败的客观评价："据此我们可以知道，后来李自成的失败，自成自己实在不能负专责，而牛金星和刘宗敏倒要负差不多全部的责任。"《甲申三百年祭》这是以马克思主义科学分析的方法，还给李自成的一个本来面目。可叹的是大顺政权，难以摆脱这种被动局面而失败。

工商政策繁荣经济

李自成农民军的工商业政策主要有：招商赈饥、平买平卖和公平交易。它的提出是有历史背景和现实基础的。

中国一贯以农业立国，到明朝中期以后，出现了活跃的商品经济，使市场经济发达起来。许多农产品和手工产品投入市场，使一些大城市店铺林立，显得极其繁华。"上有天堂，下有苏杭"就是这时期流行出的谚语。在东南沿海地区出现手工作坊和手工工场，主要是以纺织为业的"机户"。他们雇用"机工"，出现了资本主义生产关系和资本主义的萌芽，它使长期存在的封建制度和生产关系趋于衰落，动摇了自给自足的自然经济基础。李自成农民军的这一经济政策，就是在明王朝加紧对工商业者的搜刮和掠夺，加重征收矿盐税和商课税等税收的相比之下提出的。

这一经济政策的实施是为了保护工商业者的利益，它让工商业者平稳物价，公平贸易，照常营业，平买平卖。加强市场管理措施，减轻工商业者的赋税负担。特别是招商赈饥的经济政策，把它和赈饥济贫的政策连接起来，又把招商和赈饥结合起来。明示工商业者要开店营业，又让其对城市贫民予以救济，消除饥饿，救活饥民。这样就使物价平稳，也保护了双方利益，成了为人称道的经济政策。大顺政权允许并鼓励矿工入山进沟，开采锡、铅、铜、铁、硫和煤等矿藏，来促进手工业生产的发展。李自成农民军领导人针对明朝末年货币混乱，私铸钱币充斥市场，质量很差，妨碍贸易，便发行新币。据《附考》记载："崇祯十七年正月，李自成在西安继续扩大在襄京建立的中央政权，于是正式定国号为大顺，改元永昌……并铸永昌钱，大者值银一两，另有当五、当十等钱。"并记载，"在北京登基（即皇帝位）前，于是大铸永昌钱，开二十四局，铸当十、当五、当二等钱。"这种发行的永昌通宝，现在纪念馆里也能看到，既重又大，经四百年之久，依然精美如当年。这些足见李自成对商品贸易交流的重视，既稳定了市场秩序，又保证了人民生计，其措施使工商业兴盛发达起来。

于是农民军所到之处，工商业者纷纷参加农民军队伍，其中有矿徒、铁匠、木匠、铜匠、裁缝和小商贩等成员。而有的还成为农民军领导人，如"刘宗敏者蓝田锻工也"（《明史·李自成传》）。他是李自成部下第一员骁将，他与文臣牛金星可以说是自成的左右二臂。同时根据成员的各种技术特长，建立起各种手工业专业队。专业队生产武器装备，改进了攻城技术；生产日常用品，保证了军队生活供给。其中生产种类有：

其一，铳炮火药。李自成农民军把矿工采矿爆破技术，用之于攻城，名曰："放进法。"在《附考》中载述："此法有小放或大放，由于开封城坚，乃采用大放。先于开封城之东北角城墙掘一巨穴，广约丈余，长可十余丈。每日以布囊运火药推集其中，无虑数十石，然后置药线二大条，长四五丈，大如斗……自成发精骑配以步卒，共数万，齐伏城壕之外列队披甲按辔，待雷发城崩即一拥而入。至巳时点放，药烟一起，迷眛如深夜。在天崩地裂声中，无数城墙砖石迅即飞起空中，纷纷碎落城外达二里许，把厚达十丈的开封城墙炸得仅存数尺。"这是李自成农民军第二次攻打开封时的情景。又在攻打北京内城时所载："自此铳炮火器便向内城施放，声震宫内。"这可以看出从事生产的专业队，他们的技术水平有多高。

其二，铁钩钉。这是农民军攀山越岭之工具。在《附考》中，于崇祯十六年十月，李自成农民军攻打陕西潼关时所载："自成早在出师之前，广集铁工，打造作攀越山险之用的铁钩钉数万套。至此乃命李过领一军，携钩钉，由间道攀山崖出关后，明军慌乱，不复坚守。十月初六日，大顺军遂破关而入，明督师孙传庭战死于阵前，师溃。"上述其一、其二战例，真是把李自成军事家的英雄形象大显其然，历历在目。就是官史《明史》也称赞他"善改"，有相当优秀的战术。这也是手工专业队武器装备生产所显示出的作用。

其三，帐篷，也称布幕，这是寝息之用品。在崇祯十六年十一月，李自成"在进取三边时再次返回米脂，诛上年掘其祖墓首恶，安抚百姓"（《米脂县志》）。这次返回真是"沿路戎马万匹，旌旗百里，军容之盛，莫过于此时"（《附考》）。民间至今流传，李自成返里是等天冷庄稼收割后，大营扎在盘龙山，大军驻扎在盘龙山附近的北门川无定河岸。到处旌旗飘扬，帐篷灿如群庐，上以白布幕，望之如荼，其景十分壮观。如此多的旌旗、帐篷都是裁缝队生产出来的。此外还生产许多其他军用物资和所需生活用品，这都是在工商业政策实施后所取得的。

李自成农民军工商业政策的口号，是明王朝以前所有农民军从来没有提出的，只有李自成农民军才这样明确地首次提出，是值得称道的。在《明季北略》中载有："崇祯十六年，李自成于黄州发檄文痛斥明帝时，自称本营（指李自成）务农十世良善。"作为一个祖传有强烈农民意识的人，却没有"重农抑商"轻视工商业的思想。李自成能适应时代商品经济发展的需求，开拓进取与时代同行。他通过招商引资来拯救饥民于水火之中，这与我们今天招商引资有相似之处。李自成这种超前的经济意识，在四百年后的今天亦有现实意义。这一工商业经济政策可与"均田免粮"相比，在当时起了重要的历史作用。

由此深思，若如郭沫若《甲申三百年祭》中所述："假使免掉了这些错误，在种族方面岂不也就可以免掉了二百六十年为清朝所治宰的命运了吗？""假使没有外患，他必然是成功了的。"假使大顺政权延续下去，中国历史可能要发生转向，李自成的一系列经济政策在政权下贯彻实施，开放进取，岂不更有力地发展商品经济、市场经济和经济增长？那么中国的近代化可能纳入世界潮流。最早在辛亥革命前已开始李自成研究的米脂人李健侯先生，他写了一本《永昌演义》。一代伟人毛泽东阅读之后，在写给李鼎铭先生的一封信中，毛泽东尊李自成为"大顺帝李自成将军"，自谓马上天子的李自成，他确有将军一样的军事才能，执政后大力发展军火工业，中国人民早有四大发明的智慧，又有手工业专业队制作铳炮火药的经验，很可能生产出的枪炮早于和优于外国列强。那么外国列强也不敢像清王朝时那样肆无忌惮地侵略中国，贸然犯者也没有好下场。岂能像清军八骑劲旅气势汹汹的赶来，刚一开战就倒在列强的枪口之下？清王朝统治集团对内残酷镇压，对外腐败无能妥协投降，签订了那么多的不平等条约，没有管好国家，是应该做历史反省的。

还应该指出的是，正如《永昌演义》编后记所言："对于李自成的歪曲是终清之世的绝大偏见，是封建统治的思想禁锢造成的。"清朝统治者指令挖掘李自成祖墓，剿灭李自成家族，这是清朝统治者的残暴不仁。而李自成的所为恰恰相反，他是如何对待明王朝呢？他对于明室的待遇也非常宽大。在未入北京前，诸王归顺者多受封。在入北京后，帝与后也得到礼殡，太子和永、定二王也并未遭杀戮。当他入宫时，看见公主被崇祯砍得半死，晕倒在地，还曾叹息说道："上太忍，令扶还本宫调理。"（《甲申三百年祭》）如果李自成坐了天下，也不会像清王朝那样宰治。

对于李自成农民军的经济政策研究，由于战争和清王朝的覆灭，大量史料散佚，仅有的史料也有封建统治思想的观点。因此，加在李自成农民军身上的不实之词，所谓的"盗、寇、贼、伪、逆、劫掠、僭窃"等诬蔑之词，应运用历史唯物主义的方法颠倒过来，还原其历史的本来面目，还原其农民军的英雄事迹，还原其李自成的英雄形象。尤其在改革开放的今天，应对李自成农民军的经济政策，做正反两方面的分析，领悟其中有益的东西，以史为鉴。把对李自成农民军的研究和探讨，提高到一个新的水平。

通城九宫山是李自成殉难地

吕杏庐

　　一代雄杰、明末农民起义领袖李自成究竟殉难何地？数百年来诸多正史、野史均定论通城九宫山，但亦有人数野史持有异说。1955年通城县修缮李自成墓的消息传出后，由于少数人的歪曲，使野史李自成死于通山说几成定论，而正史通城说几被否定。持石门等说与通山说者相互唇枪舌剑，李自成归宿成了海内外史志界争论的热门话题。笔者作为一名地方史志工作者，厘清李自成的归宿问题，更是义不容辞的职责。

　　笔者与同事们一起，涉猎了有关李自成问题的大量历史资料，收集了许多民间传说，发掘了一些有价值的资料，认定李自成死于通城九宫山无疑。

一、通城确有九宫山，并非因附会而得名

　　九宫山之争的起源。史料记载，李自成殉难九宫山有通城、通山之别。郭沫若同志1926年随北伐途经通城时，曾上九宫山凭吊李自成，其后在《甲申三百年祭》中亦指出李自成死于通城九宫山，但从1955年为通城培修李自成墓题词、题字后，部分仅从本本到本本，从传闻到传闻，而不从实际出发，不注重实地考察、研究的人，以明正统年间敕修的《寰宇通志》卷五十页中列有九宫山，注明在通山县南八十里，又同页前幅列有锡山，注明在通城县南七里，但未注系罗公山或九宫山异名，而推断同治《通城县志》有关九宫山的记载，系后人附会而成，进而以此为由作为否定通城说的一条重要依据。

通城九宫山得名于唐代，不能以地理志未列其名而否定它的存在。天下之山，同名者甚多。正因如此，九宫山绝非通山所独有。通城九宫山，因山有建于唐代的"九宫庙"而得名，居县城南不足一公里处，与锡山主峰一脉相连，标高三百五十五米。九宫山仅为锡山的一座山峰，地理书只写锡山，不写九宫山，本无可非议。一座大山，其下各峰独立得名的例子，各地都有。如横亘湘鄂赣三省的幕阜山，在通城名黄龙山（因黄龙现于武昌而得名），其二峰分别为只角楼、凤凰翅，二峰之下小山各有其名。黄龙山、只角楼、凤凰翅在地理志中已列其名，但其下诸多小山却名不见经传，是否可以此为由否认它们的存在呢？

通城九宫山名在谱中的记载比李自成之死早十五年。据崇祯三年修通城《德义堂段氏宗谱》载，其祖先"必清，字守滨，号卷南，生明建文四年辛巳十一月十三日亥时，殁于成化丁亥七月二十一日酉时，葬锡山石皮岭下九宫山前上首左边刘家咀石椁内，癸山丁向"。该记载比李自成之死早十五年。康熙年间，通城县曾以九宫山为中心划九宫大图，其八方以乾、坤、震、巽、坎、离、艮、兑命名。

九宫山名在《湖北舆地记》中即有记载。成书于光绪十八年的《湖北舆地记》中有"桃源洞之西曰桐陂山，又北曰锡山……又西曰柳家山，又北曰九宫山"的记载，这是地理书中有关通城九宫山的准确记述。

"九宫界碑"的发现是九宫山存在的铁证。1984年5月通城县志办公室人员在九宫庙遗址东侧发现"九宫界碑"一块，竖碑时间为乾隆甲子（乾隆九年），仅比明史刊行晚五年。1996年，县博物馆又在九宫庙附近发现一块"九宫界碑"，该碑因年代更为久远，其立碑时间已蚀去，难以确定。

以上史料记载和文物都是通城九宫山存在的铁证，足以说明通城九宫山并非"由通山九宫山附会而得名"。

李自成死于黔阳罗公山，乃通城九宫山亦名罗公山之误。《明史纪事本末》卷七十八、《平寇志》卷十二、《明季北略》卷二十三等书均载李自成死于黔阳罗公山，但李自成败退并不曾到过湖南黔阳，显然是通城"九宫山亦名罗公山"之误（见同治六年《通城县志》），因为唐代道教名宿罗思远（通城人）曾在九宫山九宫庙修道炼丹（相传，锡山原名银山，通城别称银邑。一日紫微大帝小憩于银山主峰，临行见主峰低了二十余丈。遂曰：此乃锡山也。锡山之称至今。人们祈紫微大帝还银换锡，便在九宫山建九宫庙），九宫山因罗思远而被有关史料称为罗公山。山以人名的例子，各地屡见不鲜，而并不是否认通城说的某些人所说的，通城的罗公山恰巧别号九宫山。这是冒名顶替的契机。

史书明明记载李自成死于罗公山的九宫山，正如古人有名又有字一样，是区分同名姓者的依据，有些人，为什么硬是要把一个山名割开，一搬到通山，一搬到黔阳去呢？确实令人费解。

二、通城历届县志均记有李自成死于通城九宫山

部分人以"顺治《通城县志》未提及李自成死于通城"为由，否定正史所定李自成死于通城九宫山。对于这一问题，笔者可以说，因顺治《通城县志》早已失传，其中记有李自成死于通城九宫山一事，谁也不能否定。我们现在能见到的只是康熙十年增刊。所谓增刊，只增记前志之无，而不复记前志之有，这是稍有编史修志知识的人所共知的，不能作为论证的依据。同时，乾隆二十九年、道光二十四年的两部《通城县志》均已失传，如何记载李自成之死，现已无法知道。但同治《通城县志》是据道光志之遗稿编撰的，记录了李自成死于通城："（顺治）二年乙酉，贼李自成盘踞乡村，壮掠弱杀，白骨如山，知县汪一位收瘗教军场侧，名万人堤。后自成令四十八部先发，自引二十骑，过罗公山下。山有元帝庙，山民赛会，以盟谋保闾井。自成呵骑止山下，单骑登山入庙，见帝像，伏谒若有物击之，不能起。民取所荷锸，碎其首而死。其侄李过勒兵夺其尸，结草为首，以衮冕之礼葬于罗公山下，灭一村而去。"此记载亦可说明，顺治、乾隆、道光志均已经记载了李自成死于通城九宫山。因为历代县志均照录前志之重要内容，这亦是稍有编史修志知识的人所共知的。

至于有人提到同治《通城县志》在记述李自成死于通城九宫山之后，有见二十二史的注释问题。笔者是这样理解的：同治志有见史之注，但其记述较二十二史更为详尽，并非照录全文，加注是修撰者为使其更具权威性，起地方史料与正史记载相互印证之作用。

三、李自成的有关传说可为其殉难通城九宫山提供佐证参考

李自成殉难通城九宫山，除被正史及《中国历代战争史》（蒋纬国主编，台湾三军大学出版）等史籍肯定外，通城亦有许多地方史料、民间传说可以佐证。

1. 通城九宫山与正史所记李自成殉难事件相符。通城九宫山距城南不足一公里，李自成大兵压境，通城其时为无任何军事实力的真空地带，李率二十骑出行，呵骑止山下，单骑登山，是完全可以理解的。而通山九宫山离城百余里，"排空叠巘，鸟道萦盘"（《通山县志·九宫山志》），且清军压境，李仅率二十骑入山，实为无稽之谈。通城九宫山有元帝庙，李入山拜庙，祈神佑之，在情理之中。但天有不测风云，人有旦夕祸福，不幸被"民取荷锸，碎其首而死"。而通城关于李自成的传闻中，亦有姜氏二兄弟用耙粗（即史称之"锸"）挖其头而死之说。

2. 李自成九宫山殉难后，通城有李部率兵复仇，灭一村而去的传说和谱牒记载。姜姓后人，民国三十六年曾参加修姜氏族谱的八十一岁的姜道应说：姜姓祖居九宫山下，聚居地叫姜家畈。李自成在九宫山被害后，闯王的部下来复仇，杀了我们姓姜的一千多人丁，现在锡山上到处都埋有姜姓的坟。由于幸存下来的姓姜的全都迁走了，姓续的逐渐聚居九宫山下，姜家畈就改名叫续家畈了。姜氏族谱就记载了李自成的兵复灭姜家畈一事。此说与有关正史李自成死后，李部复仇，灭一村而去的记载相符。又因姜家畈位于九宫山下，距李自成遇害之元帝庙仅百余米，李部复仇，首当其冲的就是姜家畈，所以其可信程度极高。据笔者所知，其他有关李自成殉难各说，均无此传说。但因"文革"期间姜氏族谱被毁，不能以之作为李自成殉难通城的确凿证据，实为可叹。

3. 通城北港镇口前铺曾出土"李闯"玉石印章。1983年，通城县志办公室的同志曾采访过拾"李闯"印的李祖赐，李说，"李闯"的印大约是抗战时期捡的。由于当时兵荒马乱，把印丢了。1997年3月25日，笔者再次到口前铺采访李时，李已作古。不过李的叔叔八十一岁的李玄印老人曾见过此印。他说印为玉石，十厘米左右高，十七厘米左右围，上大，下小。"李闯"二字清晰可见，特别是闯字，门字里面一个马字印象很深。由于当时李祖赐有"树倒了，人死了，留印无用"的思想，加之当时农民无文物意识，使之造成了无法挽回的物证损失，实为可惜。

4. 通城关于李自成的一首民谣家喻户晓。李自成率部进入通城后，留下了"张打铁，李打铁"的民谣。全文为："张打铁，李打铁，打到张家门前留我歇；我不歇，我要回家打夜铁，打个刀子快如风，一刀割断九筷葱。"此民谣中的"张打铁"指张献忠；"李打铁"指李自成。"打到张家门前留我歇，我不歇"指李自成潼关突围后，与张献忠在谷城会谈，张有吞并李部之意，李自成愤而离去。"一刀割断九筷葱"中的九"筷葱"，即九都重的谐音，其意为攻陷京城，推翻明王朝之意。据悉，通山无此民谣。石门虽有类似民谣，但歌词内容大相径庭。打到张家门前留我歇中的"张家"被唱为"姐姐"，同时亦无"九筷葱"之类的歌词。唯通城民谣与李自成领导农民起义的宗旨及成败、得失相吻合。

四、关于几个问题的考辨

1. 李延在通山牛迹岭被害，乃程、金舅甥报其毁金氏家庙之仇。李自成在通城九宫山遇害后，其侄李延（其时，驻兵马鞍山，离县城五公里）率部灭九宫山下姜家一村而去。通城《彭城堂金氏宗谱》载："李延、李自成流寇猖狂，其烧毁居民，也不殊秦火之虐焰，凡吾族之谱牒与必惊公之绣衣、诰敕，藏于金轮寺之天棚者，尽为煨烬。"因李延是毁金氏家庙的直接仇人，金姓对其恨之入骨，故谱中将李延之名署于李自成前。李自成死后，李延于五月率部进入宁州，后从宁州布甲去通山（见《修水县志·重大兵事》）。其入宁州的目的可能是欲与先驰至南（昌）瑞（州）的白旺联络；入通山可能是寻找溃散隐蔽在该地区的大顺军余部，壮大自身力量。通城《彭城堂金氏宗谱》载："杏公复居通城，笃生四子。长福一，世守兹土……四，福四迁通山六都柳埠。"金福四迁居的地方，正是程九伯的故乡。程九伯与金氏有姻亲关系。李延入九宫山被程九伯、金华山舅甥等发现，遂将李延击杀，以报其在通城毁金氏家庙之仇。

2. 李延乃李自成之侄。李延的名字仅见于通山《世忠堂程氏宗谱》和通城《彭城堂金氏宗谱》。有人推断李延即李自成，但通城《彭城堂金氏宗谱》却明显将李延与李自成名并列，称"李延李自成流寇猖狂"，可见并非一个人。通山《世忠堂程氏宗谱》说："程九伯于顺治甲申剿闯贼李延于牛迹岭下。"两姓宗谱同样清清楚楚地写的一个同名同姓的人，绝非巧合。只能说明李延绝非李自成。同时，据云，20世纪60年代通山九宫山一道观内，曾发现过清乾隆年间道士们为李延立的"李延将军墓碑"，碑中说李延曾到过九宫山，且军纪好，与道士们相融洽。故死后道士们为怀念他而为其立碑（见鞠盛《"通城说"新探》）。李自成家族后人李宝忠所著《永昌演义》中写进了李自成的众多侄辈，有李过、李通、李遵、李迪、李暹等。其中"迪"字可写建之部也可写走之部，如将"延"字改为走之部，即为古"征"字。抑或这些名字都是李宝忠杜撰的，但他们这一辈取名的规律是不会杜撰的。作为李自成的族裔，李宝忠对其家族史的基本情况是了解的，无须杜撰这个规律。通城老一辈关于李自成的传说中，就有一个叫李通的，与《永昌演义》有所印证。既然李自成的侄辈均以走之部的字为名，那么李自成就绝不会有李延这个别名，所以说，李延即李自成之侄。因李延在大顺军中没有什么名气，所以史料都将"灭一村而去"的事记在赫赫有名的李过名下。

3. 李自成不可能亲自率部进军通山。笔者认为，李自成绝不可能亲自率部进入通山，理由是：

李自成亲自率部进军通山，将始终处于被动挨打的局面。因为后有阿济格大队清军追赶，前有南明左良玉部的堵截，作为一代杰出的军事家，是绝不会选择这样一条于己大为不利的行军路线的。

李自成进军通山是一条死路。九宫山海拔一千五百多米，"排空叠嶂，鸟道萦盘""势孤人稀，兵源难筹"（见《通山县志•九宫山志》），作为拥兵十余万众的李部是无法通行的。

李自成的进军路线只能是由蒲圻进入通城。李自成只能选择一条以迂为直的较为完全的行军路线，才能摆脱被动挨打局面。这条路线只能是率襄阳、荆州、承天、德安四府四十七部，加之李本部共四十八部十余万人马从沔阳沙湖渡江，到达牌州，进蒲圻，入通城。因为此时的通城经大西军张献忠部的扫荡后成了暂时无任何军事力量的真空地带。李自成进入通城，一可联络到达荆襄地区的李过西路军，以便形成军事合力，二可以迂为直，达到东进目的。关于李自成的这条军事路线是否成立，蒲圻、崇阳、通城、岳阳、平江、修水等县志中均有李自成部队活动的记录。特别是通城《延陵堂吴氏宗谱》《彭城堂金氏宗谱》有更为详细的记载。

从阿济格一份藏头露尾的奏报中，可以看出李自成未去通山。奏折中，先说："遗识自成者往认，尸朽莫辨。"接着又说，"是存是亡，俟就彼再行察访。"前一句说明，自成死地在通山九宫山，后一句却表明自成死地不在清军控制范围内，所以还要等待。那么这座九宫山就是通城九宫山（当时，通城不在清军势力控制范围内）。阿济格既想邀功，又苦无实证，所以以"尸朽莫辨"来塞责。如果李自成是死于通山九宫山，即使"尸朽莫辨"，也是有办法及时查实的。只有死于通城九宫山，阿济格才无法核实，需要等待机会，因而当时唯有以"是存是亡"的疑问来奏报。

五、某些人为维护"通山说"而篡改史料、制造伪证

治学当严，治史宜慎，但有些人为维护其"通山说"而篡改史料、制造伪证，达到了使人不能容忍的程度。

1. 擅自篡改郭沫若为李自成所撰墓志。大家都知道，郭老仅为1955年通城培修的李自成墓撰写过李自成墓志。某些人为了让通山李自成墓具"权威"

性，竟滑天下之大稽，将郭老为通城李自成墓所题墓志采用偷天换日手法，窃拓志文，擅自把文中通城的"城"字改为"山"字，"九月"改为"五月"，重刻而立。这样做虽为知其内幕者所不齿，但至今确实迷惑了不少后来者。

2.伪造所谓《甲申岁弋闯志》。通山九宫山李自成生平陈列室内，原陈列有墨书抄本《甲申岁弋闯志》，正文二十行，约三百六十余字，末署"顺治二年乙酉腊万年掘录""民国元年仲秋八世麟安移录"。文中说李自成被乡勇"弩铳击毙"，时为"顺治元年甲申五月癸未日"，但李死于顺治二年，当地人记当地事，不会误为上年，文中清大将"阿济格、多铎"，均为规范化的满文译名，顺治二年是不可能运用的。此文讹处甚多，已为史学界所否认，被定为持"通山说"者撮拾《通山县志》《程氏宗谱》及清入笔记小说串编而成，又假托顺治二年十二月记录的一件伪造作品（见顾诚：《明末农民战争史》，韩长耕、向祥海：《关于〈甲申岁弋闯志〉》和新得《野拂墓碑》）。

3.为维护"通山说"篡改史料。有一篇《湖北通山李自成墓非伪托辩》的文章，为证明通山《程氏宗谱》的可信度，引用了顾炎武《明季实录》附《酉阳随笔》中的一句话"闯贼名自成，一名炎"，妄图为李自成一名炎提供佐证，下结论，以"延"为"炎"之误铺平道路，以达到将李延冒名顶替为李自成之目的。但据查，顾氏所编《明季实录》，书末附录的《苍梧兄酉阳杂笔》与张文所引有很大出入。原文为："闻贼的名自成，一名炎，米脂人。"其中，"闻"字被艺术性地润笔为"闯"字，"的"字被删去。这种玩文字游戏的手法虽高明之至，却不是治史者应抱的态度。同时，据当年通山修志李自成墓的人说，李墓是随意指定修成的。

笔者以正史九宫山说为立足点，定论李自成死于通城九宫山，兼评"通山九宫山说"之不可信，旨在澄清是非，还正史"通城九宫山说"之正确地位，以示对历史负责，对后人负责。

吴伟业著《绥寇纪略·通城击》考实

张毅强

吴伟业著《绥寇纪略》①是记载和研究明末农民起义的重要史籍之一，其中卷九《通城击》对李自成率领大顺军从武昌南下进入通城后殉难做了比较详细的记载。这些记载是否真实，有必要结合同时期的其他相关史料进行考证，在此之前，先对吴伟业其人进行简单介绍：

吴伟业，字骏公，后自号梅村，江苏太仓人，生于明万历三十七年（1609年），卒于清康熙十年（1671年）。崇祯四年（1631年），他以会试第一、殿试第二的优异成绩考取进士，授翰林编修，后任东宫讲读官、南京国子监司业等职。南明福王时，拜少詹事，因与奸党马士英、阮大铖不和，仅任职两月便辞官归里。李自成进入北京，崇祯皇帝煤山自尽后，吴伟业怀念崇祯皇帝，不愿降清为官，一直隐居乡里。清朝顺治九年（1652年），经两江总督马国柱荐，朝廷于顺治十年（1653年）征诏至，吴伟业再三推辞，一直拖到顺治十一年（1654年），遂不得已被迫赴京出仕。初为顺治皇帝文学侍臣，又经侍郎孙承泽、大学士冯铨相继论荐，授秘书院侍讲，充修太祖、太宗圣训撰修官，后升国子监祭酒，但处心不愿仕异族。三年后奔母丧南归，从此隐居故里直至去世。吴伟业生活在明清易代之际，仇视农民起义军，对清统治者也无好感。他屈节仕清，一直认为是"误尽平生"的憾事，在诗文中多有表露。吴伟业是一位多才多艺的作家，学识渊博，著述甚多。著有史乘《绥寇纪略》十二卷、《梅村集》四十卷、《太仓十子诗选》十卷、《梅村诗话》一卷、《梅村词》

二卷、《复社记事》一卷、《梅村文集》二十卷、《诗补遗》一卷、《文补遗》一卷、《梅村集外诗》一卷、《吴梅村歌诗》一卷、《附録》一卷、《梅村家藏藁》五十八卷，其他之文未录。

吴伟业为明末清初文坛领袖，名气极大。《清史稿·列传》卷二七一，《文苑（一）》有载吴伟业其人，称其："诗文工丽，蔚为一时之冠，不自标榜。""秋水精神香雪句，西昆忧思杜陵愁"，这是乾隆皇帝对吴梅村的评价。

顺治九年（1652年），吴伟业在浙江嘉兴万寿宫设馆编撰《绥寇纪略》，这个初稿本后来又经反复修改补充，但直到康熙十年（1671年）吴伟业去世，此书未能问世。今所见是清代康熙十三年（1674年）邹式金刻本，此书初名为《鹿樵纪闻》，后人付刻时，定为《绥寇纪略》，该书有十二卷，共十六万多字。

有专家竭力贬低吴伟业，毫无根据地说："吴伟业对湖北地理知识之贫乏。"（见王戎笙：《李自成结局研究》）有的说："吴伟业不明湖北地理，只知有通城，不知有通山，故以为九宫山在通城，又错误地画出'一条由金牛、保安走延（咸）宁、蒲圻而至通城的路线'。"（见张国光：《再论李自成在湖北抗清牺牲的经过及其墓葬问题》）事实真的如此吗？看看以下史料是如何记载的。《明史·李自成传》以《绥寇纪略》作为蓝本并参考阿济格的奏报记载的是："当是时，左良玉东下，武昌虚无人。自成屯五十余日，贼众尚五十余万，改江夏曰瑞符县。寻为我兵所迫，部众多降，或逃散。自成走咸宁、蒲圻，至通城，窜于九宫山。秋九月，自成留李过守寨，自率二十骑掠食山中，为村民所困、不能脱，遂缢死。或曰村民方筑堡，见贼少，争前击之，人马俱陷泥淖中，自成脑中锄死。剥其衣，得龙衣金印，眇一目，村民乃大惊，谓自成也。时我兵遣识自成者验其尸，朽莫辨。"[②]

同时清初的其他著述也做了相应的记载，如钱秉镫《所知录》卷上、查继佐《罪惟录》卷三十一《叛逆列传·李自成传》、戴耘野《怀陵流寇始终录》卷十八、冯甦《见闻随笔》卷上《李自成传》、三余氏《明末纪事补遗》卷五等均记载李自成殉难通城九宫山，其后著述有李天根《燹火录》卷十二、顾公燮《丹午笔记》、抱阳生《甲申朝事小纪》卷三等和乾隆十五年（1750年）何璘《澧州志林·兵难》、道光元年（1821年）安佩莲《澧州志·兵难》、同治六年（1867）《通城县志·兵事》、光绪三十三年（1907）高照煦《米脂县志·拾遗志》、民国三十三年（1944年）高仲谦《米脂县志·轶事志》等地方志也记载李自成殉难通城九宫山，其中记载较详细的有：

冯甦《见闻随笔》卷上："自成至武昌，左良玉时已率众南下，武昌虚无人。自成偕其高氏，侄李锦即李过，妻之弟高必正，及诸将田见秀、袁宗第、刘体纯、刘芳亮、张鼐、吴从义、牛万才等犹从之。其众尚数十万，分为四十八部，居武昌五十日，改江夏为瑞符县，设伪令，运铜炭铸永昌钱。谋夺舟南下，取宣歙，曰：西北虽不定，东南讵再失之。将发，而阴霾塞，暴雨烈风，旗枪尽折，乃以四月二十四日改由金牛、保安，走延宁、蒲圻，沿道恣杀掠，过通城，命其下四十八部先发。自成令严，兵行无敢返顾者，通城有九宫山，一名罗公山，山有元帝庙，山民赛会，以盟谋捍卫闾井。自成止以二十骑殿，又呵其二十骑止于山下。而自以单骑登山，入庙见帝像伏谒，若有物击之者，不能起，村人疑以为劫盗，取所荷锸碎其首，既毙而腰下见金印，且非常衣服，大骇，从山后逃去。二十骑讶久不出，迹而求之，则已血肉窝分矣。"③冯甦是顺治时进士康熙时官至刑部右侍郎，所撰《见闻随笔》乃清廷开史局纂修《明史》之时的康熙十八年（1679年）。

康熙十一年（1672年）成书的查继佐《罪惟录·列传》卷三十一《李自成传》载：自成于（顺治二年正月）十三日出（西安）东门至蓝田，由商州龙驹寨走武关，以入襄阳，妇女因弱冻死于七盘岭者甚众，宋企郊等遁亡去。时左帅良玉已率众南下，思俛依献忠，而献忠入蜀。武昌虚无人，自成偕其妻高氏、李锦、鼐、吴从义、牛万才等，众尚数十万，分为四十八部，奋有荆州、襄阳、德安、承天四府守之。北师南下，移居武昌，改江夏为瑞符县，设伪令，运铜炭铸永昌钱。初意夺舟取宣歙，临发而暴雨烈风，阴霾四塞，乃于四月二十有四日改从金牛、保安，走延宁，蒲圻，过通城，命所产先行。通城有九宫山（一名罗公山），山有元帝庙，居民赛庙，合盟捍御勿后。自成时以二十骑为诸军殿，骑休山麓，自成单鞭直蹑庙伏谒，有所祷，不即起。诸赛疑非其乡之人，或为盗，夺荷锸，碎破其首。见腰下有悬玺，且重袭非凡，大骇疾走去。二十骑迹之知状，兄子一只虎过以衮冕葬山麓，众遂奉李过为首。④

戴笠、吴殳（1611～1695年）《怀陵流寇始终录·甲申剩事》（1644～1661年编撰）：（顺治二年三月）命李过守营，自以轻骑抄掠。至武昌，左良玉兵已去，惟存空城，住五十日，清兵日近，势不能留。夏四月癸丑朔，乙丑扬州破，督师阁部史可法列之。闯贼欲东下，发兵，阴霾四塞，暴雨烈风，旗枪为折。庚辰（四月二十八日），至蒲圻，沿道杀掠。闯贼令严，军行不敢返顾。通城有九宫山，又名罗公山，上有真武庙。闯贼自以二十骑殿，过山下止从骑，独身登山，见像下拜，若有物所击，久不能起，村民方赛神，疑为盗，击以锸，首碎，搜之，见里衣非常，又有金印，大骇，散走。从骑待久，登山求之，已死，杀近山居民。⑤

南沙三余氏《明末纪事补遗》卷五："（清兵）追至黄州，自成单骑先奔，及通城九宫山，乡寨王氏兄弟杀之。"⑥

王夫之（1619～1692年）《永历实录》卷七《何堵章列传》："……会左良玉列，南都为陷，梦庚降。李自成渡江，入无人之境，由蒲圻走，死九宫山。"同书卷十三《高李列传》："……自成东渡，南望大江苍茫，山川（缪）错，卒不知所向。惟见清骑西来，则益东走，遂由马陵北境奔入江楚界，南渐浏阳，北迄通山，东抵宁州，鸟惊兽逸，掠食千里。岳、武间居民惊贼猝至，亦不知所有由来。五月，自成至九宫山食绝，自率野掠，为土人所杀，过等追及，良久乃知之，益惋惧不知所为。"⑦王夫之，永历时官至行人司行人，是大顺军余部联明抗清见证者之一，所撰《永历实录》基本可信。

钱秉镫而于隆武亡后不久撰成的《所知录》有着重要史料价值。该书云："是时，闯贼李自成败奔至湖广之通城，有九宫山，为村民梃击死，献其首于楚督何腾蛟以闻。"⑧钱秉镫为隆武、永历时名流，身历目睹，这是通城说的祖本。

蒙正发，隆武时以推官必章旷幕下，永历时官至兵科都给事，深受何腾蛟、瞿式耜器重。蒙正发《三湘从事录·跋》："闯逆授首，死于九宫山村民之手，率士痛愤，于兹稍快。"⑨

以上记载与《绥寇纪略·通城击》所述基本一致，都是当时人记载的当时事，比较真实可信，同时地方志对大顺军南下路线也有相应记载：

《武昌府志》载："王师西平江汉，伐罪吊民明势张人心，翕合是故，一虎杀其大将，焚其巨舰；再战俘其众不可以数计；三战歼其渠魁，降其将卒数万，尽得其楼船，古今大快……"⑩这是对顺治二年四月下旬武昌之战最准确的记载，此战中大顺军汝侯刘宗敏、总兵左光先、李自成从众等被俘后被杀，军师宋献策等被俘，大顺军遭受严重损失。《满洲名臣传》也记载："至武昌，自成贼巢在焉，伪侯刘宗敏等率众拒战，路什同前锋统领苏拜击败其众并俘获自成妻孥。"⑪

这两条记载纠正了《国榷》《烈皇小识》等书说刘宗敏在潼关阵亡之误。

《武昌县志》载："国朝顺治二年，故明宁南侯左良玉帅兵东下掠邑，子女殆尽，未几，逆闯复掠，其仅存者武昌人民靡有孑遗矣。"⑫

《兴国州志》载："（顺治）乙酉正月朔日暴热如仲夏，五月，流贼百万为大兵所追，淹留郡境，杀掠一空。"⑬

《通山县志》载："顺治二年五月初四，闯贼数万入县，毁戮四境，人民如鸟兽散，死于锋镝者数千。蹂躏三月无宁宇。幸国朝王师荡除，百姓如解倒悬，渐复故土，至秋冬夏。"⑭

《咸宁县志》载："咸非用武之地也……用武者，恒必由之。明季流寇往来，献贼陷咸，闯贼亦恣蹂躏。"⑮

《蒲圻县志》载："顺治二年，闯贼

寇蒲，盘踞乡市，积三阅月，烧杀几尽。是年五月，国朝王师临楚。六月，季官至蒲，安抚残黎，复睹太平，是年大有年。"⑯

《崇阳县志》载："顺治二年五月，闯贼百万入县，啸踞半载，人民杀去十之七，白骨如山，溪水如血，田亩废耕，崇劫灰之灾较为独甚赖。"⑰

《通城县志》载："顺治二年，闯贼盘踞乡村四月。壮掳弱杀，白骨如山。署官汪一位权埋教军场侧，有冢。"⑱

《平江县志》载："乙酉年，闯寇数十万寇县，往来屯驻四阅月，凡上下乡方圆三百里北屋盘踞，深山穷谷，焚林竭泽，男女老幼杀死无算，骨山血海，人民十死八九，田地荒芜，牛种鸡犬皆绝……"⑲

《平江县志》载："国朝乙酉顺治二年夏五月，闯贼余党大掠县境。闯贼李自成既败，余党走江西、湖广。五月，其酋刘体纯自武昌入县之北乡；七月，其酋吴汝义自宁州入县东乡，据黄龙、幕阜、东阳诸山；又有田酋亦以是月入据中洞等寨，大肆掠掳杀，男妇虽逃窜深箐搜袭靡遗，县北虹桥乡，贼数往来，其被害尤惨。"⑳

《长沙县志》："乙酉，流贼李自成余党刘体纯、一只虎等从武昌、通山、蒲圻、崇阳破通城，陷平江，迂回通岭入长沙界。……"㉑

《巴陵县志》："顺治二年乙酉三月，英王自陕追闯贼，克武昌是贵。左李两党如王、马则出没洞庭，王进才则由崇阳走巴陵，集兵凡数十万，遍布村野，岳民无孑遗矣。"㉒

《巴陵县志》："……闯贼余党走湖广、江西，其酋一只虎引贼众由通城入巴陵，有巴民率乡勇御之。贼遂分其众数万，屠洗乡村，所至为墟。"㉓

《临湘县志》："顺治二年五月，闯贼余党走湖广、江西、其酋王进才、马进忠（即混十万又号黑马）尤残酷，临、华搜杀殆遍。"㉔

以上地方志与《绥寇纪略》的记载完全吻合，大顺军主力是南下了，并没有东进。

《绥寇纪略》卷九附纪中记载："贼将白旺之守德安也，兵甚经，且有纪律，能得其下心。当自成之败……至德安已大疲。旺一军完且整，兼各寨俱服，而德安城坚，旺谋守之不肯去，自成固强之始行，追急自成，掠江州至道士洑又登岸入兴国州，与柯陈二姓交战互有杀伤。有王体中者，奇士在旺军中。自成死，旺军乱，体中乘便杀旺，挟其众以降，与金声桓同定江西。金兵弱，旺兵经，后以不肯剃头，金用计结其左在王得仁，诱体中至都察院杀之，此乙酉七月二十九日事也。时王兵大躁，与金兵战于城中，南昌西北居民尽毁，次日得仁抚之乃定，其后与声桓同反者，恃其强以得白旺之众也。"⑩

白旺是大顺军镇守德安的果毅将军，拥有七万之众，王体中原在白旺产下，1645年五月初李自成突然在通城遇难，大顺军内部发生混乱，王体中乘机杀害了白旺，率领部众向阿济格投降，被授予副决兵官职。此事件同时其他史料也有不少记载，其中"柯陈"二姓地方武装有人说是吴伟业杜撰出来的，那再看看以下史料是如何记载的。

《寇难志》王体中"杀贼将白旺于兴国州"。

《永历纪略》："副将王体中兵最强，声桓忌之，与其部将王得仁用计杀体中，命得仁领其军，驻建昌。"

清初徐世溥《江变纪略》载："声桓还师南向，与闯部降将王体中合营西屯九江。""（顺治二年）六月初四日，乡约遂偕市井诸士类迎金督镇于九江，初不知有王体中也。""江西迎我，特以清兵声势，而我甲仗士马精强，逊王氏远甚。""体中亦不大诛掠，人心渐有王氏，欲计除之，未有以发，会八月二十五日剃发令至，实其叔号称十大爷者赍文以来；令下三日，未有应者。声桓曰：'此王兵为梗也。'明日请体中计事，即其揖时刺之。尸出，王兵大扰，攻金氏，烧德胜门，又烧章江门，格斗三日。诸金各率其精兵巷战，杀伤略相当。王氏老营兵私计，溃散无归，且新去无主，即外据州府，势不能久独立。声桓谍知其语，且战且招降，而以王氏兵属体中旧掌军鼓号筒者旗牌王得仁军中，所谓'王杂毛'也。"⑯

《永历实录》："王得仁……为李自成骁将，所部兵皆精锐，自成渡江死于宁州，得仁已先驰至南（昌）瑞（昌）间，金声桓降虏守南昌，得仁孤窘，遂举兵附声桓，与声桓益收诸溃军，凡左营降兵差发归农者皆投声桓，自成余

兵溃入江西境者则投得仁，合兵逾十万。而其中，王得仁之众达五六万，马数万匹，'甲仗精好'。"㉗

蒙正发《三湘从事录》载"十月朔，督师手书与发云：不佞于十月十六日誓师祭江，水陆并进；足下速率义旅会合柯（柯永亮）陈兵，收复大冶、兴国州县。"

《大冶县志》："顺治二年闯贼溃走，由道士洑渡江至县，经过十余日，散漫山谷，沿途抄杀，大兵随后追剿过县秋毫无犯。"㉘

《德安府志》载顺治二年"四月，靖远大将军英王率师追贼，贼望风逃窜"；又说白旺撤离时，"伪掌旗诸逆，遍掠遗民下江南。"㉙

同治《兴国州志》："顺治乙酉春，李贼复陷荆襄，蔓延州境，诸生柯永亮集乡人御贼于大冶湖。"㉚

《武宁县志》："国朝顺治（二年）五月，闯贼余党步骑数万，由湖广兴国抵县，沿途杀掠。初六日城陷，焚学宫民舍，屠戮村落，驻营五日，复取道太平山西去。"㉛

以上诸多清初史料和地方志与《绥寇纪略》卷九《通城击》记载基本一致，可见吴伟业有所依据，并非空穴来风、子虚乌有。

---

①吴伟业：《绥寇纪略》卷九。

②《明史·李自成传》。

③冯甦：《见闻随笔》。

④查继佐：《罪惟录·列传》卷三十一《李自成传》。

⑤戴笠、吴殳：（1611～1695）《怀陵流寇始终录·甲申剩一》。

⑥南沙三余氏：《明末纪事补遗》卷五。

⑦王夫之：（1619～1692）《永历实录》卷七《何堵章列传》。

⑧钱秉镫：《所知录》。

⑨蒙正发：《三湘从事录·跋》。

⑩康熙元年杜毓秀撰修：《武昌府志·艺文》。

⑪《满洲名臣传》。

⑫康熙十二年熊登修、孟振祖撰：《武昌县志》（注：武昌县即今鄂州）。

⑬抄自康熙四年刻十四年增修本 杨尊修、冯之图撰：《兴国州志》（下卷 六四）。

⑭康熙四年任仲麟修、余庭志撰：《通山县志》。

⑮光绪《咸宁县志》卷八《灾祥》。

⑯康熙十二年张圻隆修、龚逢列撰：《蒲圻县志》卷十四《纪异志》。

⑰康熙九年高景之修、汪际炱撰：《崇阳县志》卷十《灾异》。

⑱顺治九年盛治撰修、康熙十一年增订《通城县志》。

⑲康熙二十二年许国璠撰修：《平江县志》。

⑳摘自乾隆八年《平江县志》卷二十四《事纪》。

㉑康熙四十二年《长沙县志》卷八《灾祥志》附《兵事》。

㉒康熙二十四年《巴陵县志》卷九《战守》。

㉓光绪《巴陵县志》卷二十一《政典志》九《武备》下《兵事》下。

㉔同治《临湘县志》卷八《兵防·兵事》。

㉕《绥寇纪略》卷九《附纪》。

㉖徐世溥：《江变纪略》。

㉗《永历实录》。

㉘康熙十一年谢荣修、胡绳祖撰：《大冶县志》卷九《灾异·兵事》。

㉙光绪《德安府志》。

㉚同治《兴国州志》。

㉛同治《武宁县志》。

试析李自成大顺军联明抗清的意义

龙西斌　唐碧桃　袁建　曾步贤

李自成是我国历史上杰出的农民起义军领袖。他是一个意志坚强、不畏艰险、英勇善战的好汉，他又是一个具有远见卓识，雄才大略、战功卓著的义军闯将。他誓死反抗封建王朝，反抗压迫，率领农民军南征北战，东闯西杀，攻州夺县，战胜了无数凶恶的对手，克服了一个又一个困难，取得了一次又一次胜利。经过十几年浴血奋战，终于推翻了黑暗腐朽的朱明王朝，创建了大顺朝。但不久由于内忧外患，大顺军遭到重挫，李自成将军所领导的大顺军只好被迫南下，随后展开了波澜壮阔的联明抗清斗争，谱写了一曲曲悲壮的时代凯歌。本文就李自成大顺军联明抗清斗争的意义粗做探讨，敬请各位专家指教！

一、大顺军联明抗清的意义

明末李自成及其大顺军的起义反明和抗清，在中国农民运动史上，是一次时间最长、规模最大、意义深远、影响广阔并且有自身鲜明特点的重大事件。在时间上，它跨越明末清初两个王朝，从明崇祯三年（1630年）李自成投身起义，到清康熙三年（1664年）大顺军李来亨在川鄂边区茅麓山兵败壮烈自焚，共达三十五年。三十五年中，这支农民起义军的烽火，席卷了当时中国的绝大部分地区（秦、陇、宁、晋、豫、冀、鲁、川、鄂、湘、赣、粤、桂、黔诸省区）。在中国封建社会的无数次农民起义战争中，它是唯一不利用宗教迷信相号召，而自始至终有明确的政治斗争纲领的一次大起义。即从反封建剥削压迫的反明朝封建统治者的斗争（前十五年），适时地转变为以"联明抗清"为宗旨的民族斗争（后二十年）。前一个阶段的斗争是成功的；后一阶段的民族斗争却错综复杂。大顺军的抗清斗争，反复地争取了明朝遗胤、遗臣和除入侵的满族封建统治阶级以外的各族各阶层人民，展开了长达二十年之久的激烈斗争。顺治十八年（1661年）南明政权灭亡之后三年，以大顺军为主力和中心的在夔东（西山）十三家兵（郝摇旗、刘体纯、刘汝魁、袁宗第、王进才、李来亨等）仍在川鄂湘边区坚持孤军抗清。最后虽不免在数十万清兵三路围攻下终遭镇压，李自成的直系部队李来亨、刘体纯等，却无一兵一将于清人利诱与暴力之前屈节投降。其精神、其行动、其志节、其死事之惨烈，可谓惊天地而泣鬼神，是可歌可泣的。

二、清顺治二年（1645年）后大顺军的抗清活动一直延续不断

大顺军在清兵的强大攻势下，仍坚持着艰难的抗清斗争，广大人民群众奋起抵抗，大顺、大西农民军已成为抗清斗争的主力。有的专家为了认定顺治二年（1645年）李自成殉难九宫山，否认李自成禅隐夹山说，撰写了相关文章并利用电视媒体，声称李自成之大顺军没有联明抗清的大动作，但这是不符合史谱的。从顺治二年至康熙四年（1665年），大顺联明抗清斗争一直没有间断，特列年表，以正视听。

清顺治二年（1645年）冬

大顺军刘体纯、袁宗第二部（原东路军，自岳州西来者），已先从荆南纵深北插鄂西北襄樊。清顺治三年（1646年）正月，离襄樊北进南阳，二月十七日进围邓州，三月自邓州回走内乡，又渡汉水进入陕境商州，旋入汉中，走兴安（今陕西安康）。

清顺治三年（1646年）正月

原留守汉中的大顺军贺珍部，以李自成此前所用的"奉天倡义大将军"名义相号召，约结劲卒七万，自汉中出连云栈，围攻西安。清将何洛会凭城

拒守，城虽未下，行动却已震撼北京清廷。是年正月，李过、高一功忠贞营三十万人自松、澧渡过长江，北围荆州。频城江上泊战舰达千艘，期在必克。

清顺治四年，南明永历元年丁亥（1647年）

大顺诸将如李过、高一功等，仍在鄂西。郝摇旗所部，则随南明督臣何腾蛟退保桂林。大西军入贵州，旋即入滇，遂据有黔、滇二省。唯艾能奇却于此时逝世。

清顺治五年，南明永历二年戊子（1648年）

清将金声桓、李成栋等反清投明，形势又有新的变化。南明督臣何腾蛟即率师做全面反攻。约李过、高一功出常德，进攻长沙，立败清将线国安于湘潭，遂连克益阳、湘乡、衡山等县。郝摇旗自桂林北上，折入楚地，进彝陵口入夔东，与贺珍、刘体纯、袁宗第等会师。约结摇黄，组成包括摇黄农民军在内初期的夔东十三家。

清顺治六年，南明永历三年己丑（1649年）

何腾蛟在湘潭为清将徐勇所俘，遇害，南明全线溃退。李过、高一功所部大顺军由湘西入桂。刘体纯部大顺军进破房县，夔东十三家根据地遂扩大至房、竹一带。

清顺治七年，南明永历四年庚寅（1650年）。

南明永历帝朱由榔退至广西梧州，李过、高一功、党守素等亦由梧州入南宁，并由庆远走黔边北上。大西刘文秀率军入川，克建昌。

清顺治八年，南明永历五年辛卯（1651年）。

大顺军高一功率部走黔边，渡泸江，一功逝世。由李来亨、党守素率全军走施州卫，进入夔东，与先在此处的大顺诸将会师。夔东根据地得此补充后，遂进入以大顺为主体的后期夔东十三家时期，普奉李来亨为主帅，努力经营根据地。于是远近来附，众至数十万，根据地亦扩大至北起房、竹，南至巫、巴，西达万县的天生城，东及施州卫，横跨川、楚二省边境，包括现今神农架区在内的广大地区。大西孙可望亦遣张虎奉表前来重修旧好。大西王自奇、刘文秀分道攻取黎州及嘉定，并据有川东。南明永历帝朱由榔被清兵追逐，离南宁而走，大西孙可望遣兵迎之。

清顺治九年，南明永历六年壬辰（1652年）

大西孙可望迎永历帝朱由榔安隆，与南明联合，并取得在南明政府中的主权，遂着手展开全面反攻。李定国出湖南，赴桂林；刘文秀出四川，赴成都。李定国攻克桂林，清定南王原明降将孔有德自焚死。定国遂北取永州、衡州，楚、粤之民多起而应之，定国继续北上，直指长沙。时孙可望亦出湘西，并命白文选攻辰州，克之，杀清总兵徐勇。大西刘文秀即出四川，攻克成都，一路追击吴三桂至保宁，不幸被吴三桂所败，猛将王复臣战死，乃退还川南。清敬谨亲王尼堪率满洲援兵由长沙直扑衡州，李定国设伏以待，伏发，立斩尼堪于阵。定国两斩名王，天下震动。

清顺治十年，南明永历七年癸巳（1653年）

大顺李来亨率军出彝陵口，复宜昌，命郝摇旗、刘体纯进破南漳，与大西遥为声援。大西孙可望亦与清军战于宝庆之花街子，为清军所败，遂退回黔境。大西两路兵败，定国之势益孤。时可望与定国失和，令其还军，不听。定国遂率孤军南征，转战于粤、桂边境，由肇庆进屯柳州。

清顺治十一年，南明永历八年甲午（1654年）

大西李定国继续率军东进，深入粤省的雷州半岛，席卷高、廉、雷三府。并致书正在东南沿海一带抗清的郑成功，约其会攻广州。不久，定国率师至广州，并进围新会，后清方援师至，围解。及成功还书至定国时，定国已离广州，退还广西。

清顺治十二年，南明永历九年乙未（1655年）

大西李定国进屯南宁，继续窥伺两粤。孙可望再遣刘文秀、卢明臣等，由水陆两路分攻岳州、武昌、常德等地，又为清军所败，卢明臣战死。刘文秀退还贵阳。而大顺刘体纯部农民军亦出攻利州。

清顺治十三年，南明永历十年丙申（1656年）

大西李定国自南宁起程，由田州直赴贵州的安隆，携南明永历帝朱由榔一起入滇，与孙可望实行分裂。夔东十三家之一的王光兴进据川东的达州，并委摇黄杨秉胤、徐邦宜等，在此据守。十三家根据地益形扩大。

清顺治十四年，南明永历十一年丁酉（1657年）

孙可望与李定国战于交水，大西诸将刘文秀、白文选、冯双礼等，均不支持可望，而助定国。可望势孤，遂败走，至湖南降清，并献滇、黔地图，谋获高位，后仍为清方所杀。大顺刘体纯与南明川东守将谭文等，合兵攻克重庆，并委都督杜子香守之。遂使大顺与大西地区，重又连成一片。

清顺治十五年，南明永历十二年戊戌（1658年）

清军分三路进犯大西的黔、滇地区，降将吴三桂连陷重庆和遵义等地，进入贵州，大顺和大西地区又被隔绝。另在广西和湖南的两路清军，亦进入黔境。于是大西李定国等，亦作三路防御。不久，李定国兵败遮炎河，冯双礼亦弃鸡公背，而白文选亦从七星关撤退。清兵步步进逼，大西军不得已放弃昆明，永历帝朱由榔率其臣下先行，李定国殿后走永昌。

清顺治十六年，南明永历十三年己亥（1659年）

时大西刘文秀已病卒，临终时，建议大西军应北上与夔东十三家会师。至此，李定国亦遣使约大顺出重庆，与大西前后夹击清军。夔东十三家闻讯后，李来亨约结南明余将谭文、谭宏、谭谊等分水陆两路，进围重庆，环攻半月。明将三谭之间发生内讧，谭文被杀。来亨不得已解围，退还夔东。大西军由永昌、腾越一路西撤。三路清军遂会师昆明，吴三桂一军仍继续尾追不舍，李定国设伏于磨盘山，未能尽歼追军，乃退至缅甸边境，永历帝朱由榔先从铜壁关入缅，至缅都阿瓦。李定国、白文选等，则进入缅边的孟艮、孟邦一带。

清顺治十七年，南明永历十四年庚子（1660年）

是年，吴三桂率清兵入缅。

清顺治十八年，南明永历十五年辛丑（1661年）

清军既入缅境，追缅都，缅方被迫执永历帝朱由榔以献，吴三桂俘之还滇，南明亡。清帝发诏书，向夔东十三家进行劝降，李来亨不应。

清康熙元年壬寅（1662年）

清吴三桂缢死南明永历帝朱由榔于昆明。大西李定国亦病卒于缅边之猛腊，临终时，谓其部属曰：宁死异域，永不降清。是年冬，清政府发动满、汉兵十万，运粮饷夫二十万，由秦、楚、蜀三省向夔东十三家进行会攻。

清康熙二年癸巳（1663年）

清楚蜀二方面军，尽入兴山，进行夹击。李来亨设伏于九莲坪，清兵中伏大溃，死伤万计。清将张长庚逃还彝陵，四川总督李国英亦败走巫山。李来亨乘势进围，攻打巫山，凡八昼夜。清廷续发京内和陕西满兵往援。及至，便进逼兴山的陈家坡，大顺刘体纯败走天地寨，自缢死。清兵续进至黄草坪，大顺刘汝魁战死，袁宗第、郝摇旗被俘，遇害。李来亨退守茅麓山，清满、汉兵，筑长围以困之。

清康熙三年甲辰（1664年）

清兵陷茅麓山，李来亨焚其妻子后，自缢死。其部属三万余人，散入蜀，楚山中，不知所终。至此，夔东十三家根据地最后失陷。

大顺、大西后期抗清，自清顺治二年到康熙三年（1646～1664年），前后共二十年。

由以上史实可见，李自成不是什么清顺治二年"全军溃败"而殉难九宫山的，更不是所谓的联明抗清没有什么大的动作，他伪装高僧隐退石门夹山寺的时间是在此后八个年头的顺治九年，是经过一系列抗清活动之后，大顺军各部重新集结转入新阶段后的新部署。李自成夹山寺为僧身负重任，是当年西山根据地大顺军积极进取的一个组成部分。

大顺军与南明全面联合之后，李自成仍在荆、澧、巴、归一带活动。因为大顺军始终在经营川东、鄂西、湘西北三角地带，作为北伐中原的根据地。夹山北枕长江，东控洞庭，近扼荆、澧、常、辰通道，西北连接当年的九溪卫、永定卫、施州卫（含湖北宜恩、鹤峰数县）三个卫所地区，群山连绵起伏，形势关键险要，林密箐深，从来是明、清实力所不及的地方，可自清顺治三年（1646年）以来，却是大顺军经常出没之所。顺治九年奉天玉进入夹山后，这种活动更有加强，《湖北通志》《澧州志》及桑植、慈利、石门、永定志皆有记述。

总之，明顺双方达成联合抗清，是当时抗清史上一个最重大的转变。明、清、顺相互矛盾和斗争的三方，从此转变为侵略和反民族侵略的清、我（明、顺）两方。这个形势和局面，一直持续了二十年。造成这个形势并指导局面的，自始至终就是退居幕后指挥的李自成，高夫人及其他许多大顺部队将领，只不过是活动在前台的传命者。从种种文献和史实迹象表明，顺治二年顺、明联合之先，李自成就活跃在岳州、荆澧军中，一是《平寇志》卷十二、《明史纪事本末》等等。顺治、康熙初的史籍已明确其走向，《思文大纪》更谓"人传李贼在江北杀掳"。二是数十万大顺军的各部，本来各自成制，互不相上下，即相互无隶属关系，从来只听命于一个最高指挥中心的李自成。何况东、西两路大顺军集结的地区不一，到达东西两个集结点的时间也先后不一，居然在不同时间、不同地区，与思想感情深处本有鸿沟而当时又无任何实力的南明不约而同地迅速达成联合，如此一致的步调，如果不出自一个享有普遍威望的领袖部署、安排和指挥，那是不可想象也无法解释的。

三、李自成是在特殊历史环境下，做出联明抗清决策的

顺治二年乙酉（1645年），是清兵入关后国内形势急剧变化的一年，也是李自成及其大顺军针对形势做战略转变的一年。

国内形势急剧变化，指的是打进来的清兵，其矛头所向，已不仅仅是农民起义军，也要扫荡南明势力，以满族兵力鲸吞全中国。山河破碎，民族危亡，无论南明、大顺，已面临极为严重的形势：覆巢之下，将无完卵。

最早认清形势，以国家、民族利益为重，并从大局出发而做出重大战略转变的，是李自成及其大顺军。即将十五年来反对国内封建压迫的阶级斗争，及时地转变为反对关外满族入侵的民族斗争。

大顺军的战略转变有两个方面，两个方面相辅相成。一是军事战略转变。在军事上暂时采取避实就虚，保存实力的方针，将数十万大军撤到湖

广，继而悉数渡过长江，南移到湖南洞庭湖北岸，以图联合各方力量重整旗鼓，北伐中原，驱除异族。正是在这个方针指导下，它既在一时间尽量与清军脱离接触，更避免同南明左、袁大军发生正面交锋，免伤兵力元气。二是政治战略转变，即联合各族各阶层人民，首先是争取和联合南明军政势力，共同对付剃发屠城、涂炭人民的入侵满族统治者。

军事战略转变是成功的。而在政治战略转变方面，却遇上不可逾越的障碍。李自成起义十五年，非仅在全国翻江倒海，覆没明朝，而且杀过大批明室官僚、宗裔，并使崇祯帝、后死于非命，逼得封建统治者们"国破家亡"。在这些历史过程中，无论在思想感情、传统观念、习惯势力各个方面，明室遗胤遗臣以及一批"忠臣"的遗老遗少们，都与李自成结下了不共戴天的深仇大恨。甲申（1644年）五月二十二日，明室各臣会于汉口，哭临（崇祯）先帝，大将军左良玉流涕而誓："杀贼复仇，本镇主之。"这反映了军方对李自成的仇恨。甲申五月十五日南明政权初立，福王发布登基诏，有云："乃潢池盗弄，钟虡震惊，燕畿扫地以蒙尘，龙驭殡天而上陟。三灵共愤，万姓同仇。""今大仇未报，是不能事君，父遭大难，是不能事亲。"因而公开号召："有能擒斩李自成者，世爵国公，禄万石，视同徐达（明初开国功臣）。"最有影响的史可法也向福王上疏："先帝（崇祯）以圣明罹惨祸，此千古未为之变也。先帝崩于贼，恭皇帝（福王之父）崩于贼（被杀在河南），此千古未有之仇也。庶民之家，父兄被杀，犯穴胸断？得而甘心，朝廷顾可膜置？""臣愿庙堂之上，深思先帝之仇。"弘光批云："朕于皇考、先帝深仇，朝夕未尝去念。"在野士大夫也起而发布《讨贼檄》，谓"故老有未经之变，禾黍伤心；普天同不共之仇，戈矛指发"。指斥李自成"罪极海山，惨深天地，誓岂共生"。下至乙酉（顺治二年，1645年）四月戊午（初一），福王政权危在旦夕，而南明还在把矛头集中指向歼除李自成，史可法、郭维经一批文武官僚发布的《南都公檄》就足可说明。

更为严重的是，清兵入关以后，看清了南明无足轻重，李自成及其大顺军才是他们达到统一全国的重大障碍，认为"今日事势，莫急于西贼"，

"破此，则大业成矣"。所谓西贼，指的就是大顺军；所谓大业，就是统治全国。为了达到此一战略目的，清军一开始就不仅对李自成采取军事攻势，也采取了一系列政治策略攻势，打着"为明帝复仇"旗号，孤立李自成，迷惑并笼络明室朝野。清军进入北京，立即昭告天下，申言"义师之来，为尔等复君父仇，所谋者惟闯贼"。清摄政王多尔衮发出《谕南朝官绅军民》令旨，表示："我今居此为尔（明）朝雪君父仇，破釜沉舟，一贼不灭，誓不反辙。"又直接致书镇守江北的史可法："君父之仇，不共戴天，闻贼手毒君亲，中国臣民不闻加遗一矢，本朝（清人）念凤好，弃小嫌，严整貔貅，驱除枭獍，报尔君父之仇，特申大义。"一派冠冕堂皇。继而又讹诈威吓，"今若（南明）拥号称尊，予将简西行之锐（师），转旗东征（南明），且释彼（李自成）重诛，命为（东征）前导。"南明政权遣使北京劳师，清廷也一再斥责，谓："我为明朝破贼报仇，江南（明遗）不发兵。""（明之）先帝（崇祯）活时，贼来（尔等）不发兵，先帝死后，（尔等）拥兵不讨贼。"总而言之，迫使明遗不敢不谈讨贼，不敢不为清人所用而"破此西

贼"以成其大业。不顾大局又昏庸无能的南明果然上钩,一再向入侵清军提出:"请命鸿裁,连兵西讨,共枭逆贼之头,以补神人之愤。"

明朝宗裔、遗臣、遗老之顽梗不化如彼,入侵清人之政治策略、战略攻势如此,情况复杂,形势危急,时不我待。而明、清、顺三方矛盾的主要方面和矛盾的关键人物就是李自成。一向以拯救民生为己任而又具有远见卓识的李自成,在国家民族命运危亡之秋,乃毅然做出自我牺牲,立即退隐,并放出"李自成兵败已死"流言,既扫清联明抗清不可逾越的思想障碍,也一举击破清人的政治策略攻势,使其在全国师出无名。

李自成做出联明抗清决策,除当时极其复杂的政治形势使然而外,也有他多年来的思想基础。一是救民,二是"御虏"。崇祯十六年(1643年)进兵黄州之前发布的《檄文》,就有此类表白。崇祯十七年(1644年)正月自关中北指北京途中,关外的"大清国皇帝"曾主动出面致书李自成,要求"协谋同力并取中原,倘能混一区字,富贵共之",遭到李自成的拒绝。同年(1644年)三月十八日,李自成亲临北京彰义门下,射书招降,答允明帝可"如杞如宋,享祀永延"。遂命降监缒城入见崇祯,表示愿以民族为重,遣兵赴辽,制止清兵入关。这些都表明了这位英雄人物的人格与风格。

这个政治决策是成功的,不仅使南渡洞庭湖的李自成数十万大顺军迅速与南明何腾蛟、堵胤锡及唐王政府达成联合,为此后的二十多年抗清团结了力量,争取了人心,奠定了牢固的政治思想、军事和物质基础,也促使阿济格、多铎二部迅速回师北京,改变了敌我之间的力量对比。

由此可见,李自成退隐幕后指挥,并自己制放已死流言,不是消极遁世,而是在特殊历史环境下产生的一种特殊的政治斗争手段,是为了达到联明抗清目的的一种积极进取,绝不能误认为"逃兵"。

易数破解李自成归宿之谜

李宏旺

关于明末农民起义领袖李自成的归宿问题，从大顺永昌二年，清顺治二年（1645年）至今，三百六十多年来一直是一个未解的历史谜团。而且史载歧异，说法颇多，大致归纳起来有八种说法：一死于黔阳罗公山；二死于辰州九宫山；三死于通城九宫山；四死于通山九宫山；五死于广西峡山；六死于平阳；七死于宜章莽山；八禅隐于湖南夹山灵泉寺。上述七死一生的说法，在米脂县李自成纪念馆中，暂以九宫山遇害和夹山寺禅隐两说并存展出。那么，李自成究竟死于何时、何地？我们试以史载信息，从象数思维的方式中予以解答。

据《明史》和《李自成》书载，崇祯十七年三月十九日黎明，李自成率义军进入北京城。当行至承天门前，为拔除明朝的不祥之气，李自成骑在乌驳马上，举弓搭箭，朝"承天之门"牌上射去，一箭正中天与之字之间，使"承天之门"变成了"承天箭之门"的字箭组合形象，这就深隐了新的字象含义和玄机奥秘。

我们首先解析李自成的骑马射箭之象。《周易·说卦传》震为王，为龙，为马，可见闯王骑着乌驳马，喻表为震上震下，震卦先天数为四，上下震合之为八。又坎为弓轮，为箭，坎数为六，弓箭处在闯王和马之上，故组合出六十八的象隐数。为什么不组合八十六之数呢？因为按易理法则，上者为大，为首，故只能组合出六十八之数。闯王集六十八之象数于一箭，射于上述之牌位，这就暗示出李自成六十八年的岁运之数。缘何这样说呢？《礼记·文王世子》文王曰："古称年为龄。"《说文解字》："令，年也。"李自成为闯王，即闯王发箭为令，故预表为年箭，由此表明李自成年运终数为六十八。另外，也可从令箭与长方形的门牌组合得出六十八之数：坎箭为六，坤方牌为八，箭插牌板，如铁板钉钉，可以说六十八亦为定数也。再析解"承天箭之门"的字象意，《说文解字》："承，奉也。""奉，承也。"二字同义故可互用。天为乾，乾为大，为圆，为首，为玉，为和尚。因为和尚头光圆，故象征为乾，箭预表年数为六十八，之为的，门为艮，艮为止，为坎。由此组合象意显示，奉天年李自成六十八时而止，或奉天玉大和尚李自成年六十八岁而止坎。这一隐喻恰与湖南石门县夹山寺奉天玉和尚虚六十九实六十八岁的记载相吻合。那么，奉天玉和尚是不是李自成的隐号呢？我们再分析如下：史载崇祯十四年（1641年）李自成称号为"奉天倡义文武大元帅"，按《尚书洪范》不仁、火礼、土信、金义、水智的五行划分，金为义，金曰从革，具有变革更性、清洁、清肃之特性，故"奉天倡义文武大元帅"可衍为"奉天倡革天下文武大元帅"，这与李自成的义举形象相符。而"奉天玉和尚"的玉与金都为乾的同象性，具有互换性，若金和玉同取义，则"奉天玉和尚"就隐喻为"奉天义和尚"，而关键区别于倡义为革表现为动义，不倡取玉，则为静义。可见，李自成由"奉天倡义文武大元帅"的动态变革形象转变为"奉天玉和尚"的静态禅隐形象，虽然转换的角色方式名称亦有变，但其奉天取义的本质不变。由此可以推断出"奉天玉和尚"就是李自成"奉天倡义文武大元帅"的隐号，"奉天箭之门"就是李自成为奉天玉和尚终运气数的信息标志。从而可得出明确的解谜结论，康熙十三年（1674年）李自成年六十八周岁时，圆寂于湖南夹山寺是确切可信的说法。易象理数推衍史事，应如影响。

历史对一位英雄的记忆

毕华勇

明朝末年的政治已经有了许多的窟窿，朱由检妄想力挽狂澜，治国图强的梦被四起的叛乱粉碎，他做梦也不会想到，大明数百年基业，竟然毁于我的老乡之手。那个名叫鸿基小名叫"黄来儿"的少年，想都没想过，一个遥远山沟沟出生的孩子，妄自尊大是他唯一的出路，即使他体内的野性与不服常常让他内心和身体一起震颤，他在漫无边际的黄土山头紧张而快乐地体验着那种高高在上的快意，有很长时间足以让他迷醉的游戏便是敢于惊扰大户人家。

就这样，长大的"黄来儿"就成为叱咤风云的李自成。他从那个叫李继迁寨还是檀蒿墕的村子走出，心有不甘地做了一个驿卒。其实，放羊娃与驿卒之间最大的区别就是物欲的牵制，李自成吃苦耐劳的品质造就了他惊人的适应能力。陕北的荒灾使他有强壮的体魄比谁都能忍饥，无论酷暑严寒，他一个人从容自如，把衙门里的事办妥，指望攒上几个银子娶妻生子，当一辈子顺民。然而，对于政治并不热衷的他，还是丢弃了最初的打算。在遍野呼天号地的凄凉环境当中，在陕北的饥民们群情激愤，开始与统治者对垒的时候，李自成按捺不住自己正义的情结，他举目四顾，脱掉了驿卒那件服饰，卷入了浩荡的起义大军中。当地的官僚们一看他就不是省油的灯，不好惹。当然，还有他的勇敢、智慧——这在以后的无数次大仗恶仗中显出了优势。李自成一开始就从深不可测的政治竞技中获得的声誉，足够说明一个朝代摇摇欲坠地陷入了历史的旋涡，任何有回天之术的人都无法挽救了。所以，陕北的后生李自成将成为朱由检的克星，大明王朝即将土崩瓦解只是个时间问题了。

我们阅读所有的史书，我们去认识自己的老乡时，不免哀叹地长长吁气充满了遗憾。四百多年前李氏家族并没有想过"黄来儿"能驰骋天下一呼百应，这种局面让整个米脂人惶惶不可终日，对于顺民百姓来说，敢与朝廷抗衡并夺其江山者历史上有无数仁人志士、山野莽汉，但从未有过成功者。在一片血流成河的刀光剑影中，人的理性又回归到源头，追寻的方向迷失了。而李自成从几千年的迷失中唤醒人们，表明了他灵魂深处不屈不挠的一种向上力量。他并不希望给族人带来什么优越，也未曾想过带来灾难，他以"大丈夫敢作敢为"的信念不懈地去努力，或者尸横疆场，或者败后为贼，他向人类历史的极限挑战，李自成不会回头了。

当然，大规模的骚乱中李自成内心很复杂，他的叛逆已达到人人可以诛之的地步。大明皇帝更是彻夜难眠，鏖战激烈之惨状让朱由检心慌意乱，那一道道诏书、一封封奏章使这个皇帝嗓门嘶哑，瘫软一团，他盯着大明的版图目光死死地落在遥远的西北黄土高原上。对于这块地方他太陌生了，他想象不出这个地方能飞出如此英雄豪杰，他脑子里飞来飞去的便是没有见面的仇人。李自成的"闯"字大旗捅得他乱了方寸，蝼蚁般的贼寇蜂拥而至，大明王朝开始灰塌塌地面目全非了。在所有尘世生活的场景下，李自成的行为就成了整个世界不可思议的标本，而这种英雄气概延伸到现在社会的时候，突然显得那么脆弱。我想是这样，我的老乡有什么贡献的话，只能在阅读中把你我的想象和意识做一次重新的链接，不知我们有无勇气和力量搬运他？

历史是一个谜，现实却是残酷真实的。李自成灼灼的目光洞悉不出世界的形势，明朝的朽败该是它自己的毁灭。作为大明三百年的基业，很难想象数代皇帝不理朝政，到世宗中年以后就不见朝臣；穆宗即位三年也不向大臣发一句话；神宗万历十七年后三十年只因梃击案召见君臣一次。所以，我们现代人无法考量那样的背景下，我们一个泱泱大国如何运转，连旬累月的奏疏，任其堆积如山，不审不批，把一切政事置之脑后，深居内宫，寻欢作乐，简直不可想象，更无法用语言表达。于是，作为当时的豪门贵胄、皇亲国戚们谁也不会想到，远在偏远秃山恶水的陕北土地上，站起一条汉子，义无反顾地将自己的命运系在颠覆一个王朝的战车上。那时刻，没有任何力量能拘禁他的灵魂。

然而，厚德勇猛的李自成，在没一点心理准备的情况下从北京德胜门走进去，他的豪情没有达到一个统治者的最佳状态，他耳边响着不同地方的声音，这些南腔北调的声音让他似乎有些心虚。北京皇宫里的京腔让他感到无所适从，他此生不贪财、不好色，光明磊落，从一走卒，崛起草泽，战必胜，攻必克，十余年间覆明社稷，支撑起历史的天空。某些时刻，他也许仍置于老家，喝上一壶烧酒。总之，他作为武夫也好，诗人也罢，全没有坐在这金銮宝殿上的苦恼。他一路厮杀征战，无往不胜，足可以证明陕北汉子的威武高大。现在，李自成如同一颗流星划过中国漫长的历史。我等只能仰天长叹，陕北有此等英雄好汉，不只是陕北的骄傲，而且是一个民族的骄傲。

四百年前没人察觉到我的故乡会有如此伟大的英雄出现，多少年来人们为李自成进京后的所作所为不停地唠叨，山海关一战，八旗军面对李自成二十万大军恐怕也是心惊肉跳的。外族人知道，横刀立马站在他们面前的并非鼠辈之徒，他可以把大明三百年的江山翻个底朝天，何惧你异族小字辈猖狂。在李自成眼里，满清人就像跳蚤般怪异。可那天决战的一刻，骤然狂风大作，飞沙走石，黄尘滚滚看不见，本来就深信天意的我的老乡们，全没有了勇气，一个个胆小如鼠溜之大吉了。有人曾建议用狗血羊血泼这些怪异之兵，但来不及了，迷信烙印在李自成的脑海里闪现，他开始抱怨老天不助龙种而助跳蚤。李自成内心一定开始动摇，甚至仰天长叹天要灭自己的无尽痛苦，他豁出命打下来的江山，顷刻间在黄尘滚滚中湮没。至于后人如何评说，褒贬指点无所谓了。

我的老乡有些狼狈。他的心情坏到了极点，冷冰冰的夜，鬼哭狼嚎的京城一片混乱，李自成千言万语无法表达，他挥着手率领曾经跟他南征北战、

　　出生入死的弟兄们开始逃窜。我知道，李自成没来得及想从此以后长远的打算，本来据守潼关，在长安立足而再争天下，因为他身后有陕北这块土地，还有他的父老乡亲。然而，一切都无济于事了。

　　米脂只留下孤零零的盘龙山行宫，李自成长笑而去，壮烈一生无定河可以证明。当我们喋喋不休说起四百年前的事情，当我们为家乡一个顶天立地的男人自豪或悲哀的时候，心里是否有太多的庸俗？开始或结束，生命和信念允许有多种结局，为什么我们还要面红耳赤争论李自成的出生与归宿呢？

　　米脂出了个李自成，米脂因此而将历史写在纸上的故事映衬着未来的时光。其实谁也不明白，这块土地拥有的真实太多还是太少？

李自成国号"大顺"源考

常文树

对明末农民起义军领袖李自成的研究,其范围方方面面,其文献林林总总,堪为汗牛充栋,于历史研究,其意义自不待言。但,李自成称帝,为何定国号为"大顺",对其源考,鄙人寡闻,仅见高寿仙先生一文。

其文推测,李自成大顺国号源于刘伯温先生为明太祖朱元璋卜历数之长短时,伯温卜之曰其基业"三百单八"年,"遇顺则止"。并佐以李自成军师宋献策"精于六壬、奇门遁法及图谶诸数"为证,进而推论"很可能是接受了宋献策等人的建议,以暗应谶语,表明自己是大明王朝的终结者"。

对此,笔者颇有异议。一是朱元璋与刘伯温论江山历数的故事,不是史实。一个开国皇帝,雄心勃勃,总希望自己开创的基业延祚万年,此时不至于去想何时终结的事情,所以,这件事本身就是荒唐的,是经不起历史推究的。退一万步说,如果实有其事,《明史》的编修者不会不收录。须知,《明史》是由清人编修的,有这样的史实,岂不是清代王朝鼎革前明的最有力的、必然的且万分正当的理由了吗?自然,不见于正史的未必不是史实,但有利于后来统治者的史实,特别是涉及"江山历数"这样的大事件,稍有历史常识的人都知道,必然不会被后来统治者所忽略。此事,并不见于正史,所以可以断定不是史实。二是刘伯温所谓"三百单八"年江山,"遇顺则止"的预言为江湖术士之小伎俩,一种明显的巫蓍般的谶语,不大可能在这种君臣对话的严肃场面而言。三是假定刘伯温能掐会算，一向聪颖谨慎的他，又深知朱元璋脾气秉性，也不会说出这种大晦气的话来，毕竟没必要冒这种杀头的风险。他后来主动引退，告老还乡就证明了这一点。四是刘伯温《烧饼歌》《透天玄机》等偈语式的"未来学"，大多出现在晚清到民初，只是假刘伯温之名而已，历史已有定论。五是一个朝代在还没有灭亡之前，从来没人能具体推断到其灭亡的年份和终结者为谁人。因此，"三百单八""遇顺则止"这些话语，只能是对以前历史的总结，不会成为三百多年前就对历史的预言。就是到崇祯最后一年的正月，人们可能预感到明朝要灭亡，但也未必能料定崇祯十七年必亡，否则，就不会有那么多人用自己的生命去对抗这个"天命"了。历史的发展告诉人们，虽有殷鉴，但也有汉刘秀的再起和唐郭子仪的中兴，力挽历史狂澜者比比焉记诸汗青。处在历史飘摇中的王朝，飘摇苟延几年甚至十余年的，翻开厚厚的中国史，不在少数。因此，李自成包括宋献策等人，在建立大顺朝时，社会上还不会流传"三百单八""遇顺则止"这些疯子语的。

看来，这种以谶语命国号的依据，还不足为凭。

不过，大顺这个词语，的确是好。从儒家的《礼记》，道家的《老子》，到司马迁的《史记》，都有阐述，直到现代民俗口语的"六六大顺"，其意不须赘述，亦非本文所要探讨的重点。

那么，李自成以大顺为国号的最初动因在哪里呢？

我们有必要先简单回顾一下中国历代帝王国号的来历。从夏至宋，国号命名大体有两类，一是以其祖先籍地名，一是以己发祥之地名。元明清三朝，则以帝王喜好之词名。李自成自称是西夏王李继迁之后裔，但他并没有以"大夏"为国号，足见其独喜"大顺"一词。

李自成的"大顺"概念，萌发于什么时候呢？这里有史实为据。

大家都知道，李自成在率众起义前，曾当过一段驿卒。驿卒者，需粗通文墨，方可递送邮件。据《米脂县志》（光绪版）记载，李自成当年曾住在马号土地祠，其东下百步之余即为文庙。当时，巴掌大的县城，对于粗通文墨的李自成，最好玩的地方当属文庙。庙里庑廊内有明嘉靖二十七年的《修筑米脂县要害城堡碑记》，此碑笔力雄健的文字，已近五百年的今天，还清晰可辨，仍很吸引人的眼球。而距李自成时，才不到八十年，他一定会看，而且不止一遍。为什么能断定？这就是碑文的书丹者使然。这位书丹者是明朝嘉靖十四年进士、户部侍郎艾希醇。这位艾老先生，可是米脂史料记载中的第一个进士，一方人杰，名震五百载，今人仍以为荣，在李自成时代，那是家喻户晓，人皆崇敬了。面对如雷贯耳的先贤大名，李自成能不驻足仔细观览吗？碑文由古文大家邑举人高自明撰，在叙述筑成城堡的始末和战略意义后，文中写道："予邑永帷兹赖，天朝赐之名曰大顺城可也。""大顺"二字，也许从此种在他的心里。后来，在戎马倥偬中，他仍不忘文庙。据米脂《县志》（光绪版）记载，李自成率义军路过米脂，"呼知县边大绶曰：'此吾故乡也，勿虐我父老。'遗之金，令修文庙"。一个并非文人出身的人，出三百两银子修文庙，这在米脂历史上仅此一人。而值得我们深思的是，他为什么对米脂文庙如此钟爱？他并非诸生出身，主因自然不在对孔夫子的景仰。唯一的解释就是，这里，是他常来光顾的地方；这里，是他非常热爱的地方；这里，是他终身难以忘怀的地方。

也许，"大顺"二字起初于不经意间，后来，在定国号时，呼之而出。当年种下的种子，一下萌发了出来，成为国号之源头，谁能说没有道理呢？

闯王祖坟被毁记

安明文

北方人有句俗语："杀父仇，夺妻恨，仇恨大不过挖祖坟。"

如果您走进北京故宫，您一定会看到太和殿正中门上被闯王用箭射破的牌子和箭痕；如果您游过景山公园，您一定会知道崇祯皇帝自缢身亡的地方与枯槐树。

是的，被欧洲人称为"世界第十五大革命家"的李自成攻陷北京迫使明朝皇帝吊死煤山的史实中外皆知，可是刚好发生在此事两年前的明朝惨无人道地挖掘闯王祖坟的事情却鲜为人知。其间有无关系？是历史的巧合，还是恶有恶报？从陕北黄土高坡走出的放牛牧羊娃振臂一呼，就率领千军万马兵临北京城下，使统治中国近三百年的朱明王朝的皇帝一夜之间从"龙位"上惊慌走向老槐树下上吊自杀。其中缘故在哪？人们说法不同，真是耐人寻味。

一、祖坟——风水宝地

翻开清光绪年间修的《米脂县志》看，李自成祖坟"在县西北百里武家坡镇西又三十里之三峰子山上"。被毛泽东早在1944年充分肯定并出版的小说《永昌演义》中记载："在自成父守忠埋葬祖父李海时，'相传有异人为之指画，以为三世之后当得极贵'。守忠向华岳庙求子'以破军星为汝子'，生自成。"清初，学士吴大澂赴陕北"视察形势"，评自成祖坟为"佳城胜地"。民国年间曾任广东文昌知县的米脂进士高钿专程考察自成祖坟后留《三峰子山自成祖茔考》，详细写道："米脂西乡百里外有武家坡，相去十里有野猫山，去山十里有黄龙岭，闯王李自成祖坟在焉，其地名三峰子山。黄龙岭后有大王山，去山十里有折家营自成曾驻兵于此，后名五龙山。墓地去城实一百三十里。""三峰子山下，地名皇陵沟，两旁山石，形如鱼、鳖、鸡、鹅等类，互相对峙。又有土石结成螭首巨碑及旗杆一对，拔地而起，高逾数丈。茔后山势壁立而曲折，如锦屏罗列。由皇陵沟出马湖峪口，水入无定河，两山雄伟，形如狮象——地灵人杰，理或然欤？"到20世纪50年代，还有人不忘这块"风水宝地"。陕西省文史馆员、横山学者曹颖僧先生在其《延绥览胜》中描述："米脂西北百里多武家坡附近山上，有李自成祖墓……山回环曲抱，众水朝宗。"并在读了"四面山势环抱，气概雄奇，林木翳天不下千余株"等史料后，好奇地多次考察了宝地遗址。

李自成祖坟遗址位于米脂县城西北六十五公里的今横山县石窑沟乡长峁焉村里的老坟塔，墓地广约三亩，虽冢墓平夷，当地仍不愿耕种或放牧，称其"忌坟"。站在遗址对面下天峁看老坟塔极像一只展开四脚向前爬行的巨鳌，祖墓在鳌甲前沿，也许就取独占鳌头之意。"十八架名山"围其四周，正东是皇陵沟（估计是自成西安即位后封祖坟为皇陵而得名），正北千米外的皇陵沟口有自成少年时牧羊圈和"坐龙墩"遗址……憨厚的当地人盛传说，当年李自成的老先人被埋在风水宝地上了，他才能成为一个皇帝。有人说："边大绶瞎孙不要挖坟，我们这里早建成中京了。"

二、义军——所向披靡

"杀牛羊，备酒浆，开了城门迎闯王，闯王来了不纳粮。"这是明末流传在中国大地百姓中的一首歌谣，热情地讴歌了杰出的农民领袖李自成和他所领导的起义军。

出身贫寒的李自成，幼年因生活所迫出家为僧，后给地主牧马放羊，从小在心灵里萌发了奋发自主的壮志。十余岁就对人说："大丈夫当横行天下，若株守父业岂男子乎？"于是便学文习武。他在青年时沉凝而又多智，勇猛而又有胆略，处事能顾全大局，待人常舍己好义，因而颇为众人敬重。1630年，他振臂一呼，一呼百应，率众起义，崛起草泽。李自成抱着"十八孩必主神器"和"杀一人如杀我父，淫一妇如淫我母"的观念不许滥杀无辜和侮辱妇女，严明军纪。他提出"均田免粮"的纲领受到农民阶级的普遍欢迎。他采取"分路合击"的战术使义军所向无敌。他的义军士气高昂，勇猛异常，兵锋所至势如破竹，锐不可当，明朝各处将士闻风丧胆，不少归顺，十余年间竟占了大半个中国。1641年，李自成指挥的农民起义军连陷项城、襄城、朱仙镇、冢头寨，消灭明军四十余万，接连战败奉命"平闯"的兵部侍郎傅宗龙、河南巡抚高名衡、保定总督杨文岳诸部，攻取洛阳，三围开封，进逼潼关，直指西安。义军攻城破邑，战无不胜，明朝损兵折将，几陷绝境。这极大地震撼了明朝政权，朝廷内外大臣小吏惊慌失措，无可奈何。

在这种情况之下，不知听信谁的主意，丧心病狂的崇祯皇帝以"断其龙脉"为由，密令挖掘李自成祖坟。

三、挖坟——怪事奇出

1642年正月初八，米脂县李自成原籍的县令边大绶连获陕西督军汪乔年及巡抚、按察使的密令后，立即率领练总郝光正、堡长官王道正带领箭手三十名、乡夫六十名，在"时遇大雪，深二尺余"的天气下起程入山，兼程

赶路，经过一昼夜的疾走到达闯王祖坟所在地。

事先，正月初八边大绶就指派贡生艾诏寻访自成同里人李诚。艾诏前后忙了六天方才寻到李诚。经过拷问，李诚给边大绶提供"记得李闯王祖父下葬掘土时，地下面有三个空穴，其中的一个空穴尚发现有一只黑碗，当时用土填两个空穴，以其中一穴安葬，并用黑碗盛油点灯放在墓内棺前。因此，只要找到那个置有黑碗的坟墓，便是李闯的祖坟。"

根据李诚提供的线索，边大绶立刻下令伐冢，一连掘了数座坟，未见黑碗。到天晚，难以下山，他们坐在自成旧窑中烤火。翌日清晨，他们再挖数荒冢，到了正午时分，果然在一墓中发现一只黑碗，照李诚所说它必然是自成祖父的坟墓了。掘出来的枯骨如黑墨，额骨上长出六七寸长的黄白毛，状极恐怖。在自成祖父坟的左侧下方还有一座坟墓，据李诚指认它是自成父守忠之墓。墓的正顶长有一棵榆树，粗如膀臂，"枝叶诡异"。边大绶命人砍下榆树，不料树倒墓开。墓中竟盘着一条白蛇，"长尺有二寸，头角崭

新"，役卒上前捕捉，将蛇置于练总郝光正行装袋内。役卒将棺木打开后，只见所有骨节都变成青铜似的绿色，额骨上也有六七寸的黄白毛。其余七八座墓中骨骸上都长出毛。

据传，自成小的时候无钱埋死去的父亲，他用大缸套小缸把父亲尸体塞入狐窝掩埋。等到他统率大兵后返家重葬父亲开墓时，只见长翅膀的蚂蚁飞起遮天蔽日，流"血"的芦苇根把缸扶在空中。边大绥认为是"王气"，他迫不及待地派人在旧址上边的大小垴山之间挖下至今还在的宽二十米、深五米的大壕，称其"断龙脉"。

四、焚骸——惨无人道

为了讨其主子的欢心，边大绥惨无人道，命卒夫们"伐其尸体"，把所有掘出的骨骸堆聚一处，放火焚烧，并将墓地千余树木砍伐殆尽。此事，边大绥向陕西督军汪乔年写出掘发李自成祖坟的《塘报》及复函（曾任江苏金山知县的米脂人冯崇洙家藏抄本）为证：

陕西延安府米脂县为塘报事：职自正月初二日，连奉督、抚、按密札，随传贡生艾诏面谕机宜，再寻李诚去讫；至初八日，艾诏同李诚来见。据李诚称言，伊系李逆同里人，曾为逆祖父营葬，今年月已深，不记其祖葬处，但当日开土时，得三空穴，内有黑碗一枚，因填其二穴，用一穴安葬，仍以黑碗点灯，安置墓中，今但见有黑碗者即贼祖也。职随唤练总郝光正带领箭手三十名、乡夫六十名及艾诏、李诚等，于是日一同起行入山……尽数伐掘，聚火焚化，大小树木一千三百余株，悉行砍伐，断其龙脉。逆墓已破，王气已泄，贼势当自破矣！其黑碗白蛇，呈验军门。

崇祯十五年正月十四塘报

陕西督军汪乔年得知大功告成，特地写了一封奖勉信给边大绥："据来报，知闯王墓已开，可以置贼死命。他日功成，定当首叙以酬。"

五、祭祖——惩办祸首

1643年十一月初，农民军攻占西安后，李自成即亲率一路大军北上，歼灭陕北明军，并返里祭祖，惩办挖坟祸首。

李自成命大顺政权礼部姜学一整修李氏祖坟，祭祖后称新整修的祖坟为"皇陵"。

义军来到米脂城外，大营扎于城外的马鞍山（今"行宫"）。为安定百姓，李自成决定不发兵攻城，而是用弓箭向城内官绅射入一道命令，严令他们立即将挖坟祸手押送出城，到营受审。其时，边大绶早已畏罪脱逃。新任县官与乡绅们只好把参与挖坟的艾诏送到城外大营。自成亲自审问了艾诏，艾对参与挖坟供认不讳，但坚持各为其主拒不认罪。自成大怒，当堂发令就地处死，以示严惩。随即，义军又把另一个给挖坟出谋定计的贺时雨处死。

在汪乔年向崇祯皇帝表"掘逆祖墓"功后，他被从陕西巡抚擢升为总督。当年二月，汪率军三万，东出潼关，抵挡义军。李闯王亲率主力迎战汪军，围汪数日，最后俘斩了汪乔年。

边大绶逃离米脂后，怀着万分懊丧的心情辗转回到河北省静海县故里。"冤家路窄"，熟料，他后来也被义军俘获。

李自成祭祖后发誓要打进紫禁城。两年后他真的走进北京皇宫，当了皇帝。

亲爱的读者，看了本篇后，您不会觉得"地理固有明证"吧，您不觉得"天道不容久昧"吗？

追问历史而反思

——观《大顺长歌》

毕华勇

李自成，可以说是中国历史上最大起大落的人物之一，也是众多文学戏剧创作中被表现次数最多的人物，同时也是共产党"赴京赶考"吸取其教训进行反思的一面镜子。20世纪60年代，在姚雪垠老先生的鸿篇巨制中，李自成一度被认为是一位领袖式的英雄人物。长篇小说《李自成》的出版，通过无线广播的传送，使全国上下对李自成一生戎马生涯的经历有所了解，而且在内心感到有一种力量存在，人们热血沸腾，怀抱理想信念，对这个出生在陕北偏远地方的汉子充满了无限的敬意；而对于他的失败，除了种种惋惜之余，更多的是猜测与想象。由于受当时创作观念的制约，这些艺术作品难以真正触及深层的生活矛盾，较多的是塑造一个英雄形象，给人们留下许多缺憾。今天，米脂盐都艺术团重新排练的大型秦腔剧《大顺长歌》，根据戏剧规律设置矛盾冲突，其内容挖掘上令人耳目一新，较好地体现了戏剧的传统，又实践了对程式化的较大突破，有些细节或场面比较感人。此剧短而精、有韵味，在更深更广的时代背景下去挖掘人物的内心世界和精神世界；题材选择好，对当下人们在市场经济中迷失方向，对执政者起到良好的教育与警示作用，其意义深远。李自成的悲剧，对于后人的启示永无止境。

可以看出，编剧在编写过程中苦费心思，在新世纪重写李自成，往往会让人在绝境中寻觅一种东西。过去，人们已习惯把李自成的造反精神，聚焦到大家耳熟能详的故事上。李自成是英雄，一身的正气，他对中国历史的进步起到了推动作用。然而，现在看来，李自成率领的一群农民终究是没有信仰的人，当年提出"均田免粮"的口号对他来说是种手段，是策略，而不是信仰。对于大多数人来说，也包括李自成自己，他们造反只是为了生计，而构不成信仰。农民造反，只是从现实处境出发，非关人类正义。所以，在这个题材上如何能写出新颖的作品而又不脱离大家对李自成的认知？如何把几百年前的遥远往事写得既有历史深度又能与当代元素相结合，适应观众情感，得到认知？编剧给我们呈现的是独辟蹊径，应用新的视角，新的手法，强化、开掘其中戏剧性的思想内涵，使其呈现出新的审美风貌。

李自成进北京城时据说下了秋毫不犯的军令。在人们传颂的"迎闯

王，盼闯王，闯王来了不纳粮"中，曾有"敢有伤人及掠人财物妇女者杀无赦！"而且贴了告示说："大顺临城秋毫无犯，敢有掳掠钱财者，凌迟处死。"真的有两名抢劫绸缎铺的士兵被拉到承天门前的棋盘街，千刀万剐。还有一点似乎可以肯定，李自成不好酒色，与其部下共甘苦。这足以证明在生活作风问题上，他始终保持着革命的纯洁性。然而，从李自成进入紫禁城那一刻开始，他就与部下变成了一群疯子，一种只有欲望、自私和野蛮的人。他们向不平等复仇，对于这些从僻远、荒凉、贫瘠、饥饿而死尸遍地的陕北揭竿而起的农民来说，他们不管紫禁城是什么，他们不知道什么规矩。九重宫殿，默默注视着英雄们的匆匆过场。大顺政权不仅要女人，更要钱。在他们眼里，大明王朝的官员个个是贪官，所以，他们要像榨油机一样，把官员们的财产榨干，去填充大顺王朝的国库。这项工作由刘宗敏负责，也许为了不辜负闯王的信任，不到三日，刘宗敏叫人赶制五千副夹棍。天空中回荡着凄厉的哭号声，那些文武官员，一个个血肉模糊，非残即死。本来就不堪重负的百姓也无幸免，大顺政权仅在北京一座城市强征财产总数达白银七千万两。这种明目张胆搜刮民脂民膏的做法，李自成不曾想到。一个王朝，即使杀心再盛，也不可能把百姓作为剿杀对象，得人心者得天下，这道理甚为简单。李自成一时的强势就忘掉了开初的一切，所以大顺王朝劫数难逃。

几百年之后，李自成家乡的人们说起他，抱着几分敬仰几分悲叹，时不时触及这个话题。米脂县盐都艺术团，作为一个民营文艺团体，尝试着逾越时代的局限，弘扬李自成关注民生的民本思想。盐都艺术团的总监卢增富经过认真思考，决定以米脂人演米脂人的故事为出发点，充分利用李自成这个人物的悲剧性格，用淳朴的乡情，浓浓的乡音，使这个老题材焕发出新的思想感召力和艺术魅力。这种想法，得到米脂县委、县政府的高度重视，在时下如何把握好这部戏剧的脉络，且用文化引领，打造文化软实力，促进文化大繁荣，全县上下一致认识到应该写出李自成的失败根源，真正起到一个警示干部群众的作用。

秦腔剧《大顺长歌》从编剧到演出，从人物设计、唱段、音乐、舞美都有新意，紧紧抓住李自成进京后这一焦点，有其他戏剧作品未曾关注，未曾使用过的新素材。所有的故事情节，乃至细节上力图用新的视角、新的手法，强化、开掘其中的戏剧性和思想内涵，使其呈现出新的审美意义。

千里之外的山海关，吴三桂密切注视着北京城的变化。他的父亲、爱妾以及全部家产都已落入大顺的手中。崇祯已死，明朝已亡，大势所趋，吴三桂本来已倾向李自成了，然而，风云突变，吴三桂父亲被杀，爱妾被抢，吴三桂立刻改变了想法，他曾发下毒誓："不灭李贼，不杀权将军（刘宗敏），此仇不可忘，此恨亦不可释！"

实际上，从大顺王朝开始搜缴民财那天起，就决定了李自成的失败。所没想到的只是，我们的老乡指望传承万年的大顺王朝，在北京只持续了四十二天。

在《大顺长歌》中，有段剧情被强化、延展、升华，成为全剧分量最重的事件，也是对李自成人性的一次巨大考验。山海关一战，李自成被打败，义子双喜战死，深深地刺痛了李自成，他做噩梦，与崇祯对话，在"人性"较量中，表现出他内心挣扎、纠结的痛苦。"均田免粮"、天下大同、替天行道，从前所有的一切对他来说已经虚无缥缈了，与政治理想相比，白花花的银子，丰肌秀骨的美女，都是实实在在的能看得见摸得着的，也是他们出生入死打天下的回报呀！此时的李自成，是"孤家"还是"寡家"都不重要了，他清醒了，是自己毁灭了他得到的，也毁灭了他失去的。

剧中李自成痛苦失败的回应是切肤的悲恨，然而，为时已晚，大顺军进北京后带来的那场灾难，是人祸。皇帝的金銮殿成了造反者的终点。他不懂得如何治理国家，没有记住水可以承舟也可以覆舟的道理。每一次历史变革之后，尘埃落定，有的统治者明白了、觉醒了，有的永远没有明白过来。许多人离自己的理想不是近了，而是更远了。

《大顺长歌》是米脂人对一个悔之晚矣的老乡重新的认识，也是对当今社会现实的朴素观照，契合回应了时代的反思和群众的呼声。因为我们党在经过一个个特殊时期，经历了一次次艰难的痛苦抉择后，最终找回自信，实事求是，体察民情，带领人民坚定不移地走具有中国特色的社会主义道路。秦腔剧《大顺长歌》故事情节跌宕起伏，戏剧节奏张弛有度；戏剧冲突扣人心弦，抒情性和戏剧性的结合与转换，得到专家一致好评；塑造的几个主要人物形象鲜明、感人至深。在陕西省第七届艺术节中米脂首场演出，观众与评委被精彩的唱段、演员的扎实表演功底所折服，赢得了观众热烈的掌声。这在米脂的戏剧舞台上，近三十年未曾见过，这掌声，给好戏、好演员，更是给中国梦的未来。

李自成的成败对于我国的长治久安具有深刻的现实意义和长远的历史意义。看完此剧后，我们应该思考些什么呢？

浅谈李自成的两次作风转变

常宏艳

明朝末年，农民起义风起云涌。一个出身贫苦的陕北农民在崇祯三年率众揭竿而起，历经十几年的浴血奋战，终于推翻了统治中国二百七十六年的朱明王朝，建立了农民阶级自己的政权——大顺政权。那个昔日曾经饱受苦难的普通农民，最终登上了皇帝宝座，他就是深远影响了中国历史的闯王李自成。大凡读过郭沫若《甲申三百年祭》的人都知道，李自成在他的戎马生涯中，有两次大的作风转变，然而这两次大的作风转变所产生的结果，却有着天壤之别。

李自成作为农民起义军的领袖，起义初期并没有脱掉"流寇"的作风，其部下在奸淫掳掠、焚烧残杀方面，虽然比起当时的官兵要好一些，但也不是绝对禁止。因而他的部队在官兵的追剿面前，战斗力并不很强，而是时胜时败，连李自成自己在严重的失败面前，也有好几次企图自杀。如《明史》记载，李自成在四川鱼腹山被困后，在一破庙中看到突围无望，命令刘宗敏连卜三卦，如不吉，就让部下拿自己的人头去投降。后有一位叫李岩的举人投奔在他的麾下并担当了重要的角色，李岩建议李自成"欲取天下以人心为本，请勿杀人，以收天下心"。李自成采纳了李岩的建议，从此，在作风上来了一个划时期的改变。他带领部队"散财赈贫，发粟赈饥，剿兵安兵"，还在李岩的帮助下注重政治和舆论上的宣传，提出了我国农民革命史上史无前例的政治口号"均田免赋"的土地政策和"平买平卖"的商业政策。与此同时，一些口号歌谣也相继在民间传唱，如："吃他娘，穿他娘，开了大门迎闯王，闯王来时不纳粮。"又云："朝求升，暮求合，近来贫汉难存活，早早开门拜闯王，管教大小都欢悦。"这些歌谣，生动地表达了当时人心所向，民心所归。因为在明朝统治阶级统治之下，老百姓都生活不下去了，而闯王的部队不杀、不淫、不掠，所到之处秋毫无犯，是"仁义之师"，百姓归之如流水，就连当时官方文献中也不得不承认"米脂从贼者益众，几达十之六七"。自古得民心者得天下，故李自成受到老百姓拥护，他的部队迅速壮大强盛起来。在短短两年里李自成率部所向披靡、势如破竹，收复了河南、湖北、关中，不到两个月便打到北京，没三天工夫便把北京拿下，推翻了明王朝，逼得崇祯帝在煤山自缢而死。这正是李自成作风上的大转变带来的必然结果。

然而，令人扼腕叹息的是大顺政权的主要领导人被胜利冲昏头脑，对形势估计过高，对刚刚建立的大顺政权未加巩固。像李自成以下他的左膀右臂，文臣牛金星、武将刘宗敏等人居功自傲，贪图享乐，认为打下北京，天下就太平了，往昔严明的军纪荡然无存。他们开始纵声色、夺名利、掠财物、杀功臣，近在肘腋的关外大敌全不在意。对于这种现象，李自成不闻不问，没有加以制止，没有丝毫的忧患意识，仅派几千兵丁镇守山海关，而把其余几十万士兵屯集在京城里享乐，在战略上、组织上、作风上都犯了严重的错误，以致吴三桂在归途中得知李自成的手下对其父亲敲索、绑票，还掠夺了他的爱妾陈圆圆后，冲冠一怒，降而复叛，并带领清兵打进北京。李自成率部仓皇而去，仓皇而败，仓皇而返，最后不得不逃离北京。建立仅一个多月的大顺朝就这样昙花一现了。

重读《甲申三百年祭》实在令人深思。李自成的两次作风转变。一次因之得天下，一次因之失天下。这一"得"一"失"，充分说明了作风问题的重要性。毛泽东虽然也出身于农民家庭，但是他在总结中国历史和国内外各个政党执政经验教训的基础上，看到了中国共产党在即将夺取全国政权的时候，党内存在一些骄傲自满情绪，看到了这种作风发展下去的危险，及时地对全党发出警告，进行提醒，并提出了"两个务必"的精辟论断。江泽民也曾指出，党的作风关系到党的形象，关系到人心向背，关系到党的生命。从李自成两次作风的转变中，我们应该敲响这样的警钟：如果不保持和发扬党的优良作风，我们党也会面临丧失执政地位的危险。这绝不是危言耸听，因奢而亡，这是一条被历史反复证明过的铁的规律。

浅谈李自成归宿研究之现状

龙西斌 谭柯亮

李自成是我国17世纪中叶叱咤风云的农民起义领袖，但其兵败后究竟死于何时何地？因何而死？数百年来，官私史乘、谱牒、方志所记歧误错见，所载各异。笔者就李自成的归宿问题，查阅了有关历史资料，拜读了一些前辈专家学者的大作和研究成果，粗做比较，得出了一点肤浅的认识。

一、关于李自成死地的记载和各种说法

关于李自成死事的历史记载和各种说法很多，正史野史，民间传说，形形色色，众说纷纭，莫衷一是。由于正史资料缺乏，其他资料杂乱，清初至今，仍无法确定其最终归宿。据统计，关于李自成的死地、死因和终年之说至今已多达十余种。概而言之，归纳如下：

1.记载湖北通城九宫山的有：《绥寇纪略》《明亡述略》《怀陵流寇终始录》《所知录》《鹿樵纪闻》《西志纪事》等。

2.记载湖北通山九宫山的有：《烈皇小识》《荒书》《小腆纪年》《通山县志》等。

3.记载九宫山的有：《清世祖实录》《东华录·阿济格奏疏》《永历实录·何腾蛟奏疏》《流寇志》《明史》《米脂县志》《程氏宗谱》《罪惟录》《南天痕》等。这些史书均记载李自成自杀或被杀于九宫山或"九

公山""九弓山"。

4.记载湖北通城罗公山或九宫山的有:《甲申传信录》《见闻随笔》等。

5.记载兴国州西塞山(湖北境内)的有:《怡曝堂集》《寄园寄所寄》。

6.记载黄州的有:《粤游见闻》。其载:"自成破京后,清兵追逼,遁至黄州,弃众先奔,为乡兵所杀。"

7.记载湖南罗公山及黔阳罗公山的有:《石匮书后集》《明史纪事本末》《明季遗闻》《后鉴录》《明季北略》《平寇志》等。

8.记载湖南石门夹山的有:《澧州志林》《澧州志》《米脂县志》《石门县志》《广虞初新志》等。这些史书均记载李自成禅隐夹山寺而终老。

9.湖南益阳白鹿寺为僧卒死。

10.湘黔某禅院为僧卒死。

11.湖南益章莽山:传说李自成化名"曹国公"死于莽山。当地有丰富的民间传说和与李自成息息相关的地名为证,如"米脂坳""奉天坪""永昌庙"等。

12.记载镇远府清溪(广西境内)的有:《半窝杂记》《甲申朝小记》等。这些史书均记载李自成为僧卒死。

13.江西宁州界内:《永历实录》卷七载:"都御史郭维经上言:自成传闻死于九宫山,在江西宁州界内。"

14.江西新昌。

15.河南平阳。

16.贵州正宁某寺为僧卒死。

17.广东乐昌金城山:传说李自成为瞒过追捕的清军,隐匿从襄阳南下，后经荆州、澧州、凤凰、广西龙虎关、连县、益章莽山，最终到达粤北乐昌金城山。后化名"曹国公"，联明抗清，直至被叛军所害，葬于金城山，后被太子移至庆云凑云山。

18. 甘肃榆中青城：2005年8月在兰州召开的第十一届明史国际研讨会议上提出，之后陆续有学者赴青城考察。青城是古丝绸之路的所经之地，是黄河边上一座千年古城，北至兰州九十公里。明清时期，青城水烟闻名遐迩，是商贾云集的水旱码头，有"黄河第一古镇"之称。当地早有李自成化装成和尚在此归隐的传说，还发现有康熙年间的《李氏家谱》，此地李氏都以李自成后裔自居，死后葬于青城镇的龙头堡子，并有其坟墓为证。

以上十八种关于李自成死地的记载和说法，都有文献的记载或有鼻子有眼、扑朔迷离的民间传说。但自清初以来，争论的焦点主要集中在通城

九宫山、通山九宫山、罗公山、镇远府清溪及石门夹山这五说上，现有通城、通山、石门三县建有李自成墓。通城县于1955年在离县城一公里的九宫山北重修了李自成墓，占地三百平方米，墓为全石结构，墓顶有菱形石碑，上有郭沫若的题字"李自成之墓"，1996年通城县再度修墓，依原式扩大，于次年4月竣工；通山县根据1956年在《历史研究》第6期发表郭沫若的说明，在九宫山牛迹岭建墓，并立有郭沫若题字的"李自成之墓"大理石碑，1965年进行修整，1975年建闯王陵园和李自成陈列馆，占地一千一百平方米；1992年石门县按清朝澧州知府何璘所记，对夹山寺、闯王陵园进行了修复重建，并建有李自成纪念馆，占地三十余亩。

但经过无数专家学者逐一考证，到目前为止，可以保留下来做进一步研究的只不过两说，即"九宫山说"和"夹山说"。

二、关于"九宫山说"和"夹山说"之争

两说之争最早见于《澧州志林》卷二十三澧州知州何璘撰《书＜李自成传＞后》，他根据孙教授所言，又询问故老，后又有老僧相告，并亲自到寺中观其遗像，其状貌与《明史》对李自成的描述相同，认为奉天玉和尚即李自成。民国初年，章太炎先生撰文《李自成遗诗存录》《再书李自成事》，对《明史·李自成传》记载李自成之死，提出六疑，认为"自成之死，竟无诚证"，同时提出阿济格、何腾蛟奏报不实。

20世纪40年代，郭沫若先生在《甲申三百年祭》中说，李自成于顺治二年九月牺牲于湖北通城九宫山。50年代，通山县杨芳小学历史教师王如将同志，利用业余时间走访口碑，收集并整理了李自成殉难于通山九宫山牛迹岭的传说资料，送请《历史教学》编辑部解答质疑。其争论的焦点是：李自成死于通城九宫山还是通山九宫山，最后的结论是通山县九宫山。郭老也认为确实有据，是可以信赖的，并发表了"我为通城县李自成墓所作的题词，及在《甲申三百年祭》中说李自成牺牲于湖北通城九宫山

都是根据旧有的传说，应予以注销并改正"的说明。然而，这次争论，只涉及九宫山的属地问题，并未对李自成死于九宫山的原始史料进行认真的考辨，更未牵涉李自成死地这个本质问题。

而"夹山说"自何璘《书〈李自成〉后》和章太炎先生撰文对"九宫山说"提出质疑后，虽有部分论著问世，但亦无发现新的史料、实物，尤其是50年代郭老发表声明而成定论后，暂为沉寂。直到80年代初，石门文物工作者在夹山发掘了奉天玉和尚墓，出土了许多有价值的文物，因而撰文论述，使"九宫山说"和"夹山说"之争，再掀高潮，趋于白热，多次召开全国性的李自成归宿学术研讨会，有关论著上百篇，始终无果。

为此，中国社科院历史研究所奉中央有关领导的指示，于1996年6月成立了李自成结局研究课题组，专门攻克李自成归宿问题。1997年5月还在北京召开了"李自成结局学术研讨会"，但两说观点不一，时至今日，仍在争论。

三、关于李自成九宫山遇害说

持"九宫山说"的学者的依据是阿济格和何腾蛟分别向清政府和南明朝的奏疏，并以方志和谱牒等数十种其他史料辅之。概括起来，其主要依据有：

1. 阿济格的奏疏称："自成窜走时，携随身步卒仅二十人，为村民所困，不能脱，遂自缢死。"这是清政府得知李自成之死的最早战报，也是留下的最早记载。

2. 何腾蛟的奏疏，他第一次奏报说："至是，腾蛟奏斩自成于九宫山。"第二次奏报说："闯死确有实据……闯假以二十八骑登九宫山，为窥伺计，不意伏兵四起。截杀于乱刃之下。"这是南明朝得知李自成之死事最为详细的奏报。

3. 《明史》卷三〇九载："秋九月，自成留李过守寨，自率二十骑掠食山中，为村民所困，不能脱，遂缢死。或曰村民方筑堡，见贼少，争前击之，人马俱陷泥淖中，自成脑中锄死。"

4. 同治《通山县志》卷五载："程九伯，六都人。顺治二年五月，闯贼万余人至县，蹂躏烧杀为虐，民无宁处。九伯聚众围杀贼首于小源口。"

5. 民国丙子年通山县《程氏宗谱》载："于顺治元年甲申剿闯贼李延于牛迹岭下。"

仅从以上五条可以看出，关于李自成死于九宫山的文献记载十分丰富，既有清政府和南明朝将领的奏疏，又有方志宗谱的记载为佐证，应当说是言之有据的。但是，为什么还争了三百多年呢？许多学者认为原因有三：其一，史料虽多，可歧异纷呈，矛盾亦多。从死亡时间上看，有清顺治二年闰六月、顺治五年、顺治二年秋九月、顺治二年五月、顺治元年甲申等；从死亡地点上看，有九宫山、通城九宫山、小源口、牛迹岭等；从死亡方式上看，有自缢死、斩杀、锄死、围杀、剿杀等；从凶手上看，有伏兵、村民、程九伯、甥金姓等；从首级的报告看，有"献贼首、珠盔、龙袍于本县督宪军门佟"，有"因遗素识李自成者往认其尸，尸朽莫辨，或存或亡，俟就彼再行察访"，有"以周二南死，矢首级"，有"道阻音绝，无复得其首级报验"等多种版本。因此，多数学者怀疑这些史料记载的真实性。其二，是对死于九宫山的"贼首"身份提出了质疑。一说是李自成，一说是贼首，一说是李延。那么，贼首或李延是否就是李自成呢？康熙丙申年通城县《金氏宗谱》载："自崇祯末年……又有李延、李自成流寇猖狂……"将李延与李自成并称，足以证明李延和李自成并非一人。其三，是从清政府和南明朝的态度中，可以看出两个王朝并不相信阿济格和何腾蛟所奏之实。清政府对阿济格奏疏的态度是："但尔等先称流贼已灭，李自成已死，贼兵尽皆剿除，故告祭天地太庙，宣谕中外。后又言自成身死是真，战败贼兵凡十三次。则先称贼兵尽歼者，竟属虚语。今又闻自成逃遁，现在江西。此等奏报情形前后互异以此谕众，以骇听闻。况经祭告天地太庙，岂有如此欺诳之理？……尔等之意，特以奉命剿除流寇，如不称流寇已灭、李自成已死，则难以班师，故行欺诳尔。尔等虽行诳称，其谁信之！以此不遣使迎王及诸大臣也。""英亲王阿济格秉心不纯，往追流贼，诳报已死，又擅至沿边索马，且向巡抚嘱托公事。过迹昭著。虽前此亦有微功，究不足以抵其罪，黜爵实由自取。至其子孙，前俱降为庶人，削其宗籍。"南明朝对何腾蛟奏疏的态度是："都御史郭维经上言：自成传闻死于九宫山，在江西宁州界内。传以五月死，而七月所部降，腾蛟乃知，且经年而后报。遽行大赏，读非所宜。且自成之或死或生，或死于吴三桂之追兵，或死于乡团之棒击，俱不可知。何必借此影响不自信之功名，以贻天下后世之讥非乎？臣且不能不以爱腾蛟者全腾蛟，况陛下之以驭腾蛟者安腾蛟，又当何如郑重也！疏入，乃辍给世券。"难怪张玉书和唐王都发出了"自成生死终未有实据云"和"而疑自成死未实"的感叹！

四、关于李自成隐禅夹山说

分析了李自成九宫山遇害说的历史文献后，我们再来看看李自成禅隐夹山说的历史资料。持这种说法的学者主要是依据何璘关于李自成的论述《书<李自成传>后》和有关地方志，并以相关文物为佐证。

（一）史料记载

1.何璘《书<李自成>后》说：……李自成实窜澧州。因旁询故老，闻自成由公安奔澧，其下多叛亡，至清化驿，随十余骑走牯牛坝，复弃骑去，独窜石门夹山寺为僧。今其坟尚在云。……寺尚藏有遗像，命取视之，则高颧深颔，鸱目曷鼻，状貌狰狞。与《明史》所载相同，其为自成无疑。

2.《米脂县志》载："其后兵败，自成率数骑，乞食山中，不知所终。有传其至夹山为僧者，有僧徒数人，皆猛恶，不类沙门，居尝趺坐，不诵经传，后共瘗之，竖碣曰'奉天玉和尚'。盖自成初为奉天玉，犹隐喻其意也。"

3.《石门县志》载："……李自成之败也，由公安走澧，遁迹寺中为僧，殁葬其旁，题曰奉天玉和尚墓。""奉天玉墓，在夹山大路旁西坡，以奉天玉和尚即李自成败后祝发为僧，似可确信。"

以上引用的私人笔记、地方志所载史料尽管其撰述、修订年代不同，但脉络清晰，无须考证，问题关键是奉天玉是李自成吗？何璘的《书<李自成传>后》一文，直接对官私史乘中有关李自成之死的荒谬记载进行批驳，而且距当时御修的《明史》刊行只有七年，他敢于推翻《明史》之定论，让一个"反贼"多活了近三十年，在大兴文字狱的清代是需要很大的勇气和胆识的。

（二）文物资料

20世纪80年代石门发掘了奉天玉和尚墓，出土了大量有关文物，如：青花骨灰坛、塔铭砖、圹符砖、重兴夹山灵泉禅院功德碑、重修夹山灵泉寺碑志、野拂塔、《支那撰述》残版、《梅花百韵》残版等，之后又在夹山附近出土或发现了一些有价值的文物，如：铜马铃、"永昌通宝"钱、"奉天玉诏"铜牌、龟形"敕印""永昌元年"折扇骨柄、"永昌元年"铜熏炉、临澧蒋家的传世文物等。那么，这些文物资料和李自成有什么联系呢？不妨分析几件：

奉天玉和尚墓于1981年元月试掘清理（《试掘简报》1982年发表在《文物天地》上）。奉天玉墓为一墓三穴，其形制与陕西米脂李自成祖父墓近似。墓中出土的镇墓符砖，与陕西米脂1984年出土的圹符砖基本一致。塔铭砖说明何璘所述不虚，奉天玉确有其人，不仅有其人，证明何璘的《书〈李自成〉后》考察记载之不诬，还补证了奉天玉和尚身份并非一般高僧，隐讳之词不同一般，说明身份之特殊。这些文物还是说明了在奉天玉与李自成之间有某种联系；《重兴夹山灵泉禅院功德碑》主要是对奉天玉和尚及野拂来夹山活动的追忆。碑文中唯有三处被人为地凿去"奉天""奉"等字样。在我国历史上，帝王常以"奉天承运""奉天行诏"字称，可见何璘经过细心的现场考察，既有孙教授的传言，又有老僧的记旧，还有遗像的证明，终于发现了奉天玉的秘密。野拂残碑是出自野拂之手，碑文内"子门徒数千指中兴""戎马星落雨泪天""不可为而为"等残句，不是一般禅林师徒之间的悼词，是显而易见的。《支那撰述》残版文有："能名祖不能讳天""皇帝圣躬万岁万岁"等残句，野拂借《经山藏》刻版的反面歌颂奉天玉，是谨慎而又值得我们深思的。《梅花百韵》残版共有九首残诗，这些诗与章太炎先生在民国初年到湘鄂西搜集到的五首咏梅诗，风格相似，应出自一人的手笔。章太炎称该诗"无草泽粗犷之气，而举止羞涩，似学童初为诗者，亦举事无就之徵也"，因而他认为此诗为李自成禅隐后所作是有根据的。"奉天玉诏"铜牌的发现意义重大，如果说仅是一位出家的和尚、方丈或住持，其对下的传命，大可不必用"诏"来示意。这充分说明奉天玉和尚非一般和尚可比的特殊身份。进而言之，"诏"的运用，是有其特殊含义的，即皇帝、王，或者已成气候、具有实力和地域的农民起义的领袖才可以用"诏"。因此，"奉天玉诏"的铸造和使用，当有其更深层次的意蕴，如果说与李自成有某种联系，应该是有一定道理的；铜马铃，在夹山寺附近发现"西安王"字样的马铃十五件，"成"字马铃三件，与陕西米脂发现的马铃形制及纹饰一致，据《小腆纪年附考》载："崇祯十七年甲申正月李自成自称西安王。"故这种马铃在起义军内部是不能随意盗用的，说明这些马铃与李自成不无关系。龟形"敕印"经鉴定是明末清初之物，在夹山寺的殿堂中发现，考察夹山寺的历史，这个时期只有奉天玉，且"敕"是指皇帝的诏令、敕命、敕封、敕撰，而"敕印"是封建王朝皇帝的专用词，这又把奉天玉和尚与李自成的衔接距离缩短了。临澧蒋家传世文物，传说李自成夹山为僧时，曾将少子过继给临澧蒋家，临澧蒋家有一支自称为李自成的后裔，蒋家有传世的大量明代宫廷玉器（现存临澧县博物馆）。原中国作家协会副主席丁玲（又名蒋冰之）女士说："临澧蒋家原是李自成的后裔，因为蒋家很有钱，而财产多在外地，迁到临澧这地方，正是明末清初。"由此可见，"夹山说"所据史料和发现的大量文物都不是孤立的，每一件文物都与历史记载相印证，也为李自成禅隐夹山寺提供了可靠物证。

综上所述，李自成九宫山遇害说所据史料丰富，但多为相互传抄，而最原始的第一手资料，漏洞颇多，又无文物印证，缺乏说服力，难以令人信服。经过分析比较，我们认为李自成九宫山遇害说是不可靠的，而李自成禅隐夹山说是可信的。

李岩辨考

刘奕云 李同恩

有无李岩其人，是明史一大疑案。

《明史·李自成传》："杞县举人李信者，逆案中尚书李精白子也。"

从《明史》编纂前，就有人对李岩（原名信）的存在提出过疑问。随后，《杞县志·李公子》称杞县没有李岩其人；李精白家乡的《颍州府志·李栩传·按》称李精白没有李岩这个儿子。于是有些史料即说李岩是"乌有先生"。

本文谨就李岩的出身、经历、家世、籍贯、社会背景、李氏家族的行为及相关问题，做些探讨，证明李岩即是李精白次子。"杞县人"之说，实有原因，并非空穴来风。

一、历史上有无李岩其人

在明末亡前，民间已有关于李岩的口头传说：自崇祯十七年（甲申，1644年）李自成破京师后，便有了关于李岩的文字记载。在记载李岩的众多史籍和文献中，大体分为肯定论、否定论或两说并存。

肯定李岩其人并最早记载李岩事迹的，是赵士锦《甲申纪事》。

当李自成农民军三月十九日进入京师后，第二天即将在京明朝官员悉数扣押，按级规定数目要他们上缴银两、财物，称为追饷。因用各种刑具拷掠，又称拷饷。赵士锦是掌管库务的明朝官员，被关押在农民军将领刘宗敏处，十余天后被释放。他在《甲申纪事》中记载了耳闻目睹的事。

1.三月"二十日，各官俱往……刘宗敏、李大亮、李岩、郭（谷）口四处，分投职名。"

2.四月"十三日，李自成以东宫二王出正阳门……余时（已释放）借宿前门，余仆目击之。刘宗敏等俱往，惟留李岩居东城，牛金星居朝中，以为守备。"

赵士锦的师座、与赵士锦同时被押而后被释放的明官杨士聪在《甲申核真略》书中，亦记载如下：

1."有西伪都督者，以己之所追，较之不及宗敏之半，李恐得罪，派本营众将人二百金，凑成一半，此京贼中之不多见者。"

2."宗敏据田（弘遇）府，四月初九日，欲移周（奎）府而未果，坊刻称伪李都督据之者，非。"

3."西李都督同牛金星留守。"

这里说的李都督，在彭孙贻《平寇志》、戴笠和吴殳合撰《怀陵流寇始终录》书中，均直接指明是李岩。因李岩在李自成定京襄阳时，为中营制将军，后在西安，又加五军都督府都督衔，所以人称李都督。戴、吴《怀陵流寇始终录》又名《寇事编年》，起自天启末，迄于康熙初。据崇祯朝邸报、奏章及私家记载，按编年体记述明末农民起义始末。该书因而被史家称为"邸报系统"著作，叙述客观，内容信实。

记载李岩事迹的书有数十种之多，如成书较早，写于甲申五六月间的懒道人《定思小记》；写于七月间的王承曾《苦海生还记》；目睹李自成进京情况，记述甚详的赵士馨《甲申传信录》；对农民军入京事按日记载的计六奇《明季北略》等等。

值得注的还有谷应泰《明史纪事本末》、谈迁《国榷》、顾炎武《明季实录》、吴伟业《绥寇纪略》。这不仅因作者为一时之彦，其著作也均具极高的史料价值。谷应泰于顺治十年曾走访一些明降臣、皇亲、宦臣、公侯门客，搜集崇祯、弘光两朝遗文。谈迁对考订史料的态度一向严谨，顾炎武更是博学大师。他们不会人云亦云，随意摘取李岩事迹入书的，他们的著作，都是研究明史的重要史籍。吴梅村在明崇、弘两朝为官，清顺治时任国子监祭酒，见闻甚广。据邵懿辰说，史可法奏报北都投降李自成诸臣的奏章中有吴伟业之名。他可谓是大明、大顺、大清三代鼎革的亲历者，记述多近史实。所以，八十年后毛奇龄分纂《明史·流寇传》时，多取吴梅村《绥寇纪略》中史料。

现代记述李岩事迹的著作，有对李岩评价最高的郭沫若《甲申三百年祭》、考证客观而公允的柳义南《李自成纪年附考》及曹贵林《李岩论述》，等等。

否定有李岩其人的史料不多，但十分有力。如康熙《杞县志》、乾隆《颍州府志》、少年时期参加农民军的郑廉的《豫变纪略》。现代有顾诚的《李岩质疑》、美国戴福士的《李岩传奇：它的由来及其对研究十七世纪明清之际中国的意义》等等。

对有无李岩其人两说并存的，一般是工具书，如《中国历史大辞典》在叙述了李岩生平事迹后，称"一说史无其人"。

至于说"早期传说中的'李公子'或李岩，往往指的是李自成"，还有"自成，一名炎""闯贼李延""更名李炎"等，均属混乱时代的混乱传闻。计六奇《明季北略》说得明白："第愚民认李公子即闯王，而不知闯王乃自成也。李岩曾举孝廉，其父精白，尚书也。故人呼岩为李公子。"李自成家庭贫苦，驿卒出身，"愚民"不会称呼他为"李公子"。由于李岩"从闯"，李岩的兵统属李自成部下，李岩兵到之处，人们统称李闯王的兵来了，渐致引起混称李公子即闯王的情况也可能存在。1959年中华书局出版的《甲申纪事》后面，附载上海图书馆保存的一份塘报，内有"遇闯贼下总兵李公子……"指明李公子是闯王部下。《平寇志》卷十云："吴三桂长驱逼近畿……自成令刘宗敏、李过、李岩连兵十八营出敌。"文中李自成与李岩并未混为一人，更证明了李岩确有其人。

二、李岩是李精白之子

为证明李岩是李精白之子前，我们先看一看乾隆《颍州府志·李栩传》后面李祖旦《按》：

明季、河南杞县举人李信从闯贼后改名岩，称为李公子。传为李精白子。

考李氏家乘，精白原籍山东兖州府曹县固村人。明初，李天从徐达征元有功，授颍川卫右所小旗，升总旗。后为颍川卫籍，附河南开封府乡试。故精白为开封府籍，非杞人也。

精白生二子，长麟孙、次鹤孙。当崇祯八年，流寇破颍，鹤孙已先死。李信之从闯，则在崇祯十三年。麟孙改名栩，自崇祯八年，以义勇保卫乡里著，至十五年，死于流寇袁时中。而李信至十七年闯贼僭号后，始为牛金星谱死。以麟孙、鹤孙存殁年份考证，殊不相符。李精白只生二子、一女、麟孙、鹤孙之外，无有名信者。

麟孙、鹤孙俱以万历庚申年入学，鹤孙早死，麟孙于崇祯元年拔贡，亦无举人。

及阅河南《杞县志》，有《李公子辩》，谓岩并非杞人。夫以欧阳公作《五代史》，而李仁福、韩逊皆不知其世。寇盗乌合之徒，传闻失实，大概然矣。邑人李祖旦记。

李祖旦这篇文章，在历史上很有影响，因为此前《杞县志》等史料仅说李岩不是杞县人，不是丁卯举人，并未否定李岩的存在。李祖旦否定李岩是李精白之子，为后人提供了"史无其人"的依据。何况李祖旦是康熙五十年颍州进士，授江西彭泽县令，连州知州，他说的话有一定可信度。

不过，李祖旦的按语适得其反，因为《李栩传》中并没有提到李岩（信），何必多此一举，要写说明放在《李栩传》后，不正是此地无银三百两，说明李岩与李栩相关吗？李祖旦说："李精白只生二子一女，麟孙、鹤孙之外，无有名信者。"后又说"麟孙改名栩"。既然麟孙之外还有栩，怎么能肯定鹤孙之外无有信？

李岩的先祖确如李祖旦所说是李天，八传至李岩。麟孙、鹤孙是他兄弟俩的谱名，少为人知。麟孙改名栩，社交中通用，故《颍州府志》立"李栩传"，而不称"李麟孙传"。李鹤孙改名信，入农民军后改名岩，如《孟子》所说"讳名不讳姓"。

李岩改名，如大多数农民军首领都有诨号一样，目的是为避祸。因农民军起义时，其留在本乡的亲属故旧，常受株连而被明方迫害。故往往隐去真实姓名，改以诨号相称。有的一人竟有七八个名号。明末农民起义军这一特征，在我国历史上也是空前的。李信出身士大夫门第，不可能模仿《水浒传》起个有草莽习气的诨号，但也势必不能用真实姓名，这就为世人否定他是李精白之子留下了口实。

世人认为李岩不是李精白之子，正是李岩所期望的：一则可使其亲属免受地方政府迫害。二则本人免受族人及社会指责。因崇祯八年（1635年）李自成破颍州时，知州以下官民多遭杀戮，其父李精白棺柩被焚，叔父李生白、嫂刘氏等族人死亡甚众，他投"贼"造反，引起家族及颍州人民的公愤。三则免受某些农民军的憎恨。因其兄李栩一直与农民军为敌，曾擒杀农民军将领白虎神、闯塌天。若农民军知道李岩即李栩之弟，或将加害于他。况且，李岩与某些农民军如袁时中有私仇，其因是：崇祯十五年（1642年），袁时中已招降，其部下李奎恨李栩杀其党过多，为复仇，设计诈请李栩到袁营中检查军备，席间杀害于颍州。同年十一月，李自成与袁时中结盟，并许配以女。袁时中行至杞县，通款于明督师侯恂及巡按苏京。次年五月，李自成击杀袁时中于杞县围镇。袁时中归附李自成仅半年，又是其女婿，仅因与明官暗中勾结（况袁惯用假降伎俩保存实力）就被李自成击杀，这是否经李岩谋划以报杀兄之仇，其中很有关系。

李祖旦说："当崇祯八年流寇破颍，鹤孙已先死。"接着又重申"鹤孙早死"。这是为李岩隐讳的遁词。据乾隆五十年（1785年）三修《颍州李氏宗谱》载："鹤孙，精白次子，庠生，配王氏，无出，以麟孙第四孙克为承继孙。"谱中没有说鹤孙"早死"，即使死了，也应有坟墓。古代宗法制社会，为强化亲缘观念，认同血缘关系，形成完善的墓地制度，家族成员无不敬重祖先坟墓。《李氏宗谱》的《凡例》说："祖先葬地，据所知者必书之曰：某地、某向。使孝子慈孙有所稽考，不致年远失纪。"麟孙死后，谱中即详载："葬于城南、东清河西岸、始迁祖茔东北圹。"而鹤孙既然比麟孙"先死""早死"，死后葬在哪里？若有墓地而谱不记，是不合封建家礼的。这正说明，鹤孙是"流贼"，族规不准入祖茔。因此，李祖旦关于鹤孙早死的辩词，是欲盖弥彰。

李祖旦的曲笔，遭到后人驳斥。清道光九年（1829年）《阜阳县志》编者，在《李栩传》李祖旦按语后又加一《按》："《旧志》引《后鉴录》所载数语，谓事属河南，与颍无涉。李氏家乘：明初以来迄精白未有家于河南者。李栩保护乡里为袁时中所害，颍人至今能言之。精白即别有子做贼河南，栩自挺节于颍，亦晋之羊舌氏兄弟不相及。取李祖旦记为定，兹考《明史》所载，则李信原委本末甚详备，即谓非栩而其为精白之子，固昭昭也。若仅以善善从长，恶恶从短之意，据一家谱系相辩证，而钦颁信史置之不顾，非理之可安者。"

《按》中除直接指明李精白"有子做贼"外，对李祖旦"善善从长，恶恶从短"的曲笔予以谴责。《明史》说李岩是李精白之子，而李祖旦却偷换概念，老讲李栩如何保护乡里有功，而对李精白另一个儿子仅说早死，其他的事免谈。《阜阳县志》编者不得不挑明说"非栩而其为精白子""精白即别有子做贼河南"。若只为一家族辩护而置国史不顾，是没道理的。

因此，李岩是李精白第二子鹤孙（信），是毋庸置疑的。

三、李岩"从闯"的时间与背景

李岩加入农民军时间，李祖旦说是崇祯十三年，这与明清多数史料是相符的，郭沫若《甲申三百年祭》也做了有力论证。但是，崇祯十三年是他正式投入农民军时间，在此之前，他与农民军是有接触的。

据《李栩传》记载："崇祯八年，流寇围颍，栩策战守，皆中机宜。与当事者左，遂潜出。贼破城，残其家。逾月，栩从山东来，诸避难远窜者依栩团结。"在农民军围城后，李栩"潜出"时，有可能携弟李信同行，避难地有可能是他们祖籍山东曹县。一个月后，李栩从山东回颍州，李信则不知去向。

《颍州李氏宗谱》载：崇祯八年正月李自成农民军破颍州，岩堂弟、李生白第三代岱孙"被贼掳去"。岱孙，后改名李牟。

从上两条资料看，李鹤孙（信）不是在农民军围城时"潜出"后失踪，就是城破后与岱孙一同被掳去。《绥寇纪略》等书均说他被红娘子掳去。

有无红娘子其人，也是史家争论的旧案。有人说红娘子是白莲教徒。崇祯十一年七月，杞县曾爆发白莲教起义，义军都头戴红唐巾。有的史料记载李岩随李自成进京后曾保护过杞县明官员刘理顺，主动出面办事的就是红娘子。查继佐《罪惟录》载，"忽有红衣女一人，随数卒"，说刘家有恩于她，她能"自达于李将军"。李岩的家乡颍州历来就是白莲教主要活动区，元末刘福通就是组织白莲教发展成红巾军起义。清代颍州太和县人刘之协也是影响数省的白莲教首。据《太和县志》记载：清初"县境居民信教者十之七"。所以，红娘子事迹虽无确考，李岩部下有豫东、皖北一带白莲教起义军，义军中有女教徒，都是真实不虚的。

被农民军掳去又逃归的事例常有，致仕兵部尚书颍州人张鹤鸣族孙张效安，"被寇掳去，三年得脱，千里来颍"。可见李信在崇祯十三年之前，被农民军掳去也是正常的。但他是被动的，是"不得已而从"，所以不久便逃归了。李信因家世等因对明朝腐败政治虽然有所不满，但他毕竟出身尚书门第，本人是庠生，深受儒学伦理教育，正统思想一时无法转变，仍不愿与叛朝廷的农民军为伍，故而"逃归"。况且，若如某些史料所说是被绳伎红娘子所掠，并"强委身焉"，士大夫弟子与江湖杂技艺人的阶层差距，也是他无法接受的，所以《明史》关于李信被掳后"逃归"的记述应是可信的。

让李信意料不到的是，他逃离农民军队伍想做一个顺民、良民，逃回家乡后却遭到地方官吏严酷迫害。《明季北略》说，李信回家乡后因"捐米二百余石"赈济饥民，反被地方官指责其"发粟市恩"，并申报按察司，诬陷他"谋为不轨，私散家财，买众心以图大举"，况且他又有"通成"的历史，便把李信投入大牢。在监牢中，李信思想有了彻底转变，正是因为他曾被掳，在农民军中生活有切身体验，认识到李自成比明王朝受人民拥护，才下了反明决心。

故《绥寇纪略》:"李公子之在狱也,思自成之为众所拥,叹曰:'今日反决矣!'遂往投自成。"其时间,当如《甲申三百年祭》所说"在十三年底"李自成重出河南之时。

李岩投李自成另一重要原因,与其父被定为"逆案"有关。崇祯二年(1629年)三月诏定魏党逆案,客、魏外以六等定罪,李精白被定为第五等:"交结近侍,又次等,论徒三年,输赎为民。"为此,李家倾家荡产缴不够疏赎数额,又遭抄家。最糟的是李精白家人受到社会甚至本族人鄙薄,使李岩感到在家乡难以安身。况且,崇祯诏治党附诸臣过多过重,而不久自己仍倚重近侍,朝政并未澄清。这更增加了李岩对朝廷的痛恨。

与李岩不同,李栩从山东避难回来,即组织乡勇对抗农民军,累功升至参将。崇祯十五年被袁时中杀害后,被明廷褒赠为英烈将军,祀颍州忠义祠。但是,由于李岩是"流贼",李栩虽护城有功,也未消除李家在地方上的恶名。至今,阜阳民间仍有"都堂李家吃人"的传说,说李家设棚舍粥,诱人乞讨,一进李府便被捉杀。还谣传李家"宅后有万人坑""蒸馍箅子馏人笼"等。谣言来自两方面,仇视李信的官绅,仇视李栩的农民军。为防报复,居住颍州城的李氏族人纷纷迁往外地,逃亡殆尽。

四、李岩与杞县的关系

李岩是颍州人,明清许多史料却都记载为杞县人,如果说他怕暴露真实身份,谎报家门,为什么不说是其他县人?因为这与他的卫籍有关。

卫所制是明代独特的军事制度,一般一郡(府)设所,连郡(府)设卫。颍川卫为河南汝宁府与南京颍州"连郡"所设。朱元璋为了使地方军、政相互制约,故意把军权和政权分开管理。卫指挥使司设于颍州城,颍州属南京凤阳府管辖,而把颍川卫划归河南都司管辖。明代军士另立户籍,称军籍或卫籍,军籍控制极严,须世代承袭。李岩祖上李天为颍州卫右所总旗,故李岩属颍州卫籍。明初,颍川卫籍士子都是入颍州州学,到应天府参加南京乡试。正统十三年(1448年),因卫隶河南,规定卫籍士子改赴开封府参加河南乡试。至万历二十二年（1594年），卫籍士子改入开封府府学，参加河南乡试。李祖旦《李栩传·按》："麟孙、鹤孙俱以万历庚申入学。"可知李岩于万历四十八年（1620年）就在开封府读书。杞县是开封府属县，与李岩之间关系接近一步。

自正统十三年后，颍州人在河南中举的很多，以李岩家族人来说，其伯祖李经礼万历丁酉（1597年）河南举人；祖父李隆礼万历壬子（1612年）河南举人；大伯父李粹白，万历庚子（1600年）河南举人；叔李元白，天启辛酉（1621年）河南乡试副榜；五叔李虚白、父李精白均于河南中举，后中进士。值得探讨的是，《河南通志》《开封府志》在记载李精白中万历癸丑（1613年）科进士时，均下注"尉氏县人"。但《尉氏县志》阙而不载，说明李精白不是尉氏县人。《河南通志》《开封府志》均属官方所修，不是私人著述，不能不负责任，仅凭"传闻失实"的史料，而不核实。它们所载李精白为尉氏县人，必定另有缘由。

平步青《霞外捃屑》卷五进士题名碑："万历癸丑，李精白，河南颍州卫军籍、直隶颍州人。"《河南通志》《开封府志》完全可以与平步青一样，直书李精白是颍州人，何必以开封府所辖尉氏县作为他的籍贯呢？李精白不须隐瞒身份，不必谎称是尉氏县人，尤其是不敢犯"冒籍"之罪。万历三年（1575年），内阁首辅张居正上了《请申旧章饬学政以振兴人才疏》，针对当时教育中各种弊端，进行了一系列的整顿和改革。鉴于各县乡试，岁贡以及童生入学，见他处人才稀少，往往诈冒籍贯，投充入学，败坏了士风，影响学校教育成就。因此，明令严禁冒籍。凡冒籍之徒，一经查出，即行革退；学官如容忍不报，亦一律治罪。

李精白是在张居正推行教育改革后才参加乡试、会试的，"尉氏县人"不会是他自报的。开封府及河南县提学官也不敢有疏漏，因为张居正就是把改选提学官作为教育改革的突破口，对各级学官明文规定职责，实行严格考核。所以，李精白"尉氏县人"、李岩"杞县人"，应是根据当时学规或条令，按照卫籍生员特殊需要，将颍州卫籍乡试生员，寄籍（或附籍）于开封府下属县。这类寄（附）籍，是一时权宜之计，生员和学官知道，地方政府不一定了解。

故《尉氏县志》不载李精白，《杞县志》说李岩不是该县人，均不足为奇。说李岩是"乌有先生"的陈廉，家住归德府，当然更不了解。

五、李氏族人如何看待李岩

颍州李氏族人对待李岩的态度是：一认可，二惩治，三隐讳。这三方面意向，是紧密相连而又相互印证的。

认可，即承认李岩是李精白次子鹤孙，但他是反叛朝廷的贼寇，是李氏不肖子孙，必须按族规进行惩治。惩治办法是：不准入宗祠，不准入祖茔，不准入家谱。这样惩治，具有两种功效：一是教育及警示李氏后人，要忠于君国，不能为寇作乱；二是"隐恶"，李岩不忠，有辱李氏声誉，又是对祖宗不孝，对不忠不孝的子孙，则要清出家门，不再把李岩视为李氏族人，同时，还要隐讳其人其事。

"三不准"或"三开除"中，家谱至为重要。因家谱万一流传社会或后世，白纸黑字，就成为"藏污纳垢"的铁证。李氏家族则要背上历史的骂名，为封建礼教所不容，上累及为大明开国立过功的先祖，下牵连清白无辜的后人。

历代修谱，相沿一定的义例和原则，其中"隐恶扬善"的原则，更具有法规性质，必须严格遵守。如合江李氏家谱中，有一条"禁为匪"的《族禁》："盗必干诛，窃亦罹罪，诱拐等事，均犯科条，辱宗甚大。族中子孙，不得有犯。违者，预行逐出，屏勿齿，谱削其名。"李氏子孙有犯盗窃罪的，都要从家谱中除名，何况李岩当"流寇"有大逆之罪，更要"削其名""屏勿齿"。这既是惩罚，又是隐"恶"。

有人或许质疑，李岩既被家谱除名，为什么还保留他的谱名"鹤孙"？需要申明的是：家谱除其名，不等于除其人。李精白有两个儿子，颍州人都知道，如果只书写一子，会使人更加质疑。因此，李氏宗谱如实书写李精白二子，但在入谱时，则采取不同的书写标准。颍州李氏宗谱《家谱凡例》第二条规定："祖先例当书字，今俱书讳者，恐年远失考，以字多误也。其乳名亦书者，防后世子孙误犯也。"按照李氏《谱例》，谱主的名、字、乳名都要书明。同为李精白之子，其长子谱名"麟孙"，改名"栩"，字"蓬蓬"都照规定，一一书写清楚；对次子，则仅书谱名"鹤孙"，不书名"信"及"岩"。保留作为李氏血亲的"鹤孙"其人，而削去"信""岩"其名。这是在"隐恶扬善"的修谱准则下运用"不书其名，所以惩恶也，而不详其实，为亲者讳"的笔法。对颍州"都堂李"（另有定居颍上新集千仓湖畔的李天后裔称"千仓李"）一门来说，法虽严，而仍不失忠厚之意。

颍州李氏自明初始迁祖李天以来，曾五修家谱。第五次由十八世以后族人，于1981年组成续修委员会主修，2005年修成。按说，郭沫若《甲申三百年祭》在重庆《新华日报》发表已过半个世纪，李岩早成了明末农民军革命运动的英雄。应该入谱了吧。但经过争论也没有入成。原因是"续谱委员会"中，一些人坚持要"世遵祖训"。李氏的祖训是什么？就是防止后人将李岩之名载入家谱或地方志。

宗谱，是一个家族的事，想给谁削谱，就给谁削谱。志则由地方官员主修，不是李氏族人所能掌控的。最使李氏家族担心的，是史志与修谱的笔法不同："史以明治乱，垂法戒，故善恶并书。谱以正宗派、笃恩义，故书善而不书恶，为亲者讳也。"

记载李岩是"尚书李精白子"的《明史》，早已刊行天下，李氏族人回天无力，只有谨防地方志善恶并书，把李岩载入。于是，冒着与钦定《明史》唱反调的政治风险，由族人李祖旦，在《颍州志·李栩传》后加了一篇《按》，否定李岩是李精白子，以扬李栩之"善"而隐李岩之"恶"。

鉴于为李岩隐"恶"的长期性，乾隆五十年主持第三次修谱的十三世李人初，就把这个任务交给次子十四世李延璋，嘱咐要逐代秘密口传，不准有文字记录，这就是李氏家族不成文的"祖训"。要"为亲者讳"，向外"屏勿齿"。不料在李延璋口传给十五世李莘馨时，出了问题。道光九年（1829）编的《阜阳县志》指出李精白"有子做贼河南"，使李氏家族震惊，但也无法挽回。此后，李莘馨传给三子十六世李汝振，李汝振口传给十七世李松才，要他们严防以后修地方志再出现李精白"有子做贼"的记载。

但是天不遂人愿，民国六年（1917年），阜阳县知事宋毓衡嘱省立阜阳第三师范校长余幼泉，整理重印旧志。时任怀远县县长的李松才得知消息，立即以颍上同乡、世交至谊的关系找余磋商。于是余向宋提议重印乾隆《颍州府志》（内有李祖旦否定李岩是李精白子的辩文），而宋毓衡坚持复印道光《阜阳县志》，铸成李氏家族遗恨。为了加强防范，李松才破例将"祖训"口传给十九世李增荣、李跃河二人。此后，李增荣口传给李熙震，李跃河口传给李疆。2005年李氏五修家谱刊印后，李熙震、李疆表示：随着历史发展，人们观念转变，他们恪守祖训的任务已完成，不需要再向后人口传了。

"隐恶扬善""为亲者讳"，是历史形成的全国各地各姓共守的家法和谱规。家法、族规、祖训，具有强制家族成员遵守的性质，是封建国法的补充，为国家所承认和默许。颍州李氏是李岩的亲者，所以"为李岩讳"；若不是李岩亲者，当然不需要"为李岩讳"了。所谓李岩之"谜"，历史"疑案"，实由李岩本人改名改籍以及其家族刻意"为亲者讳"所造成的。综上所述可知：李岩约生于万历后期，卒于崇祯十七年（1644年），颍州人，李精白第二子，万历四十八年（1620年）入开封府学，寄籍杞县，是李自成农民起义军重要将领和谋主。

六、李岩"编歌捏谣"

在李自成军中，不缺舞刀弄棒的武夫，缺少耍笔杆的人。李岩来投，李自成大喜，是因为李岩除了出谋献策外，还能编歌谣，"使儿童歌以相煽"，从而收揽人心，瓦解官军，使"从自成者日众"。故《甲申三百年祭》说："有了他的入伙，明末的农民革命运动才走上了正轨。"

但也有以为明末农民军流传的歌谣来自民间，并以张岱《石匮书后集》所载民歌为例，说明"'编歌捏谣'的并不是天才的宣传家李岩，而是广大贫苦农民。……对于那些把起义农民视作寇仇的反动统治阶级来说，当然宁愿把这些歌谣说成是李岩的'虚声煽动'"。

李岩是否"编歌捏谣"了？我们认为他编是编过，但未捏过。像宋献策所陈图谶"十八子当主神器"，是伪造虚构"捏"出来的。而李岩"迎闯王，不纳粮"是他在民间歌谣的基础上加工整理的。张岱收集的歌谣："杀牛羊、备酒浆，开了城门迎闯王。闯王来时不纳粮。"是无以为生的贫苦农民，盼望得到解救的歌谣。这是流行于民间的歌谣，农民的愿望很朴素，只要求减免田赋。

计六奇《明季北略》载：李岩密遗党作商贾，口出传言："闯王仁义之师，不杀不掠。"又编口号使小儿歌曰："吃他娘，穿他娘，开了大门迎闯王。闯王来时不纳粮。"又云："朝求升，暮求合，近来贫汉难求活。早早开门拜闯王，管教大小都欢悦。"前一首不像李岩编的，应是在李岩入伙前就在农民军中流传的歌谣。因为"吃他娘、穿他娘"是鼓动以掠夺方式，对社会财富不负责任地去糟蹋，充满仇恨、泄愤的蛮干情绪。该书既说李岩劝自成行仁义"收人心以图大事"，就不会鼓动闹事，纵人剽掠。同时，该书还说到农民军了解到左良玉等官兵虐民，便提出"剿兵安民"的口号。如果所到之处都像蝗虫一样"吃他娘，穿他娘"，怎么能"安民"呢。后一首从文辞和语气上，都像文人加工过的，计六奇说是李岩所编，是可信的。

当然，改编民间歌谣，不是个人创作。如李岩所编的《凤阳歌》，也是在原有的凤阳歌的基础上加工而成的。据《明实录·太祖实录》载：朱元璋登基后，恩泽故乡，下诏"永免凤阳、临淮二县税、粮、徭，宜榜谕其民，使知朕意"。凤阳人感戴皇恩，就编出歌谣，配上小曲，给朱皇帝、马皇后祝福：

　　说凤阳，道凤阳，手打花鼓咚咚响，
　　凤阳真是好地方，赤龙升天金凤翔，
　　数数天上多少星，点点凤阳多少将。

　　说凤阳，道凤阳，手打花鼓咚咚响，
　　凤阳真是好地方，皇恩四季都浩荡，

不服徭役不纳粮，淮河两岸喜洋洋。

朱元璋属龙，由红巾军将领坐上龙廷，民间传说他是"赤龙"；马娘娘属鸡，传说她是"金凤"。这首本是为朱皇帝歌功颂德的歌谣，二百七十年后到李岩手里，变成了诟骂朱皇帝的咒歌，明王朝的丧歌：

> 说凤阳，道凤阳，凤阳本是好地方，
> 自从出了朱皇帝，十年倒有九年荒。
> 大户人家卖骡马，小户人家卖儿郎，
> 奴家没有儿郎卖，身背花鼓走四方。

在李岩笔下，颂歌中"淮河两岸喜洋洋"的大好形势，变成了"十年倒有九年荒"，这不是恶意攻击。从《凤阳府志》和《颍州志》中看，在李岩改编《凤阳歌》的前后十年（崇祯七年至十六年），凤阳府水、旱、蝗、雹、疫、大风、地震等灾害近二十次。其中较严重的是崇祯十二年淮河全流域性蝗灾；十三年五月，大旱、蝗、大饥，"人相食"；十四年春，"人相食"。李岩的家乡在凤阳府颍州，他了解真实情况。

由于《凤阳歌》在明开国之初就传唱朝野，人们对曲调很熟悉，李岩改编的新词又通俗易懂，"所以在朝政腐败、天灾人祸的明末特能抓人心，激民愤，很快便传遍中原大地、河北江南，不到一年，义军就发展到雄师百万"。农民军打到哪里，《凤阳歌》就唱到哪里。

崇祯十七年五月初，李自成兵败定州，李岩、李牟兄弟俩被牛金星所杀。李岩、李牟的亲兵部众纷纷逃散，他们既怕被牛金星杀害，又怕吴三桂追兵，也不敢回颍州老家，便随大批溃兵流入晋冀陕豫一带，打花鼓乞讨。会些武艺的，或行走江湖卖艺，或在当地收徒，教些枪棒拳术谋生，有些人最终在当地落户，散布于黄河两岸。他们世代传唱的《凤阳歌》，"与当地歌舞艺术结合，滋生成新品种，祁州、太原一带叫'祁太秧歌'，沁县、万荣、闻喜等地则叫'晋南花鼓'，进而'走西口'，演变成'内蒙古二人台'与'陕北民歌'"。

清王朝统治者入关后就把大顺农民军视为寇仇，但大顺督都将军李岩所改编的《凤阳歌》，却成了大清的宠物。清初海外散人《榕城记闻》记载：清兵进攻福州时，特意挟带千余人的花鼓对，大唱《凤阳歌》。像当年农民军一样，清军打到哪里，《凤阳歌》就唱到哪里，不仅在江浙闽赣，还溯江而上湖湘、川蜀。到了康熙朝，"在清政府大力策动与强权逼迫下，官府筑戏台，民间摆曲场，九州齐唱《凤阳歌》"。这是为什么？因为对前朝皇帝的咒骂，正是后朝皇帝高兴的事，正好让老百姓感到：在清朝统治下，即使十年倒有五年荒，也比在朱皇帝的统治下日子好过。康熙对《凤阳歌》是不是李岩编的不感兴趣，他宁愿认为是全国人民的呼声。

李岩"编歌捏谣"是有地域文化背景的。颍州民间一向有编唱歌谣的风习，摆地摊的、收破烂的、捏糖人的、卖针线的都会边干边唱。晚于李岩二百年的捻军歌谣中，有一首涡阳民谣："跟着帐子走，吃也有来穿也有。张老乐称了王，不纳银子不完粮。"其诉求主题，与李岩所编"迎闯王，不纳粮"类似，可见李岩影响之深远。

参考文献：

（1）周劭：《清诗的春夏》，中华书局2004年出版，第51页。

（2）顾诚：《李岩质疑》，《历史研究》1978年第5期。

（3）《太和县志·白莲教》，黄山书社1993年。

（4）民国二十六年四修（颍州）《张氏家谱》崇祯九年张大典序。

（5）《明史·崔呈秀传》上海古籍出版社1995年，第8639页。

（6）欧阳宗书：《中国家谱》，新华出版社1992年。

（7）宁业高：《〈凤阳歌〉的演化轨迹》，《文史知识》2007年第6期。

（8）《捻军歌谣》，上海文艺出版社1960年。"帐子"指大队捻军，"张老乐"即张乐行。

西川——李自成起义的摇篮

张俊谊

在有关明末农民起义的历史书籍中，经常提到西川，研究明史的专家、学者，都对西川有所引用，而对西川究竟在何地未加注意，所以对明末农民初期起义情况不甚了解。本文试对西川的地理位置进行说明，以便进一步澄清明末农民战争初期的有关史实。

西川的地理位置

何谓西川？清费密的《荒书》中有这样一段话："西川者，米脂、绥德、宁夏犬牙之地，产盐……"这里对西川的位置做了很好的注释。西川即大理河川。大理河是无定河的一条支流，从靖边老虎脑山发源，流经靖边青阳岔，横山石湾、魏家楼，子洲马岔、周家崄、三眼泉、马蹄沟、双湖峪、苗家坪，绥德石家湾、张家砭等地，到绥德城入无定河，全长一百七十公里。为何把大理河川叫西川呢？因大理河川之地明时大部分归米脂、绥德管辖，而大理河川位于绥德之西，米脂之西南。绥德、米脂的人习惯上把大理河川呼之曰西川。这种说法，在《米脂县志》《绥德州志》上均有记载。大理河川从明朝开始，或属米脂，或属绥德，犬牙交错，管理不便，直到民国年间仍是如此。子洲县政府于1944年9月做的《二年来的行政工作报告》中就有非常形象的说明："这个县未成立之前，为各县边界插花地区，在行政领导各事业建设上多为不便……形成三不管的严重现象。"为了建设西川，先划组西川办事处，后于1944年1月正式成立了子洲县（原拟命名为西川县）。西川之称呼沿用至今，现在绥德、米脂之人，仍叫大理河川为西川，就是大理河川的群众也称自己为西川人。

西川地处陕北腹地，产盐，此盐全靠井中汲水而晒制，历史悠久，至少明朝就有生产。《荒书》中有"西川……产盐"的记载。盐工大都贫无立锥之地，从四面八方而来，替盐主从井中汲水而晒盐，头顶烈日，汗流浃背，劳动强度极大，生活极为艰辛，受剥削压迫极深，因之斗争性极强。难怪《荒书》作者诬曰：此地"无赖之徒多

聚矣"。西川是由太原到绥德州再到宁夏必经之大道。除大理河两岸窄窄的不过数百米宽之川道地区外，皆为山区，沟壑纵横，梁峁起伏，十年九旱，平时亩产不过几十斤，歉年常常颗粒无收，因之群众生活极贫。此地之居或是屯垦戍边之武卒后裔，或是山西等地迁来不久之移民，土著居民不多。此地"民勤稼穑，俗尚鬼神"（《方舆胜览》），地薄土瘠，生计艰辛，尚武少文，强悍刚勇，有边塞之风。

西川是古上郡地，此地一直处于民族融合与斗争的前沿。宋时，这里是西夏和北宋交兵争战之地，战争频繁，有不少寨堡。史书载："宋熙宁二年（1069年）十月，规划大理川，划稼穑之地三十里以处降者。"直到金兴定五年（1221年）仍有"蒙将木化黎破马蹄、克戎两寨"的记载（马蹄、克戎两寨皆在大理河川），明时，套寇经常入侵，边患不息，群众依山寨而居。彭孙贻在《流寇志中》记载："西川……其间窑寨绝险，六十有四……"是符合事实的。

综上所述，西川即今大理河川，有绝险之窑寨，可以防守；有通宁晋之大道，可以往来；且是"三不管"之地，群众极贫，斗争性极强，是爆发革命的极好土壤。

识古鉴今求骊珠

——《大顺史稿》序

姚 宏

一方水土孕育一方历史人文。

米脂地处黄土高原腹部，位于桀骜不驯的无定河中游。古时称银州，"因地有流金河，沃壤宜粟，米汁淅之如脂"得名，是传说中古代美女貂蝉的故乡。从境内发现的大量仰韶、龙山文化遗物来看，早在四五千年前，就有先民在这里生活，是一块历史悠久、地灵人杰、富有传奇色彩的人文宝地。舆地气象万千，人物层出不穷，在历史长河中涌现出西夏国奠基者李继迁，明末农民起义领袖大顺帝李自成、共和先驱高攀桂、开明绅士李鼎铭、民主斗士杜斌丞、抗日名将杜聿明、布衣作家李健侯、秦腔泰斗马健翎等不凡英杰，各领风骚，光照后人，故而素有"文化县、美人县、英雄县"之誉。

由于家籍与米脂只是肘腋之邻，因之从青少年时期就对山川形胜、文化见著的米脂以及它深厚迷离的历史故事和人物掌故耳熟能详，关注有加，又先后两次来米脂工作，算起来已近十年光景，故对米脂的人文历史了知日悉，感情日深。之所以关注进而景仰李自成，一则是他领导的整个农民运动起自陕北，确切地说就是发源本境西川，常常为他的伟大抱负及他为实现自己的抱负而不屈不挠的奋斗精神所感动；再则是来自民间浓郁不散的"帝王情结"的影响，那些诸多的传说、掌故和演义，不知道饱含了多少陕北人殷切的叹惋与隐秘的幻想……

解读史料，有关李自成和大顺政权的记述，正野各史不免迥异不一，稗纪杂说，真讹混纷。明末以降至今仅三百六十余年的历史时段，如何却总让后人有一种虚幻感和隔膜感？

眼下，案牍正搁着一部厚厚的《大顺史稿》的样稿，著者是中国作协会员、铜川市人大常委会秘书长、知名实力派作家黄卫平先生。《大顺史稿》是其锱铢积累、苦心孤诣完成的一部历史研究学术著作。

《大顺史稿》从数百种涉及李自成农民起义及大顺人物史料的明末清初史料笔记、地方志书中采撷资料，加以考证、遴选，记载了李自成和田见秀等上百位陕北籍的农民军出身的大顺军将领以及牛金星等一批参加农民起义的知识分子的史迹；史料翔实（全部以史料来记载人物，每十条史料都注明了出处），同时对明末的一些涉及李自成及大顺国历史的重要悬案，如李自成参加农民起义的时间、其是否在车厢峡被围并假降于明军？李岩究竟是谁？闯将李自成与闯王高迎祥有无关系？李自成是否称过闯王？李自成为什么放弃西安？李自成殉难于何处？以及李自成战死后大顺国及诸将领结局如何等，都进行了详尽考证，征引资料浩繁，通稿"言必有据"，无一字无出处，甄推严谨，观点多有出新，无疑是一部具有较高历史价值和学术价值的好书。

全书洋洋近六十万言，分四编，第一编为《李自成载纪》，著者以纪年的形式，将李自成一生的活动加以考证后，以编年系月系日的形式，逐年逐月逐日加以记载，重大的考证附在编年后，必要的说明考证简略附录在当月当日的注释中；第二编为《大顺人物志》，共分十卷，对大顺人物的一些具体的考证则附在每一位人物的传记之后；第三编为《大顺人物表》，共编入李自成世系表、大顺爵录表、大顺中央职官表、大顺地方职官表等；第四编为《大顺佚文志》，收录出自李自成农民军的原始文字资料、文告等，另有附编记录与李自成一起并肩作战的诸部农民军简况。

几天来粗览细阅，不免再陷追古之思了。

"读史明智"，这是人们对于史学功能的最直观的认识和掌获。历史意味着一种与现实处境迥然不同的时空概念，由于各式各样的原因，它并不是保存完整地等待我们去发掘，因此必须首先要弄清楚它的真伪实虚。

就李自成和他的大顺政权而言，"教科书"连同史学界从来没有确认以一代"王朝码头"的历史地位，考察它在中国历史卷轴中的位置，只是冠之以"明末清初"的朝代过渡。

历史是不应当任意割断的。事实上，尽管其运作短促，兴亡转瞬，但作为农民起义领袖的李自成是有两次堂而皇之、入承正统地称帝。

1643年，他在人民的拥护下在襄京(襄阳)正式建立了革命政权。同年十月，攻下西北陕、甘、宁地区为根据地。翌年正月建国大顺，政权中心迁到西安，李自成改称"大顺帝"，"追王其先代，以李继迁为不祧之祖"，年号"永昌"。颁布了新的历书，铸造"永昌"钱币，平抑物价，招抚流亡，镇压地主豪绅，废除"八股文"，选拔官员接管地方政权。"为久远计"，李自成又下令籍没襄阳等地明王室土地，由各卫农民军屯种，实行军屯制；对贫苦百姓则"给牛种、赈贫困、畜孳牲、务农桑"，以安居乐业。

崇祯十七年(1644年)李自成东征，四月二十八日兵败一片石，溃败回京城，为了争得正统的名义，远图一匡天下，四月二十九日李自成在北京仓促间再次登位，于武英殿行称帝大仪，立妻高氏为后，追尊七代祖妣俱帝后。牛金星代行郊天礼，百官朝贺，吏户礼兵刑工六政府各颁敕书一道。

值得注意的是，《大顺史稿》赫然以农民政权冠之书名，著者从具体的历史情境出发，在纯粹的时间框架里展开旁征博引地记述，尊重历史，尊崇史实，将李自成和他建立的大顺政权，全然放置于王朝大系的坐标中进行剖析研究和理论建构。《大顺史稿》不少观点在厘清史学的制度性特征的同时，甚至于具有某种解构和颠覆意识形态的勇气。

我们知道，历史通凡由胜利者来书写，这里还有另一个潜台词：历史又是从属于胜利者统治者的知识分子来书写。对于大顺政权，无论是明帝国的遗老遗少，还是清帝国的坚定拥护者，均不会抱有好感；加之大顺政权没有争取到所谓正统知识分子的支持，那个时代几乎不可能出现客观记载、公正评价大顺政权的作者。而后世保存下来关于李自成及其大顺政权的记录几乎都是对立一方书写的，其歪曲之厉、诬蔑之盛的记录俯拾皆是。无论这些历史的记录者怎样标榜客观，也无法改变他们笔下李自成为"贼"为"寇"的立场。

这里牵扯到帝梓文史。史记李自成先后两次回米脂。而《明史》对于李自成二次返乡的记载是含糊的，一些细节几乎是缺失的。有意味的是，《米脂万丰里冯氏家谱》所记载的米邑缙绅冯起龙的六封信笺，精要地记述了李自成第二次回家乡的时间(1643年十一月上旬)和有关行营屯驻、斩仇祭祖、征讨筹备等形迹，地方谱牒，竟然弥补了明末历史研究的或缺，功莫大矣。关于这一点，《大顺史稿》中亦有所涉猎，想必是参考了《冯氏家谱》的。

另外，米脂为清军攻破问题。

唐通叛变以后，大顺军处死了唐通在长安的家人，唐通为报复，在引清军渡过黄河以后，即引清军对米脂李站进行了大肆屠杀(《清代农民战争史资料选编》第一册，《顺治三年正月唐通揭帖》)。亲族被清军杀戮殆尽，族中为保全逃逸后人，遂改李姓为叶(祭祀牌位为双层套牌，外"叶"内"李")。《清世祖实录》在编纂时误将叶臣的奏报清军羼入米脂是1644年九月中，当为谬。据《米脂县志》(光绪版)和《米脂叶氏家谱》记述，清军进入米脂县城，当是1644年十二月中旬为准确，而《大顺史稿》亦从某家族的宗谱中引证了这一史实始末。由此可见，邑志谱牒和《大顺史稿》较之官史的记述颇具血肉、更为可信。

更令人欣慰的是，在《大顺史略》第二编"大顺人物志"里，分别将李白敬、李过、李双喜、李翠微、李来亨、李嗣名、邢氏、高氏、刘氏等族人、亲嗣、皇妃等以及早中晚各个阶段农民起义将领、谋士和明归降将领如田见秀、刘宗敏、牛金星、宋献策、贺锦、李友、高一功、刘芳亮、袁宗第、郝摇旗、刘体纯、陈永福等一批叱咤风云的人物，人人志传，歌泣事迹，传之形象栩栩如生，个性鲜明，定位和评价均扣应史实。另外著者在附编"与李自成在一起活动的诸部农民军"中，分别整理编辑了崇祯四年四月间在陕北西川(不沾泥张存孟部八队)、崇祯四年六月在山西(二十四家)、崇祯五年九月在山西(三十六家)和崇祯六年十一月在豫北(六十一家)等各个起义阶段协同作战的兄弟农民军的队别，首领的绰号及对应姓名、斗争简况和资料备注。这一工作成果，特别对乱马营似的明末早期农民军运动的研究至为珍贵。

李自成的结局和归宿，多年来一直是明史研究的"桥头堡"，到目前为止竟然有十九种说法，虽经众多专家学者的精心钻研，至今仍然还是个谜。在这些众说纷纭和扑朔迷离的说法中，学术界普遍认为只有两论比较可信，即湖南石门县夹山寺的"禅隐说"，以及湖北通山、通城的"遇害说"，学术界称之为"两论并存"。作为明末农民起义的发兴之地，作为大顺帝李自成的故乡，米脂先后召开过两次全国性李自成研究会议。1984年7月，米脂县举行了一次李自成学术讨论会，参加会议的有通山、通城、石门、米脂等县文化部门的同志和一些大学、科研机构的教授和史学工作者，其中"李自成归宿"成为学界争论的热门话题。

2007年适逢李自成诞辰四百周年，10月11日由米脂县政协牵头成立并召开了"米脂李自成研究会"大会，并同时举办"中国·米脂县李自成文化高层论坛"。中国明史学会会长张显清教授、中国明史学会副会长张德信、林金树、杨志清教授和南炳文、高寿仙、赵现海、万明教授等全国著名权威亲临了大会，来自全国各地的明史研究专家、学者等共计三百余人参加了会议。组织方本着百花齐放、百家争鸣的方针，以弘扬主旋律、提倡多样化、尊重学术规律、发扬学术民主为宗旨，组织有十几位专家进行专题演讲。其中"李自成归宿问题"依旧是各方争议的焦点，虽然各方面各执一词，但权威人士认为，在尚未有出现突破性证据之前，李自成归宿等疑案，还是有待于进一步去澄清。

在我们米脂"李自成纪念馆"中，关于李自成的结局和归宿问题的定位，是暂以"九宫山遇害"和"夹山寺禅隐"两说并存展出。据我所知，米脂各个时期的文化界和民间人士亦多倾向和秉持"夹山寺禅隐"之说，其中最具代表性的有清末榆林府教授、《米脂县志》(光绪版)主撰高照煦，民国本邑民间作家、《永昌演义》著者李健侯，《米脂县志》(当代版)主编、史志专家贺国建、史志学者常福元和易数研究者李宏旺等，他们都是从具体的史境出发，充分研究历史事件和历史人物的复杂性和特殊性，从不同角度考辨与梳理出如是同出一辙的结论。

著者黄卫平先生，在《大顺史稿》中述考交缀，"穷原竟委"，以大顺军兵溃一泻的逐月逐日纪事文本，是以李自成兵困通山九宫山，遭乡兵袭击殉难，作为大顺帝最后之归宿。

李自成的人生轨迹就像一个抛物线，成为三百多年来不解的悬案，地方在争夺，学者在争论。只要能够实事求是，归囿于不虚美、不妄斥，对于不同取向的研究结果，无论是官方教科书的肯定，抑或是权威支持，多少年来并没有影响其他并存学说的演进和发展。

过去，关于大顺政权"其兴也勃焉，其亡也忽焉"的失败的表象、深层等综合原因以及教育史学界专述较多，已然达成了共识。尽管如此，《大顺史稿》著者本着"还真于史"的治学理念，填补了不少新观点，并细致探讨了明末华北鼠疫流行的生态背景和社会环境，这对于明王朝快速瓦解原因的深入研究受益匪浅。

司马迁作《史记》时，为项羽作《本纪》，摒弃所谓"成王败寇"说。历史上又有多少开国之君不是通过马上得天下的呢？黄卫平秉持唯物史观，效仿司马笔法，将《明史》所谓的"流寇""贼寇"李自成，一并给予"帝王"待遇。援证鞭辟入里，立论引人注目。

黄卫平先生艰辛治史，历时二十年成就《大顺史稿》书稿。个人以为本书是迄今为止第一部较全面和准确记述李自成起义和他所建立的大顺国历史及人物的史志稿，正所谓"骊珠难隐耀，皋鹤会长鸣"。作为读者，十分高兴能够提前拜读到这样一部关乎米脂历史人文的扛鼎大作。自然，心下期待日后有更多反映李自成、反映米脂历史人文以及黄土文化方面的各类著作不断面世。

穿越历史风雨云烟，大顺帝李自成的雄功伟绩，四海传奇，荣被桑梓。

毛泽东1944年4月29日给李鼎铭先生的一封信中，高度赞扬李自成。他说："大顺帝李自成将军所领导的伟大的农民战争，就是二千多年来几十次这类战争中的极著名的一次。这个运动起自陕北，实为陕人的光荣。""以史为镜，可明兴替"，可以这样说，毛泽东思想的成熟和共和国的诞生，就是总结了李自成起义的经验，特别是吸取了李自成等历史上各个农民起义失败的教训，才一步步走向完善和成功的。"前事不忘，后事之师"，大顺政权的千古悲歌，已然引发现实忧患的警觉和思考，这样的"晨钟暮鼓"，至今仍然具有贴近的现实意义和深远的未来意义。

"千古龙飞地、一代帝王乡"。今天的米脂政通人和，百业兴盛，二十三万人民齐心协力、意气风发，围绕"建设陕西盐化工业大县、陕北文化旅游强县和黄土高原生态宜居名县"三大目标，弘扬李自成精神，锐意进取，为开创米脂科学发展、和谐发展的千秋大业而不懈努力。

本人因赘冗务疏学多年，故不揣谫陋，聊以顺遂之言，略陈于此，万望著者、读者教鉴。

是为序。

四十年来历史疑案追踪

——谈谈李自成归宿问题

刘重日

一

关于晚明民变领袖李自成的生死问题，我的兴趣和存疑是很早的。1955年毕业分配到历史研究所，我被指派在明清史研究室工作。先读《明史纪事本末》，再读《明史》，同时做《皇明经世文编》和《天下郡国利病书》的目录提要。当然也尽量涉猎当代人撰写的明清史事的论著，其中包括郭沫若的《甲申三百年祭》及李文治先生的《晚明民变》等等。对于明末农民起义的基本史实和李自成的死，我只有个粗略的印象。1956年由于《历史研究》尚归历史研究所主办，和编辑部同在一个不大的院落里。建所伊始，规模不很大，研究人员也不多，又大都是青年人，整天在一起。我听说关于李自成的死，有位姓申的先生寄来一篇文章，论证李自成并未死于通城、通山，而是兵败后入湖南石门夹山为僧而终。年轻人好奇心重，总想待发表后以先睹为快，但当时的编辑部大概以申的观点与郭老相左而终未刊用。

当时我并没有想去探索此事，一是对明末史事知道得太少了，不具备这个能力；二是在工作学习之余我把全部精力集中到资本主义萌芽的讨论里，撰写了关于牙人牙行的探讨文章，并予以发表。

事也凑巧，经过一段时间之后，我被正式调入郭沫若主持的《中国史稿》编写组，第一次分工就指令我写好明末农民起义一章。不必讳言，那时参加《史稿》组，被当作一种荣誉和领导的信任，焉敢不努力钻研，以求表现自己。为此，我整整花了三年的工夫。

　　因为脑海中很早就有个感兴趣的问题，即关于李自成之死的不同说法，因而在读书和查找资料时，自然更加留心。时间日长，材料日多，我发现"战死说"，不论是在通城还是在通山都非常混乱，矛盾和漏洞百出，飘忽不定，令人难以适从。正如徐鼐所云："自成之死，传闻异辞。"在李自成生死的各种记载里，年月互异，有四五种说法，死地也有四五处之多，而死的方式竟达九种以上，却没有真正令人信服的材料。

　　《明史》的编纂，前后将近六十年，集中了大批优秀学者。关于明末史事，当然算不上年代久远，一切所需书籍与资料自然一览无余。《明史》是一部公认的严谨史书，凡属重大历史问题都是经过撰写者相互讨论以至争辩然后裁定。譬如：关于严嵩该不该入奸臣传的问题，就数次争论，而且十分激烈。对于李自成究竟是死还是生？众说虽然纷纭，但分析结果，得出的结论只有"终无实据"而已。张文贞公是奉旨监修《明史》的官员，同时也是学者，他的这句话始终对我印象很深。传闻毕竟是传闻，代替不了事实。但写史写书总不能没有个说法，总得从其一说，故史馆诸公裁定了"通城说"，而其死的方式，亦未有定论。

　　我认为《明史》裁定通城绝非撰史者的疏忽，他们都是当时学术界的佼佼者。我不相信这些连《明史·地理志》都撰写得那样详细的人，竟不知九宫山指何处。竟连明修《寰宇通志》都无人看过，可能吗？我倒觉得是新中国成立后的寡闻学者做了件只知其一不知其二的多余考证！在我看来，史馆诸公在几经斟酌之后认为通山说漏洞、硬伤太多，不及通城说较为稳妥。

　　通城、通山说虽均无实据，但对夹山说，也仅是文字记载而已。虽似言之凿凿，我也未敢轻信。正如徐鼐所言："为僧之事，固无足据。"都是文字对文字，缺乏可信的依据和实物印证。

　　《中国史稿》的说法，当然要以主编郭老的意见为根据，这是不能含糊的。同时，在以阶级斗争为纲的思想指导下，我不想也不愿意有别的想法。农民起义领袖战死疆场、马革裹尸，为理想而奋斗牺牲，豪气千秋，何其壮烈！说他遁迹法门，总脱不了"逃跑主义"，有损于"伟大形象"，故宁信其死而不信其生。然而满脑子的问题和疑惑，常想若有机会与郭老能谈谈。三年困难时期终于有了这个机会，郭老把《中国史稿》编写组的工作人员集中起来，一是研究问题；二是改善一下生活。其间，我把自己的疑惑和感兴趣的问题简短地告诉了郭老。其实，我的言外之意是想说郭老不该根据两三学者以考辨"九宫山"所在，而定自成死地，也不必于1956年发表声明更改"通城说"。他边走边谈，大意是说要彻底搞清这个问题，还得新材料的发现或者有实物的印证。郭老指出的是一条研究问题的方向，并不涉及谁对谁错，其态度是科学的，实事求是的，不像现在有些人对不同意见就一概骂倒。郭老毕竟是大师风范，为学子树立了楷模。

那个时期，由于各种原因，"自成生死"并不多么重要，谁也不去在没有新的资料发现前再打这种无谓的"笔墨官司"。"文革"之后，"凡是论"被实事求是所取代，李自成归宿这个从未解决的悬案，重新被提了起来。往日的疑惑和兴趣，使我密切注视着通山遇害说和夹山为僧说的论战。

对此问题，我的态度从来就是谨慎的，本着一个研究者的基本要求，审视和探索一切历史事件，从未想过要反对谁，维护谁。四十年来，若断若续地追踪着李自成归宿问题的史料与文物。尽管如此，在1985年的通山会议以及将近十年之后的夹山讨论会上，我都没有轻易谈自己的看法。如今有了新材料，有了多年的研究成果和不少文物的出土，就不能不对李自成之死重新加以探索论证了。

二

有人说李自成被杀于通山县九宫山，已经定论。这简直像痴人说梦！若非缺乏常识，则是别有用心！此说证明何在？一无首级二无信物，这是当时的结论。据《东华录》所载，英亲王阿济格前后奏报本身就互相矛盾，均未落实。顺治二年七月己巳"摄政王赐阿济格军谕"曰："尔等先称流贼已灭，李自成已死，贼兵尽皆剿除。后又言自成身死是真，战败贼兵共十三次。则先称贼兵尽歼者竟属虚语。今又闻自成逃遁，见在江西，此等奏报情形，前后互异……尔等之意特以奉命剿除流寇，如不称流寇已灭，自成已死，则难以班师，故行欺诳耳。尔等虽行诳称，其谁信之。"作为一个前线指挥，不仅先后奏报不一，对李自成究竟是死是活，始终闪烁其词。以顺治二年闰六月奏报看，云："贼兵尽力穷，窜入九宫山，随于山中遍索自成不得，又四出搜缉，有降卒及被擒贼兵，俱言自成窜走时，携随自步卒仅二十人，为村民所困，不能脱，遂自缢死。因遣素识自成者往认其尸，尸朽莫辨。或存可亡，俟就彼再行查访。"此段文字，实不敢推敲，"降卒"所言，既非二十人之一，何以知之？"素识"者往认，何不能辨？除非死者非其人。再说从闰六月到七月受多尔衮责罚，时隔两月，阿济格派人"就彼再行查访"，并无下文，显然没有眉目，得不到证实。文字记录在案无法更改，于是有人心生蹊跷，以为能证明阿济格曾被再度起用过，便可推翻"欺诳"之过，既是缺乏常识，又是形而上学之最。军事倥偬之际，戴罪立功者多矣，不等于没有前罪。且看《钦定宗室王公功绩表传》之阿济格传乾隆的批谕，谕曰："朕览实录载英亲王阿济格秉心不纯，往追流贼，诳报已死，又擅至沿边索马，且向巡抚嘱托公事，过迹昭著。虽前次亦有微功，究不足以抵其罪。黜爵实由自取。其子孙前俱降为庶人。削其宗籍。"这便是一记有力的耳光！

据统计，明末清初记李自成事者，史、志、稗、乘大致有六十种左右，但正如徐鼐所言："自成之死，传闻异辞。"说李自成被打死了，在什么地方，什么时候，怎么死的，谁打死的？异说纷纭，矛盾百出，且都得不到可信的验证。说法那么多，明清之季的学者也做了一些分析，最后也只能从其一说而已。对于关键问题，即死者是否是李自成，结论还是"终无实据云"。其所谓的"考证"，只是用一种无实证的材料去论证另一种无实据的说法，得出自己倾向的观点，仅此而已。所以有人说："李自成死于通山，清初已成定论。"清末已"考证清楚"了，简直是瞪着眼睛说瞎话。在讥讽嘲笑别人的同时，自己竟然连文章也读不懂了！

问题从一开始，一再追查的就是李自成究竟死了没有？九宫山死者究竟是谁？说他是李自成，凭据何在？这是清与南明两个王朝特别关注的事情。而最早文献就是阿济格与何腾蛟的两个奏报。两疏歧异矛盾之处，暂且勿论，一个共同点都是听来的，"空口无凭"。而且都受了各自朝廷的责备。尽管二人为自己竭力辩护，但终归没有"实据"。若有人企图用传闻的记载作"引经据典"的文章，那我还可以告诉他《石匮书后集》等书记载将自成首级献给了何腾蛟，而《程氏宗谱》等书，亦有献首门佟的记录。一首二献，岂不更加荒唐可笑嘛！

老实说，迄今为止根据各种记载综合判断，只有一件事是真的，那就是九宫山的确死了个"贼人"。但死者究系何人，并没有解决，或者有人怀着各种目的不愿意承认。阿济格、何腾蛟以及官方人士异口同声，说那就是李自成，是因一保乌纱帽，二怕获罪。而现在有些人，不正面研究问题，却在枝节上大做文章，纠缠不清，实在非论史者所当为。

事实上，根本的问题在于死于通山县九宫山的并不是李自成，而是农民军中一个叫李延的人。在所有的数十种书籍记载中，应该说可信性最强的是当事者、当地或当时的人的各种记述了。

通山《程氏宗谱》载：程安思，字九伯，"剿闯贼李延于牛迹岭下"。

《世思堂程氏宗谱》亦云：程九伯"于顺治甲申剿闯贼李延于牛迹岭下"。

《金氏宗谱》云："一柏（九伯外甥）一同，追剿闯贼于牛迹岭下"。

其他如《朱氏宗谱》《王氏宗谱》《余氏宗谱》等书的记载均可印证此事。

康熙庚午举人谢延树是当地人，著有《诗古文集》，其中有《小月无题》一诗，云："天剿李延贼，凶魂乃帝催。"

通山发现的新资料，手抄本《九一宫志》（于道观经卷中发现）共十一则，千余字，时间从顺治二年到康熙二十年。其中有"阴访李延墓六则"，这六则并未全部披露，只引了一条自认为对己有利的材料，只说九一道尊于顺治年间接待来自夹山的两位出家人，前来寻找李延死于何处，葬于何地。

最后未找到，走后九一道尊捡了一首"红绫诗"。诗云："顾庐噩梦烟灰灭，华堂已毁躏铁骑。壮士捐躯怀前志，小子残生泄君机。妄言轻信离情起，良谋屡进几度依。难忘恩义凭山吊，莫让随流世外疑。"这首诗作为资料果然重要。通山派认为这是藏头诗，乃顾君恩所作，这一观点可以接受，但他们以此断定夹山为僧者乃顾君恩，却是错了。因为去通山找李延墓的是两个僧人而非一个。从诗意中回味，作者的确泄露了不少"君机"。道出失败的原因、捐躯的"壮士"，只好依从"良谋"，最后提醒人们不要"随流"瞎说，且用了耐人寻味的"世外"二字。这岂不是透出一点消息，即"禅隐"和谋士顾君恩很有关系吗？自成谋士，兵败中被杀的杀、降的降，记录均在，唯顾君恩不知下落，此人每在关键时刻，始见于记载，确为自成出了"良谋"渡过了多次难关。此诗又一次证明了这点。

通山说的学子，常指责别人不以科学态度对待史实，以至谩骂讥讽别人，对别人竭尽诬蔑之能事。而他们不仅否认史实，且编造历史，假造《弋闯志》，又一而再、再而三地编造假《家谱》。相反，对一些有价值能说明问题但对他们不利的资料，如《九一宫志》等等，竟然采取了掩盖封锁的手法。这种行为难道不是已经说明了真相所在吗？

通山死者乃李延，即使《通山县志》上，也赫然写着："九宫山北有李延墓。"

据通城派学子所写《通城说新探》一文云：20世纪60年代初在通山县九宫山一道观内，曾发现过清乾隆年间该观道士为李延立了一块"李延将军墓碑"，大意记述了李延在当地活动时军纪很好，与道士们相处颇为融洽。像这种珍贵资料，通山说者为什么长期尘封，秘而不宣？

这些资料充分说明了通山九宫山死难的是有名有姓的李延其人。通山说者众口一词，说打死者为程九伯与其外甥金一柏，那么程、金二氏自是当事人，则程、金二氏之宗谱，当然是确证无疑的第一手材料。那么，二氏既非农民军内部人，何以知其死者是李延呢？显然和他们宗谱中所记之"得珠冠、龙袍、金印"分不开（是龙袍还是蟒袍？两者差异甚微，一般人很难区分。珠冠不等于皇冠。珠冠、蟒袍，宠臣、大臣均可用）。许多官修志书如《湖北通志·武备志》，亦不讳言"剥其衣得龙袍金印"。道理很简单，也十分明显，金印上刻着的就是李延。不然程氏之流是不会知道的。如果印刻"李自成"三字，宗谱上亦不会编出个"李延"二字来！宗谱与志书都说此物献于"军门佟"，先不管这个佟是谁（因当时清高级将领中有两三个"军门佟"的人），倘是"李自成"三字，"军门佟"焉敢匿藏不报？而此实物信证，足可平息各种风波，也不会有这个三百五十余年的历史疑案了。这个道理三岁孩子也明白。

通山说的解释漏洞太大了，也是牛头不对马嘴的硬伤，怎么办呢？只有胡说一通了。童书业先生在此根本问题上倒是本本分分写着"也许""或者""假定是否事实"，"有待进一步研究"，等等。其实事求是的态度，与那些强词夺理者实不能同日而语（见《李自成死事考异》）。

李延根本就不是李自成，连博学的童书业先生也未敢说是"自成别名"。1984年5月在通城县发现的《彭城堂金氏宗谱》康熙丙申谱序说："李延、李自成流寇猖狂，其烧毁民居也不殊秦火之虐焰。"这是当地人记当地事，而且正是李延烧了他们的金氏宗祠，刻骨铭记，不会错录。标明了俨然两个不同的人。

还有一个印证，据申悦庐先生引《半窝杂记》云：一道者言"闯王知大势已去，抽身而隐。有一义儿，受恩最厚，代统其众，不料至九宫山为村民所杀，出于意外也"。此又与通山《九一宫志》之"阴访李延墓六则"相互印证。

遍查《延绥镇志》《延安府志》《米脂县志》，其他如《绥寇纪略》《罪惟录》《后鉴录》《鹿樵纪闻》《明季北略》《甲申传信录》《怀陵流寇始终录》等等，记自成乳名、字者多矣，唯独无"延"字。李自成也根本不可能叫李延，谁都知道李过乃自成之侄，据李宝忠《永昌演义》，其侄辈除李过，尚有李通、李遵、李迪（迪、廸通用），等等，米脂县闯王纪念馆馆长申长明先生调查表明：自成侄辈皆以"辶"命名，辈分有别。在封建宗法社会中李自成绝对不可能又名李延。

栾星先生（通山派）曾寄我所著《李岩之谜》一书，拜读时无意中发现了一条李延的信息。他说20世纪60年代初，在李岩故里调查李岩事迹，在县委招待所碰见米脂县两位干部，同居一室，便聊了起来。当自己说到是来调查李岩时，米脂的干部便脱口说，我们县里也有他的后代，我在李氏家谱中看到过李延的名字。栾星认为这不可能，显然把同音异字弄错了。后来我写信请申长明先生追查米脂《李氏宗谱》，可惜"文革"之火焚后，文物幸存甚少，已无原物，实在遗憾，但亦是可印证李延实有其人的。

有人曾想以顾氏《明季实录》之附录《酉阳随笔》之"闯贼名自成，一名炎，米脂人"这条记载，企图用谐音附会，且不说南北音读甚远，其所引曹应昌《上高汇旃先生书》云："且闻其（自成）更名李兖，以应孩儿兑上之谣。"明言乃"据之传闻"。传闻再加上猜测，和《酉阳随笔》如出一辙，分明是传闻之误。

明明是李延，为什么非要指鹿为马说成是李自成，始作俑者是谁呢？有人对费密的《荒书》评价颇高，其价值在于所记较为详细，但引用者却取其所需，弃其不利。其实恰巧是这部记述较具体的著作，道出了其中蕴含之实情，揭示了一个苦衷和隐秘。

李自成对南北两个朝廷来说都是大敌。阿济格初报"自成已死，贼兵已灭"，双方朝野为之振奋。清王朝为此祭了天地，告了太庙。结果自成生死却得不到证实。朝廷为此感到难堪，便下令追查，英亲王也保证"就彼再行查访"。在此种形势与气氛下，地方官自然压力很大。行查的文书急如星火，县官自然如坐针毡。《荒书》写得明白："行查到县，九伯不敢出认。县官亲入山，谕以所杀者流贼李自成，奖其有功。九伯始往见总督。"程九伯为什么不敢出认？以他为首打死的，尸证物证都是李延，封建专制时代他岂不知"冒功领赏"是要砍头的？所以有公文榜谕他也不敢张冠李戴。只有县官亲自跑来，当面说了被杀的是李自成，他才敢走进官府去领赏。这不是把原委已经说得十分清楚了吗？这件事完全说明把李延说成李自成，是阿济格谎报在前，而通山县令谎证在后。但还是"终无实证"而无法结案。

非常明确，把李延说成李自成是县官在上级追查的情况下亲口说的。如果说打死人的时间在四五月间（因时间说法不一），除去公文函件的往返时日，"行查到县"的时间不超过七八月间。理由很简单，任何史、志、稗、乘关于此事的记载，也不会早于这位县令的信口雌黄。县令指鹿为马，自有苦衷，但从此传了开去，关于李自成死于通山的记载（通城另当别论）都是这样误传造成的。自县令亲口说谎之后，有两种现象可发人深省。以后所有官修志书如康熙间之《湖广通志》《湖广武昌府志》《通山县志》以及后修之《湖北通志》《九宫山志》等等，均直书死者为李自成（当然偶然也出现矛盾，如《通山县志》载九宫山北有李延墓）。而在当地的宗谱里，尚未贸然违背事实，一般成谱早者依然写着李延，随着时间推移，概律为李延即李自成，最后干脆全是李自成了。

尽管县令因时势所驱，不得不指鹿为马，混淆视听，但毕竟还是拿不出凭据，朝廷当然不信，从未行文予以肯定。在这种情况下"军门佟"手里所掌握的"龙袍、金印"自然更不敢拿出来上缴了。因为一旦证实不是李自成，便是欺君杀头之罪，阿济格就将被处极刑。这个重要的"实证"自然也就因此而灰飞烟灭了。

总之，谎报加谎言，使不少学子莫衷一是，也是使不少学子信以为真。更有个别自以为是者，摆出了"教师爷"的架势，对不从通山说者，不烦冗文，拿着大刀长矛费劲地乱杀乱砍，其实早已无异于唐·吉诃德。把一切都看错了，那种强说为项，洋洋大论的文章不就都成了"皮之不存，毛将焉附"了吗？

三

关于李自成未死于九宫山的另一种说法，即夹山为僧说，在十年前我也未敢轻信。但也没有理由和凭据对之加以断然否定。研究历史要求实、重材料、讲证据。若怀杂念、主观、偏执以至抱有某种情绪，把不利于"我"

者，是资料则断章曲解，对不同意见者则口诛笔伐以期骂倒，那便不是研究历史的正确态度。

李自成"为僧说"，真正有学问的人虽不相信，不予肯定，但亦未断然否定，斥为荒诞。譬如徐氏《小腆纪年》引了江昱所言之后，按曰"为僧之事，固无足据"。此文句本来浅显，有人竟一叶障目，连"足"字的含义也不懂了。童书业先生是饱学之士，以科学态度，大家风范，讲道理，谈依据，不装腔作势，谩骂别人。尽管他为通山说而"考异"，但结束用词也不盛气凌人，只云通山说"是比较可靠的"。而对李延、李自成"变"的关键问题，没解决就是没解决，直书曰："自然还待继续研究。"绝不像有的人那样愣是生拉硬扯，自以为是，妄下断言。童先生不否认为僧说"言之凿凿"，只是由于偏信通山而认为越说得"详细"，"所以考据家多不相信"。其实这也不尽然，若说"其世愈晚，传说越繁"是规律，那么通山说之纷纭何尝不是如此呢？这话在20世纪五六十年代，甚至80年代我也认可。但那些有名有姓，亲身经历，亲眼所见的详细记载，一旦得到某些实物的印证，就会更显得"言之凿凿"的可贵了。倘若单是记载对记载，文字对文字的扯淡，永远也扯不清，结果必然是各取所信。所以要解决问题，就必须有实物加以证明，即要拿出"实据"来才能敲定。

有人承认"何璘对历史事件是求真求实的"，却又指责何璘编造出了"禅隐"说，岂不自相矛盾，逻辑混乱？李自成夹山为僧在小范围里早就有传闻，何璘只不过做了"求真求实"的亲身考察，然后以董狐之笔记述罢了。此事先有张琼伯亲身经历于前（康熙初年赴任途中路过夹山与奉天玉和尚面谈甚洽），歙县江昱"特至夹山"眼见于后（亲去夹山见到石塔、遗像，又访问了寺中老僧，认为"奉天玉"的玉是李自成"自喻加点以讳之"），又有张琼伯子孙《半窝杂记》可证。怎么说是"何璘说他当了和尚"。一个隐秘逃命出家的人，能大张旗鼓地张扬吗？即便是在小范围里被个别人窥知，也只能在他死后才渐渐地传了开去。这种极为浅显的道理，竟然有人大做形而上的文章，高明还是拙劣，自有行家去公断。更有人挖空心思在"奉天"二字上不吝笔墨，但"塔面大书：奉天玉和尚"的石塔，赫然耸立，不止一人见过，只能诠释其由而不能否认其实，岂可以常规律之？

赵吉士《寄园寄所寄》中之《流寇琐闻》摘录了崇祯十五年正月十四日陕西延安府米脂县塘报中一段话，曰："闯贼名李自成，幼曾为僧，僧名黄来僧。"（《广阳杂记》与此略同）。李自成"小名黄来儿"（见《罪惟录》《绥寇纪略》《鹿樵纪闻》等书）。当地米脂县塘报，自然不诬。起码印证失败遁迹空门之可能。由于自幼当过和尚，庙中佛事司空见惯，所以再次当起和尚来，自是行家里手，便于隐秘，不易露出破绽，且能够充当"高僧"。这大概是他生前未被察知，瞒天过海，竟然寿终的原因之一。虽未遭宋代李顺为僧而被捕之厄运，却也被当地政府砸毁坟墓，几乎鞭尸。

这些资料在无物印证的情况下，并不显眼，只是文字的一说而已。但是近十年来，石门夹山出土和发现了许多重要文物，是可以与文字记载相印证的凭据，作为一个史学研究者难道不该正视和重新探讨吗？我相信郭老在世也会去看的。在发现的许多文物中，我以为"西安王马铃""梅花诗残版""奉天玉诏"以及奉天玉墓的发掘，葬式、墓志铭等尤为重要。墓葬的发掘证实其葬式与陕北米脂一带的习俗一致，墓志铭说明并非一般和尚，隐讳之词不同一般，更说明身份之特殊。"塔铭"，证实奉天玉确有此僧，不只是传闻和文字虚载，也证实何璘亲身考察所写《书〈李自成传〉后》之不诬。"西安王马铃"证明乃自成跨骑之物，据《小腆纪年附考》云：崇祯十七年甲申正月李自成自称"西安王"，故农民军内部是不能随意盗用的。其《梅花百韵》残版于夹山寺院残壁中的发现，更证明章太炎先生根据民初民间长期流传的"梅花诗"，考定为李自成所作的确切性。而他对《明史》李自成走死九宫山所提之"六不可信"，增添了事实的依据。尤其是"奉天玉诏"的发现，为奉天玉和尚的身份定了性。非为帝者，焉敢用诏？这些经过国家文物局鉴定是真的文物，否认是徒劳的。把这些点串联成面，加之综合分析，李自成的影子不是从沉淀而浮出水面了吗？对此夹山说者多年做了很多研究（请看《李自成禅隐夹山考实》一书），虽然欠缺之处也有，但也说明了许多问题。文章俱在，自不待我赘言。历史研究常常需要综合分析和考察，在无直接用资料简单说明时，需要各种材料或实物综合印证，以究其是非。不能以己之偏见，拒史实于不顾，一味吹毛求疵，这是作为史学研究者不应持有的态度。

就目前通城、通山、石门三家争论来看，关于李自成究竟死在何地，通山说最不可信，而石门夹山说较为可靠。尽管通山说千方百计否认"为僧"史料，割裂夹山出土文物，大肆攻击造谣，以至无中生有，但都抹杀不了实物的存在，愈来愈多的学者以实事求是的态度改变了以往的看法。虽然夹山说尚存不足之处，对资料、文物探究不深、不细，但迷雾毕竟近于消散了。

我明朝末年的老乡

毕华勇

一

历史是文人们所记载下来后人们研读的某种符号。明末1644年的某一天，我的老乡李自成被数万兵马前呼后拥地踏进了北京城。那时的北京是中国封建王朝的一座铁的堡垒，皇亲国戚们趾高气扬，穿梭于大街小巷，一派莺歌燕舞的景象。然而，谁也不曾料到，偏远的黄土高原山沟里，竟然会杀出一条英雄出来。我明朝末年的老乡李自成，一个农民的儿子，把一个腐朽的王朝彻底地颠覆。那年的三月十九日，明崇祯皇帝缢于景山树上，当日农民军从各城门拥入，我的老乡登皇极殿，城内人皆设香案迎接，门首大书"大顺永昌皇帝万岁万万岁"。于是，我的乡亲们摆宴庆贺，一种功成名就的感觉涌上心头；于是故乡那久远的歌谣传遍四方，特别是在北京的天空回响：

"杀牛羊，备酒浆，开了城门迎闯王，闯王来了不纳粮。"整个明末的天空晴晴朗朗的，此时此刻的李自成，绝对是一个胜利者的脸色，跟随他东征西杀的兄弟们曾经憧憬的美梦终于变成了现实。北京城美女如云，花红柳绿，碧水涟漪，一派宜人的景象。这样的景色刺激着这帮从山沟里冲杀出来的农民弟兄的神经，也刺激着流浪者、鞋匠、地痞、小瘪三和从大明朝监狱里放出来的强盗土匪的神经，京城所有一切使这支队伍雄性激素蓬勃，平素杀人杀红的眼睛被性冲动踊跃的样子让我不敢恭维。因此，整个北京城笼罩着一股不祥之气。

我的老乡李自成心情一定很好。一个敢于推翻大明王朝的陕北汉子认定成则王败则寇的道理。我们不能不佩服李自成之英明睿智，神武坚定，不屈不挠，一派英雄气概。明王朝多少年的基业顷刻间败在我老乡的手下，不得不让后人们叫绝，也属难得。难怪后来湖南伟人毛泽东给我的另一位老乡李鼎铭先生挥笔豪书："其整个运动，实则吾国自秦以来二千余年推动社会向前进步者主要的是农民战争，大顺帝李自成将军所领导的伟大的农民战争，就是二千年来几十次这类战争中极著名的一次，这个运动起自陕北，实为陕人的光荣。"但是，我的老乡李自成只有一种英雄本色，至少他心底对掌控天下是模糊的，他真正要解决的不是"大丈夫当横行天下，若株守父业岂男子乎！"的问题，而是如何巩固与掌握政权的问题。同样，伟人毛泽东进北京时说不能学李自成的样子，他把这次"赶考"看得十分重要。然而，我的老乡李自成进京后的悲剧就此开始了。

二

明末的李自成生在米脂一个不起眼的小山村，家境贫寒但从不服输。如今人们只能从点滴的史书中找到有关李自成的身世和长相，于是画家们凭想象画出一个陕北汉子英武的姿态：浓眉大眼，额骨高凸，鼻梁横直，表情凝重，一身盔甲戎装，腰挂佩剑，手持长枪。也许这便是真的李自成。他炯炯有神的眼睛洞察着明朝的一切，昨天还拿着明朝的薪水，一个年轻的驿卒没人注意到他能翻江倒海。然而，时过境迁，不少的人表现出了不凡的历史见解，哪怕明史专家，或是郭沫若的《甲申三百年祭》，还是姚雪垠先生的《李自成》鸿篇巨制，历史的距离使我的老乡越来越清楚地站立在新世纪人们面前，那众多的来龙去脉让人眼花缭乱，一支战无不胜的强大军队仅仅几十天便会土崩瓦解吗？仅仅是因为刘宗敏占有了陈圆圆而让吴三桂引清兵入关赶走在京城屁股还没坐热的大顺皇帝李自成吗？种种的判断都是想象，一个政权的腐败发酵应该有一个过程。2005年的某一天，在我的老乡李自成死后被众人争论不休的漫长日子里，我和米脂的另一位老乡张嗣兴先生说起同是老乡的李自成。张先生独到的见解和我略有所同。陕北的农民在秋冬之际，把玉米秸秆粉碎后浇灌上大粪和牲畜粪便挑一个窖子让它发酵成为更好的有机肥，整个冬天过去了，在春天播种的季节里，农民挑开粪窖，玉米秸秆有的发霉腐烂了，还有不少的秸秆只是发黄还很生硬。张先生说要让这些秸秆全部腐烂得个过程，大顺政权也一样，这个过程太短暂了，所以说我明末的老乡李自成江山的崩溃并非全是腐败，即使腐败得千疮百孔，即使政权内部有许多窟窿，我还是坚信不疑我的老乡李自成。凭他一呼百应，凭他"均田免粮"的施政纲领，凭他一口气攻陷项城、襄城、朱仙镇、冢头寨，消灭明军四十万，接着战败明朝兵部侍郎傅宗龙、河南巡抚高名衡、保定总督杨文兵诸部，攻洛阳，三围开封，进逼潼关，直取西安，战无不胜，把陕北人的个性张扬得淋漓尽致，一点也不拖泥带水的王者风度，他的韬略不差于任何一个开明的帝王。然而，也许是因为他并不娴熟完美的治国策略出了漏洞，也许是因为他过于溺爱一块儿出生入死的弟兄，也许他太重于情而失去了统治者的残忍，也许他内心世界还在"杀一人如杀我父，淫一妇如淫我母"的观念中。总之，他灵魂深处痛苦地寻找一种理由，这个理由最后湮没在令人猝不及防的山海关之战中。

当然，我的老乡不会明白，在通信技术落后的那个年代，一直在山海关外虎视眈眈的清兵已经养精蓄锐多时了，他们对李自成这支刚刚胜利的队伍了如指掌。可我的老乡李自成和他的弟兄们进京后就放松警惕了，他们满以为赶一个皇帝下马瓦解一个王朝后便安然无事；他们不知道关外有一个异族正在强大崛起；他们认识不到吴三桂会像狗屎一样和清兵黏在一起；他们没法知道，当初农民军与明军大战或两败俱伤或另一支久战疲惫，关外的异族早已做好了准备。于是，机会来了，多尔衮接到吴三桂"乞师"书，浩浩荡荡率清军向山海关进发。终于，我的老乡李自成败下阵来，就这样，进京四十二天后，米脂飞出的这条"龙"不得不退出北京率众南行。

当然，这也许与开初崇祯皇帝以"断其龙脉"有关吧。正当李自成一路凯歌的时候，米脂县县令边大绶率众在"时遇大雪，深二尺余"的天气里来到李自成祖坟所在地，挖坟抛尸后上报崇祯已"断龙脉"，既然王气已泄，贼势可当自破，那么崇祯皇帝可以高枕无忧了。可世事就那么怪，崇祯皇帝先死于我的老乡，那个用最恶劣手段挖李自成祖坟，而且把死尸棺木尽聚火焚化，砍了大小树木一千三百余株，在山顶之间挖宽二十米、深五米的大壕的边大绥也被李自成捕获斩首。对陕北人来讲，最可恶的也是最狠毒的莫过于掘祖坟抛尸了，我的老乡李自成一定义愤填膺，誓死报仇。可北京拿下了，少顷，大顺政权便开始摇曳，千军万马一败再败。陕北人开初的满腔热血、同仇敌忾没有了，我的老乡最终没有定乾坤而心灰难抑。他一定望着苍天感叹，两行泪珠流下，远在家乡的父老乡亲还正行走在上京的漫漫道路上，享不尽的荣华富贵正等着他们呢。

李自成此时此刻又在想什么呢？我们不得而知，但必须承认，我的老乡的大顺政权显得有些短促，甚至有些潦草。天下世事难以清楚，他只看到了明王朝的朽败，没有看到天下还有张着大口的群狼。

三

米脂城的李自成行宫没了言语，它没能迎来大顺帝旌旗猎猎、前呼后拥地归来。饮马河鸣泣着叙说那年夏天，我的老乡身边只有十八骑狼狈不堪地在异地他乡嗓门嘶哑地鼓励着他的将士，只要退回到陕北，只要回到自己的故乡，一切都可以从头开始。因为，他年仅三十九岁，正值干一番事业的年龄。他可以总结失败，可以反思失败的原因，他能把大明王朝捣毁砸得稀巴烂，他还可以把异族赶出关外，或者他尸横疆场，或者至死不能如愿。李自成不服输，他一时悲愤难遏，在异地他乡他指天发誓，杀一百回吴三桂，为虎添翼的狗要杀，杀多尔衮这个异类一百回不多，这条狼等待好久了，自己却一点也不知道。然而，现在想这些已丧失了意义，李自成只有一声长叹，命运历来如此与人的意志相违背。我可亲可爱的乡亲们还沉浸在一派喜悦之中，今后的世事便是米脂人的天下，那皇亲国戚有多少，李氏整个家族是何等荣耀？现在，历史已经定格，我的老乡未能如愿统治天下十年二十年，他的子孙也未能继承父业改写历史，帝王及其皇宫的所有生活成为泡影，即使是修在家乡的行宫也显然少了皇家气派。可是，家乡的人依旧因此而荣耀、自豪。人们说李自成在河南乞讨时因为饥饿而捡别人丢到地上的西瓜皮而遭侮辱，这使一个本性善良的陕北汉子从心底里埋下了仇恨的种子，他认为这世界没有好人了。于是，我的老乡进入河南时见人便杀，这仇恨释放到极限的时候猛然发现有一老妪背着大孩子拖着小孩子在奔命，我的老乡出于好奇或善良的心开始惊讶，他横刀立马问这老妪为何这般？老妪说大的孩子是人家托付的，小的是自个儿亲生的，这个举措令我的老乡顿觉愧疚，他嘴里不由自主地感叹人世间还有好人，这种情景下使河南人再免遭厄运。所以，我的老乡在河南用浓重的陕北口音发号施令，他的言辞不那么深奥，许多河南人便加入了起义的队伍。于是，在河南的几场恶仗中，"闯王"李自成大旗高举，起义军势如破竹，使明军闻风丧胆。

令人遗憾的是，我的老乡失败了。他从始至终无法选择目标，无法完成历史赋予的使命，在我等面前，他是有名的大英雄。就在米脂的一首民谣中，人们还在不断地吟唱，多少年过去了，这首民谣一直被我的老乡们传唱着：

> 远照银州一座城
> 近看银州无西门
> 盘龙山上栽旗杆
> 西门压了九条龙
> 有一年来发大水
> 西城楼下冲开了洞
> 出了条龙就是李自成

银州便是米脂，无定河岸边的一个小城镇，因为出了李自成而举世闻名。当然，我的老乡从古到今叱咤风云，文采斐然。英雄豪杰不乏其人，可人们公认的还要算明朝末年的李自成，他的伟大，后人无可比及；他的失败，其影响非常之大，直到今天众多的骚人墨客还在吃我老乡的饭。一个仅活了三十九岁，在北京正式宣布登基即位仅两天的大顺皇帝，让后人伤透了脑筋。我的老乡所谱写的那段历史，足足够几辈人总结。有人得益，有人彻夜不眠，还有人带着一生遗憾死去，因为那段历史太多扑朔迷离的细节，永远也弄不明白。

可是，当我触摸历史的时候，李自成是王是寇，是草莽还是豪杰？作为老乡，无论时空跨越了多远，他也总是令人神经亢奋，生当人杰，死亦鬼雄。我明朝末年的老乡李自成所以不被后人忽略。

李自成的贡献，用文字说不清的。

四

许多人爱用习惯的思维来证明历史的正确与否。其实历史就是历史，它的本来面目是任何人诠释不清楚的。史学家说李自成的失败是他个人性格的悲剧，这与他豪放、一诺千金、固执、私心、多疑、心高气傲有关。他属一个游侠，一壶浊酒便横刀向天笑。他不是一个天才，也没有天才的禀赋，在他生命的行程里，从始至终透露着一种让人感伤的宿命色彩。连年的征战，我的老乡是否厌倦了战争、厮杀？血淋淋的场景是否困扰着他夜不能寐？他举起闯字大旗后对明代的生产关系和封建秩序进行了种种的冲击与破坏，在采纳李岩等文化人的建议后，提出"均田""免粮"的口号，第一次触及土地与民众的关系。然而，我的老乡李自成还是逐渐丧失了本体意识，他杀李岩，导致他衰心更甚。不过面对一个无可挽救的新政权陨落，李自成曾试图努力过，面对强大的清军，他准备固守关中，以作再战。然而，他杀李岩后的苦果只能他自己吃了。刘宗敏对牛金星的不满，致使将士离心，急剧变化的形势我的老乡已经始料不及了。但是，人们似乎都还怀着一颗无法平静的心，还是希望李自成夺回大顺政权，直至后来哪怕联明抗清为汉人争回一点面子。愈来愈深的民族矛盾尽管历史上罕见，但一个异族的统治已经成为一个无法改变的事实了。

所以，几百年以后人们分析我的老乡种种失败的原因已经毫无意义了。历史就这样无情地抛弃着所有的悲欢离合，胜者与失败者。如今，当我们进入一个高科技无孔不入的变革时代，当我们茶余饭后评头论足历史的遗憾时，我的老乡在冥冥之中不知在思考什么，他会不会将自己深思熟虑几百年后所有的问题告诉给我们。但肯定地说，他没想过对历史做了多少贡献，只知道，他是米脂人中一个堂堂正正的男子汉。

现在，我们的故乡正在为摆脱贫困而拼搏着，无定河水的浪涛滚滚不见了，饮马河早已凝固了，电信网络摇滚乐充斥着这个闻名的城市，只有盘龙山被一帮一帮的人瞻仰。然而，我的老乡没有给我们留下什么，仅几张现代人作为图画与文字千遍万遍地叙述着我明末老乡的奇迹。事实上面对这座曲折起伏的灰瓦建筑，主人公早已谢幕离开，舞台空空如也。我们——李自成的老乡们，在所有空闲的日子里幻想着渐行渐远的历史如何变成我们餐桌上丰盛的佳肴。

人就这么可悲可笑，也就这一刻，我们一拥而上，去撕裂自己的老乡——一个曾经做过皇帝的汉子。

一个人一辈子很难惊天动地一回，我们其实没资格评说，也无话可说。

简论"李自成文化"(提要)

林金树

明代的两个人影响最大，一个是朱元璋，他的历史功绩是建立大明王朝，并制定了一套比较完整的内外政策，为明朝的发展奠定了基础；另一个是朱元璋死后二百零八年出生的李自成。

李自成（1606～？），于明朝崇祯三年（1630年）参加农民起义，并很快成为起义军最杰出、最重要、功劳最大的领袖。他的历史功绩，是与张献忠等人一起领导明末农民大起义。这场大起义，历时十余年，义军上百万，纵横十多省，席卷神州大地，是中国古代社会最后一次规模最大的农民起义，并先后建立了大顺、大西两个农民政权，其纲领之明确、制度之完备、影响之广大，皆为以往历次农民起义所不可比拟。其中，李自成亲自领导的大顺农民起义军，以大无畏的革命精神，进军北京，打倒腐败无能的崇祯皇帝，结束了明王朝的黑暗统治，完成了古代农民起义"改朝换代"的历史使命，对当时中国的社会变革，对中华文明的发展，起到了积极的推动作用。

米脂县委和米脂县人民政府，将这次论坛定位为"李自成文化"，而不是沿用过去的说法称为"李自成起义"。这个定位充分说明：米脂县领导和米脂县人民与时俱进，在构建和谐社会、建设社会主义新农村的过程中，在狠抓经济建设的同时，高度重视文化建设，重视历史文化传承，努力追溯米脂文明文化的历史源流，深入挖掘李自成农民起义的文化内涵，发扬米脂人民世代相传、英勇奋斗、为国为民的优良传统。

"文化"是什么？

按照《现代汉语词典》的权威说法，文化是"人类在社会历史发展过程中所创造的物质财富和精神财富的总和"。简单说，文化包括物质财富和精神财富两方面。

"李自成文化"，是对李自成农民起义本质的全面认识和理论概括，是用新的视角将古代农民起义从政治议题转变为文化议题，为古代农民战争史研究的一个旧课题注入了新的强大活力，使之成为人们重新关注的重要领域。

"李自成文化"的定位，立意新颖，主题鲜明，既是对李自成研究的理论升华，也标志着整个明末农民战争史的研究进入了一个新的发展阶段。其主要内容，至少包含以下这样几层意思。

第一，李自成是黄土文化性格的典型代表。

一方水土养一方人。李自成的家乡陕西，位于黄河流域，米脂地处黄土高原。黄河是中华文明的发源地，黄土文化是中华文化的优秀代表。黄土文化的性格特征是：胸怀广大，忧国忧民，意志刚强，不怕困难，艰苦朴素，不畏强敌，百折不挠，前仆后继，富有斗争精神和革命精神。米脂素称陕北"文乡"。在深深根植于黄土文化的米脂这片土地上，"钟灵毓秀"，英雄辈出。李自成生长于黄土地，是黄土文化孕育出来的一位顶天立地的伟大英雄，在他身上充分展示出黄土文化的坚强性格，陕北人民的豪情壮志，救国救民的高贵品质。"李自成文化"以李自成起义为元素，是黄土文化一种特定的表现形态，这也是我们了解李自成、研究"李自成文化"的起点和基础。

第二，李自成农民起义的发生和发展，从本质上说，是一种文化现象。

过去，我们往往把农民起义解读为一种纯粹的政治现象，或者说阶段斗争，过分在意它的政治原因和政治意义，而没有充分理解农民起义的本质是一场政治、经济、社会、文化的全面变革；没有充分认识农民起义的根本目的，是为了追求"平等"和"公正"，改变当时人剥削人、吏官贪污腐败的社会风气，创造更多的物质财富和精神财富，使人人有衣穿、有饭吃、有学上，不再受穷受苦；没有充分估计到文化思想因素对农民起义成败所起的决定性作用。其实，要不要发动起义？敢不敢发动起义？起义以后如何定纲领、提口号、造舆论，进行宣传鼓动？如何组织领导、建立政权、编制机构、招纳人才、设官建职、列爵封号等等，这些都属于"文化"的范畴，是一种文化现象。它的发生和发展，都取决于起义军领袖、高层决策集团和广大战士的人生观、价值观、思想意识和文化素养。没有深厚文化基础的革命是不可能深入到底的，没有文化的军队是很难打胜仗的。李自成农民起义军的节节胜利，是领导者运用古今文化知识，总结历史经验，发挥聪明才智的结果，也离不开广大战士乡土观念的转变和知识分子的参与。

第三，李自成起义军的纲领与行动有着厚重的文化底蕴。

明末农民大起义发生于中国古代社会开始转型的特殊时期，不但政治环境、经济环境和以往大为不同，而且社会风气与文化思想背景也有很大的差异，中西文化交流已经开始（张献忠与西方传教士有过直接接触，李自成对这方面的情况不了解）。在这种新的形势下，起义军面对着新任务，提出的口号、纲领及其自身建设，也都带有一些新的色彩，反映出农民的新要求。尤其是他的经济政策，不仅有理论创新，而且在各地付诸实行，农民"免赋""不纳粮""均田"，梦想"耕者有其田"。不仅如此，与明代中后期商品货币经济进一步繁荣、乡村文化教育进一步发展相适应，农民起义军还提出了强烈的文化诉求，注重文化建设。天佑殿大学士和弘文馆的设立，就是其中一个有力的例证。"杀一人者如杀吾父，淫一女者如淫吾母"，起义军不乱杀人、不奸淫妇女的严明纪律，也体现了中国儒家传统文化"仁""义""博爱"的思想。

第四，李自成农民起义虽然最终失败，但它的革命精神和历史价值却是永存的，是一笔宝贵的精神财富。主要表现在两方面：

其一，知古鉴今，警示后人。从统治者明朝政府来说，明朝末年，陕北连年大旱，千里赤地，粮价猛涨，"斗米千钱不能得，人相食"，饥民蜂拥而起。当此之时，明朝政府非但不大力救济饥民，解决他们的吃饭问题，反而变本加厉，"催科甚酷，民不堪其毒"，"饥民为贼由此而起"，"官逼民反"。农民之所以发动起义，其本意并不是为了当皇帝，而仅仅是为了摆脱贫困，求得温饱，以图生存，维护最起码的人道与人权。假如当时明朝政府能够体谅民间疾苦，适当减轻农民赋税；假如当时国家有经济实力，可以建立庞大的社会救助体系和行之有效的应急机制，采取积极的措施，妥善安置饥民，这场大起义也许就不会发生。以史为鉴，历史教训告诫我们：无论什么时候都要切实关心农民利益，大力发展生产，做到"广积粮""备荒为人民"。从李自成大顺农民军来说，如果他们进入北京以后，不被胜利冲昏头脑，谦虚谨慎，戒骄戒躁，继续保持当年艰苦奋斗的作风，也许就不会那么快陷于失败。

其二，以古观今，激励后人。李自成起义再次说明一个真理：哪里有压迫，哪里就会有反抗。这种反抗精神与山河同在，与日月同辉，永不消失。抗日战争和解放战争时期，陕北人民在极端困难的条件下，英勇抗击日本侵略者和国民党反动派的革命精神、牺牲精神，从某种意义上说，不正是继承和发扬李自成起义斗争精神的生动表现吗？

第五，对李自成农民起义的评价，始终受到文化价值取向的影响。

从秦汉到明清两千多年，人们多从维护统治阶级的道德标准和统治秩序出发，以"犯上作乱"为由，把农民起义军骂为"盗""贼"，视为大逆不道的破坏分子，明末李自成农民起义军也被视为"流寇""流贼""闯贼"。直到1944年郭沫若先生《甲申三百年祭》名文问世，特别是新中国成立以后，在马克思主义理论的指导下，农民起义才得到比较客观、公正的对待。可惜，在那个"左"倾思潮泛滥的年代里，农民战争史的研究，也走了弯路，出现了偏差，主要是违背实事求是的科学态度，夸大其作用，而掩盖其不足。改革开放以来，随着思想解放的步步深入，随着对明代社会结构、政治体制与阶级关系、经济形态与土地问题、文化专制与学校教育的反复思考和深入研讨，并对今日农村、农业、农民"三农"问题的不断反思，既不割断历史，又看到现在的飞跃发展。溯古追今，由今及古，古今对比，由此更加深刻地认识到古代农民起义的社会历史根源、农民领袖所能设计的最高目标和利益要求，农民所能掌握的思想武器及其思想方法局限，从而对它的评价也就逐渐回归到科学的轨道上，不仅敢于充分肯定它的进步作用，而且不回避其过火行为。

第六，近年在讨论李自成魂归何处的问题上，众说纷纭，争论激烈，文化因素的影响依然不少。从目前的情况来看，湖南石门、湖北通城等地，比较认真地进行了调查研究，搜集史料，整理地方文献，成绩不小。我的态度一向是主张：诸说并存，互相讨论，摆事实，讲道理，最后以理服人，得出多数人可以接受的结论。

锲而不舍写闯王

郑守增

　　作为陕西米脂人，我经常回陕北，每次都能看到故乡的发展变化，也能听到李自成的传说故事。近读常福元所著《李自成陕北史事研究》书稿，使我感触良多。

　　黄土高原上的米脂，曾经是边远贫瘠之地，但从这里走出了许多仁人志士、英雄才俊，李自成就是最为著名的一位。在明末天灾频发、人祸不断、官绅逼勒的情况下，他揭竿起义，历经苦难，百战经营，才取得建立大顺国、推翻明王朝的巨大胜利，最终却归于失败。他的得失成败有太多的经验教训值得后人总结研究。

　　一代伟人毛泽东，对李自成领导的农民起义曾给予高度评价，他在给米脂籍陕甘宁边区副主席李鼎铭先生的一封信中说："实则吾国自秦以来二千余年推动社会向前进步者主要的是农民战争，大顺帝李自成将军所领导的伟大的农民战争，就是二千年来几十次这类战争中著名的一次。"毛泽东十分注意了解李自成史事，推崇他的个人品质，重视避免他失败的教训。在延安时期的1944年，毛泽东阅读了尚未出版的米脂人李宝忠描写李自成始末的长篇历史小说《永昌演义》书稿，并抄存一部。在1949年新中国成立前，他曾多次告诫党内同志，以李自成的失败为戒。

　　常福元书稿中论述，李自成打击的对象是明朝腐败官府、宗室贵族、贪官污吏和豪绅地主，代表的是广大人民群众的利益，提出和推行了"均田免粮""三年免征""赈饥济贫"等一系列旨在改善农民生活的政策。李自成

"爱民""抚民""救民水火""问民疾苦"，因此受到贫苦百姓的支持、拥护和欢迎，用"迎闯王，不纳粮"等歌谣颂扬他。他议事民主，"每有谋划，集众计之"；他勤于军政，艰苦朴素，不好酒色财利，"声色货利，毫不动念，经夜不眠，图划大利"；"性淡泊，食无兼味，一妻一妾皆老妪，不蓄婢仆"；"不好酒色，脱粟粗粝，与其下共甘苦"；"衣帽不异人"；即使高居皇位，仍不失劳动人民本色。李自成的这种精神和作风是值得赞赏的。反观现在社会上一些人骄奢淫逸、贪图享受等现象，探讨和弘扬李自成的这种作风，有不可小觑的现实意义。

李自成生长边地，深受陕北尚武民风和武人武事的影响。他习武较早，起兵后在实战锻炼的同时，勤于学习兵法战策，这使他娴熟骑射，不仅掌握了个人战术，也具有较高的指挥大兵团作战的军事才能。他领导下的农民军，组织严密，纪律严明，在作战训练、武器装备、宣传鼓动、后勤保障等方面，有适应战争需要的做法，也有不少探索创造，有的值得现代军队借鉴。其军在中原会战中五歼明军主力，表现了较强的战斗力。朱仙镇之战、汝州之战等著名战例，被载入多种军事书籍，为现代军队、军事专家、军队院校重视和研究。他也打过败仗，山海关之战对清军疏于防范，犯了兵家大忌，以致再未能反败为胜。常福元对李自成农民军的军队建设首次进行较全面的论述，这对我们认知其军、吸取经验教训大有裨益。

李自成领导的农民起义，猛烈地冲击了封建制度，颠覆了腐朽的明王朝，为清前期休养生息、发展生产扫平了道路，奠定了基础。他的功绩是不可磨灭的。明清官府视他为"贼寇"，但是人民群众是不这样看的，尤其是陕北人。李自成在米脂有很深远的影响。他的陕北史事，有不少见于陕北地方志、地方史料和一些姓氏的家谱；还有许多传说流传至今，虽多不见于史载，但相信饱含着真实的历史。

常福元生长于米脂，受家传影响爱好文史，博览群书。他在陕北许多地方，搜集了不少有关李自成的地方史料和民间口碑传说，熟悉陕北的地理、人文、方言，这使他对李自成陕北史实及相关人物、事件的探讨具有得天独厚的有利条件，使得他能从多种角度对李自成进行研究。由其书稿可见，他的探讨是认真求实的，论证有据成理。有些观点他人不一定能认同，但对李自成研究不无裨益。

陕北已经今非昔比，交通、通信、电力等基础建设和经济建设发展很快，发现的矿产资源非常丰富，群众生活水平有了很大提高。人们看到这些发展变化的同时也发现，这里是一块精神高地，文化厚土，富集历史宝藏。不少有识之士和热心陕北历史文化的人士，正在挖掘研究这里的历史，抢救濒临失传的民间、民俗等地域传统文化。常福元身在他乡，仍长期探究故乡的历史。他的成果不仅对李自成研究，也是对陕北和米脂文化建设的贡献。

为研究李自成史实，常福元自费考察了许多地方，购买了不少书籍资料，多年笔耕，方成此书。这样的作家不可多得，他所做的工作难能可贵，值得称道。他质朴内秀，长于文史，对自己热爱的事业锲而不舍、执着用功，相信他写李自成会有更多成果。

李自成的家境

常福元

关于李自成的家境，史籍有的说颇为富裕，有的则说甚为贫穷。如此矛盾，不能说明他的家境的实际情况。现将其祖父、父亲和他本人区分开来，便于看清他的家庭不同时期的基本生活状况和发展变化过程。

一、李自成祖父时是中人之家，并非富裕

《平寇志》卷一说：李自成"祖海，父守忠，世农自饶"。《明季遗闻》也说他"祖海，父守忠，世农颇饶"。记李家富裕的还有《绥寇纪略》《明季北略》等书。实际上，李守忠晚年及李自成少年时已很贫困了，其祖父李海时也不是很富裕。

李自成祖上原居于无定河之东的米脂李家站村，大约在他祖父李海时，迁居无定河之西的李继迁寨，①两村相距近一百公里。河东人口多，土地少，也许遭遇了饥荒，生活发生了困难，否则故土难离，乡里人不因生活所迫，是不会背井离乡远走外地的。

《甲申传信录》卷六说：李自成"家颇饶，世有里役"。《怀陵流寇始终录》卷七载：李自成"父守忠，马户"。《鹿樵纪闻》卷下记：李自成"父守忠，世为养马户"。《绥寇纪略》卷九也说，李家是"养马户""家颇饶"。相对来说，河西人口少，土地广，草地阔，世为养马户的李家应有过一个时期较好的家境。

《明史》记载："民所患苦，莫如差役。钱粮有收户、解户，驿递有马户，供应有行户，皆金有力之家充之，名曰大户。究之，所金非富民，中人之产辄为之倾。"②李家是马户，按明政府规定，马户应由富有的大户人家充当，但并不可行，那些"大户"不愿干此苦差。派给穷户，人力物力不具备条件也难以胜任，所以一般金派给有中人之产的人家。

李家迁居河西之后的生活状况缺乏史料记载，但从李自成祖墓的一些情况可以窥知一二。崇祯十五年(1642年)正月，米脂知县边大绶带夫役伐掘了李自成祖墓，他掘墓之后的《塘报稿》中说，墓地"林木丛杂，不下千余，大小冢二十三座"，还提到有李自成祖父李海墓。米脂人高钿《三峰子山自成祖茔考》说"墓地广约三亩"可见墓地面积较大，理应还有更多耕地，这反映出李海时家境还是较好的。《塘报稿》没有提到李自成祖墓有墓碑，墓中有较贵重的陪葬物品，如非漏记，这不像富有人家应有的情况。

从上述情况看，李海时大不了是一个中等之家，谈不上很富裕。史料所说李自成"家颇饶"，如果指这一时期，与李家实际虽较接近，但也应有些言过其实。

二、李守忠时遭遇破产，家道衰落

《明季北略》卷五载：李自成"八岁就塾"；还说他少年时私走延安学武，李守忠将他寻回家，恐他又去，就将武教师请到家中，教李自成、李过习武。米脂自古就有"穷不供书，富不教学"的说法，穷人不供孩子念书是因为供不起，李守忠能供李自成上私塾，说明这时还不是很穷。李自成远路学武和请武教师当家教，必需不少费用，他学武不挣钱还要家里花钱，同样说明这时他家的生活状况还比较好。

但是好景不长，李自成少年时就为人牧羊，表明他家已经走入困境。李守忠年老力衰，家道也逐渐衰落，到他去世时，便已很穷困了。传说李守忠是卖瓷器时跌毙的，李自成用大瓮套小瓮为棺，在一个狐狸挖好的土洞里暂埋父亲，连棺木老衣也买不起。

家庭没落到如此地步，致贫的原因：一是人的因素。边大绶《塘报稿》说，李自成祖墓有"大小冢二十三座"，由此可知，李海、李守忠弟兄不少，兄弟多就要分家。俗话说"好家当就怕几份子分"；家庭财产被分之后，上一辈厚实的家底到下一辈就往往变成穷家薄业了。二是遭遇饥荒。《甲申传信录》卷六载："嘉庙时，自成以里役征税。岁饥，逋税者甚众。"陕北高原十年九旱，逢大旱必发生饥荒。李家更有不堪重负的差役，使之雪上加霜。三是差役破产。李家"世有里役"，差役应是驿递马户。而驿递马户差役甚苦，为之倾家荡产卖儿卖女者甚多。上引《明史》所谓"中人之产辄为之倾"，就很能说明问题。《熹宗实录》卷四载："驿递马户不胜其苦楚，至有鬻子女以应差者。"明代张弼《养马行》有句："领马易，养马难，妻子冻馁俱屠。……忽然倒地全家哭，便拟赔偿卖茅屋。茅屋无多赔不足，更牵女儿街头鬻。"这种现象是养马户悲惨命运的真实写照，李家虽不至于卖儿卖女，但实难逃脱破产的噩运。俗话说："家有万贯，长毛的不算。"驿递马户养的是长毛牲灵，容易死亡，赔偿便易破产。因役破产，可能是他家致贫的主要原因。

此外，李家的贫困，也与米脂自然条件差、官府的横征暴敛、不知恤民有关。明万历年间米脂知县张可立条议说：本县"……宽衍川地，尽属军屯；峻嵲山冈，方为民产。春当种而冻弗消，秋未收而霜已降。糊口实难，竭泽奚忍？目今催督之令，急于星火，参罚之例，严于雷霆。有司即工于催科，如馨室之民何哉！……边地之荒，边民之苦，人人知之、悯之。……抚字之望甚殷，参罚之章罔贷，不曰存者赔难也。岂惟百姓剥肤，有司亦束手矣。……民之苏也，其何日之有"③。

三、李自成时甚为贫困，不得已揽工借贷

《明史纪事本末》卷七十八、《石匮书后集》卷六十三，都说李自成"家贫"，这基本符合李守忠时的家庭状况。到李自成时就不是一般的贫困，费密的《荒书》说李自成"贫甚"，比较符合实际。

米脂民间有两则流传甚广的传说，反映了李自成青少年时十分贫困。

一是"馏西瓜皮"。相传李自成少年时，有一年夏天，他在集市上见有卖西瓜的。他虽饥渴难耐，但一文不名，没有钱买，于是拾起一个财主扔下的西瓜皮啃了起来，没想到这财主竟然一把夺下他正吃的瓜皮扔掉了。李自成从此对那些缺德财主非常憎恨。一说此事发生在他起义之后到河南时，似在少年时的说法较为可信。

二是"半个猪头过年"。传说李自成父母去世后，家里很穷，到处揽工没挣下钱，还欠了财主家的很多债，穷得连年也过不了。有一年，他向人赊了半个猪头准备过年，没想到猪头还没煮熟，财主家就讨债来了。来人见他家徒四壁，无钱还债，就捞出锅里的半个猪头，扬长而去。

史料没有李自成祖父、父亲揽工的记载。史载李自成起义前曾为屠、为酒佣，为人牧马、耕田，还当过多年驿卒。④正因为他家十分贫困，才给富人家揽工谋生。

李自成欠债的事史有明载。《春明梦余录》卷四十二记："李自成因负本邑艾同知应甲之债，逼勒为寇。"他被艾同知逼债，还有《鹿樵纪闻》卷下、《流寇志》卷四等记载可考。李自成欠债又无力偿还，说明他身无分文，极度贫困，这也是促成他起义的原因之一。

《明季北略》说，李自成"父亡半载，家产悉倾"⑤。《甲申朝事小纪》说，李自成父母去世后，他与李过"无所不为。破家，……渐贫乏"，以致向人乞贷不能偿还。⑥《罪惟录》卷三十一记，李自成"与从子过益豪浪，亡其父资"。《流寇长编》卷七载：李自成"父母死，与兄之过为傲荡，尽亡其资"。《绥寇纪略》卷九也说，李自成父母"先后死，李过者，兄子也，相与为傲荡，尽亡其父资，乞贷于邑之艾氏"。这些记载把李自成说成一个浪子，把他的贫穷归结为"无所不为""亡其父资"，与史实不符。他父亲晚年已很贫穷了，没有多少家资让李自成挥霍。李自成当驿卒时，薪俸无几，还要赔偿骑死的驿马，生活所迫，才借贷的。⑦他家的贫困还有多种原因，上已述及李自成生于米脂边远苦地，出身农家寒门，在青少年时经历过艰难困苦，因此磨炼了意志，养成了俭朴的生活作风，这从他日后的经历中历历可见。

---

①见《李自成的乡籍与出生时地》。

②《明史》卷七十八《食货二·赋役》。

③康熙《米脂县志》卷四《田赋第四》。

④详见《李自成起义前的职业》。

⑤《明季北略》卷二十三。

⑥《甲申朝事小纪》初编卷三《李自成始末》。

⑦详见《李自成的驿卒经历》。

李自成殉难通城考辨

曾步贤

李自成殉难通城，为《明史》《绥寇纪略》《了凡纲鉴》《乾隆御批纲鉴》《罪惟录》《劫灰录》等诸多史籍记载。但由于少量史料对李自成遇难地有不同记述，故长期以来，成为史学界、地方志学界的多种不同观点争议、论证的热点。

李自成殉难地的研究，并非单纯是一个地点问题，而应将其作为明末农民战争的内涵、李自成的军事指挥艺术来研究探讨。因而运用一定的军事、地理知识对当时的军事形势及史料，以及有关李自成部队战略目的、运动方向、通过地点，特别是到达各地时间的记载进行梳理，是很有必要的。也就是说，作为研究者，对军情不可不明，对地理不可不知，对时间不可不察。

一、孙子云：凡战者，以正合，以奇胜

李自成在内乡以后的撤军路线选择上运用"以诈立，立利动"的计谋，以图造成有利于摆脱被动的军事态势。

李自成撤离内乡、邓州后的行军路线，史料中有南下说、东进说等等。近年来，为帮助"通山说"张目，一些人力主邓州—襄阳—承天—武昌—富池口—九江的东进说，完全排除史料中有关南下说的真实性、可靠性。我认为，这种做法是不可取的。众多史料的不同记载，虽都不同程度地存在一些错误，但基本上是可信的。关键在于我们如何正确综合分析、认识、运用这些资料。《明史》就采用了吴伟业比较全面的东进转南下说（按：吴伟业在记述"转"的原因及具体时间上也有一些差错。特别是在原因方面，吴伟业囿于自己本身

的阶级性局限，对李自成持否定态度，把消极因素作为"转"的根本原因）。

东进说的主要依据是阿济格的奏报。依照此说，则李自成始终未能摆脱前有南明军队堵截，后有清军追击的危险境况，总处在被动挨打地位。作为世界古代百位大军事家之一，尤其是作为一位领导农民起义军由小到大，由弱到强，并且多次在失败中崛起，最终推翻明王朝统治的农民领袖，揆之以情理，不可能心甘情愿地自取此败亡之道的。"实而备之，强而避之"，且以"利而诱之"，最终化劣为优，是一个最基本的军事常识。李自成归于失败的最终结局，是由于人力所不能制约或未能预料的猝然因素而造成的，并不是因为没有具体细致的军事部署，以至"顾头不顾尾"地盲目行动而得到的必然结果。否则，李自成也就不可能成为改变中国历史进程的杰出人物。

李自成在1645年正月初五撤至内乡、邓州一带时，大顺军实际控制地区只剩下了鄂豫边这块狭小且不完整的地域，承担不了作为反明抗清根据地的重任。李自成在"西北虽不定，东南讵再失之？"的思想指导下，曾提出东进汝宁（今汝南），通过淮南，直驱南京的设想。其目的是以华东地区财富为大顺军东山再起之保障。然而在其时的军事形势下，这个设想是难以实现的。东面，多铎率领的清军"大兵……逼淮南"（《明史·史可法传》）；北面，阿济格奉多尔衮"将流寇余孽务期剿除，以赎从前逗留之咎"（《清世祖实录》）的命令，丝毫不敢懈怠地紧蹑而来。李自成如沿汝宁、淮南路运行，势必受到多、阿两军的夹击。经过顾君恩的竭力劝阻，李自成终于改变了主意。当年，李自成就是采纳顾君恩取关中、掠三边、攻山西，向京师的建议（《小腆纪年附考》），而取得推翻明王朝的胜利，因而"宠待最隆"（《钟祥县志》）。其劝阻，对李自成颇具影响力，是毋庸置疑的。

孙子云："计利以听，乃为之势，以佐其外。"在顾君恩的劝阻下，李自成即使没有放弃占领华东这一财富之区的目标，也必然做出了避免受到夹击的相应计划和部署，以最终造成于己有利的军事态势。可以断言，重新部署的战略转移路线，绝不会是阿济格在奏折中所描述的路线，因为这不仅避免不了遭到清军夹击的危险，而且其中还有一股第三方敌对势力——号称百万的南明左良玉大军的切入，使大顺军面临的情况更复杂，困难更多，危险更大。

"兵者，诡道也。"我认为，李自成在新部署中，运用了"以诈立，以利动"的计谋，因应形势，对兵力做了"以分合为变"的调整。李自成在内乡驻守了约一个半月，有足够的时间做出周到的具体部署。

据《怀陵流寇始终录•甲申剩事》《弘光实录钞》记载：李自成离开内乡，于二月二十日到达襄阳（按：《内乡县志》关于大顺军在三月十八日拔营而去的记载，应该是指最后一批大顺军离境时间，而不应视作李自成离境时间）。《大清历朝实录》言其欲率"湖广襄阳、承天、荆州、德安四府所属各州县原设守御兵十万"做战略转移（注：四府共有州、县四十七，每州、县各为一部，加上李自成本部，即为史料所言之四十八部）。其中，"守德安兵甚强，有纪律……（白）旺谓'德安城坚可守'，不肯去"（《湖北通志•武备志》）。故李自成于二月戊寅（二十五）先行到达承天（《钟祥县志》载："乙酉二月，闯逆南奔。"）。后来，白旺因军令"强之始行，急追自成"，与之合兵，四十八部齐集。于三月初九"东窜汉沔"至沙湖地区，在荆河口（今新滩口）击败左良玉军马进忠、王允成部，突然横渡长江，到达嘉鱼牌州，东过江夏县至保安，摆出东进架势。

《逆闯伏诛疏》称李自成"居鄂两日"，并不是说李自成进武昌城住了两天，因为左良玉军到三月二十三日才撤出武昌（据《清世祖实录》），李自成是进不去的。袁继咸在乙酉著《浔阳纪事》中说："闯避重兵，必不趋武"便是明证。这两天指的是李自成率部通过江夏境所用的时间（按：江夏县治设于夏口，夏口古称鄂渚，在武昌城内，故极易将两者混淆为一者。从嘉鱼牌州往东横过江夏至保安约一百公里，基本上是两天的路程）。

其先，袁继咸以为李自成将从蕲春、黄梅东进，即率军赴援蕲春，与左良玉互为呼应，试图防堵。不料李自成却避实击虚，突然渡江，并派出白旺佯动至兴国州，进一步加强东进态势，自己则率兵走金牛、咸宁过蒲圻，造成"武岳大震"。

何腾蛟认为李自成"欲追臣盘踞湖南"（按：何腾蛟当时尚在左军中，

其奏疏为一年后所写，故有"追臣"等与时间不符之说），"即飞檄道臣傅上瑞、章旷，推官赵廷璧、姚继舜，咸宁知县陈鹤龄等联络乡勇以待"（《逆闯伏诛疏》）。"追臣"之说无论确否，大顺军在途中不断遭地主武装骚扰确是事实。如金牛镇的吴孟长，咸宁贺胜的王晔父子、蒋师洞的地方乡团和蒲圻的李侍义，等等（分别见《武昌县志》《咸宁县地名志》《蒲圻县志》）。

李自成到达蒲圻的时间，据《蒲圻县志》关于"闯贼寇蒲，盘踞乡市，积三阅月……五月国朝王师临楚，六月委官至蒲"的记载推算，最迟是三月中旬。袁继咸获知此讯，"自统副将汪硕画、李士元等援袁州（宜春）"，又"闻良玉反，复还九江，与良玉会"。由此可见，李自成渡江走保安、金牛、咸宁、蒲圻的时间早于左良玉退出武昌的时间，确证李自成未入武昌。

从此，李自成从清军的追击视野中消失，正如《纪灭闯献二贼事》所言："豫楚之间，所至皆贼，而独不得自成所在。"李自成基本上达到了对敌人隐蔽自己意图的目的，制造有利于己的形势的目标取得了初步成功。

白旺在兴国州打击柯、陈两姓地主武装后（《湖北通志》），也兵锋一转，"驰至南（昌）瑞（州）之间"（《永历实录·金王李陈列传》）。

这次行动，就是王夫之在《永历实录》中记述的"临江求渡""武岳间居民惊贼猝至，亦不知自来""鸟惊兽逸""李自成渡江，入无人之境"。袁继咸称此次行动为"下走蕲黄，上犯荆岳"。

二、《三十六计》敌战计：明修栈道，暗度陈仓

李自成"声言欲取南京"，却"出其所不趋，趋其所不意"，突然渡江，由蒲圻进入通城。

白旺、刘宗敏两部的军事行动，是李自成"声言欲取南京"明修栈道的一部分。

刘宗敏坚守内乡，为李自成的南渡长江提供了一定的后卫保障。包括李自成两位叔父及大批将领家属在内的老营随刘宗敏留守（在李自成的作战史上，弃置老营的现象并不鲜见，潼关突围时即为一例）。一是为了紧紧吸引敌方的

注意力，"形之，敌必从之"；二则是有利渡江部队的轻装前进，同时也期待与李过、高一功部的会师，保住荆襄根据地。当李自成暗度陈仓进入其预定地区后，李、高部尚未能到达，而阿济格部正奔内乡、邓州，刘宗敏遂于三月十八日从内乡拔营而去。且战且退到武昌后，大张旗鼓地改江夏为瑞符、铸永昌钱。（大顺军已无根据地，永昌钱向何处用？）干此等于行军作战毫无裨益之事，不过是虚张声势，进一步制造李自成仍在军中的假象，牢牢地把清军的注意力引向己方，以保障李自成在江南的安全。

刘宗敏还承担有一个更重要的任务，就是制造、寻找阿、左军两军交战，自己则行金蝉脱壳之计而求保全的机会。刘部自撤出内乡后，与阿部始终保持若即若离之势，直奔武昌，便是证明之一；驻武昌孤城一月之久，以待阿部大军，便是证明之二；武昌一战即走，水陆并进九江，便是证明之三；选择在距九江二十公里之处弃舟登陆，便是证明之四。假若左军一直坚守武昌，刘部可能会沿白旺路线撤去。左军的撤去，使刘宗敏唯有继续诱阿东进，才能达到目的。但是，战事瞬息万变，由于出现左良玉的死亡，左军的混乱，大顺军士气的低落，老营的拖累，阿军掩击速度的快捷等等人力不可制约的情况，造成了这一部署的失败。刘宗敏的被俘，以及军师宋献策、将领左光先的降清，最终造成了这路大顺军的溃散。

至于白旺部驰至南昌、瑞州（今高安）一带，除先期负有惑敌的任务外，其后期的任务，主要是策应刘宗敏部的撤退；同时牵制南明金声桓等部队，减少李自成的东部威胁。就白旺部所驻位置来看，如李自成通过通城、宁州东进，则可成为其先锋部队。白旺部的纪律性、战斗力甚强，且一直未与清军对仗，损失较小，相对大顺军其他部，堪称生力军，故能孤军深入重地，能担负多重重任，也是不足为奇的。

李自成在悉知东进诱敌部队的失败后，于五月沿古驿道过蒲圻、通城、崇阳、临湘交界的药姑山，进入湘、鄂、赣三省五县交界的通城（据《蒲圻县志》《通城县志》《延陵堂吴氏宗谱·沙坪门序》），延续其暗度陈仓的计划。

三百年后，八路军一二〇师三五九旅由大别山挺进湘粤，也是横渡长江到通城，建立通城、崇阳抗日根据地后沿湘赣边南进的（见《中国人民解放军大事记》）。

三、曾国藩说："欲保长沙，必得九岭"

通城为军事地理上所称之"通"形之地，历史上有众多的南下、东进战例。李自成进入通城，得进退自由地利。

李自成遇难二百多年后，湘军将领曾国藩部署"征剿"太平军时说："欲保长沙，必得九岭。"九岭为通城进入湘北平江的咽喉险隘。通城边界上的这种险隘要道还有西界巴陵的雁门关、保定关，南界平江的天岳关，东界宁州的南楼岭。通城整个地形为东、南、西三面以高山屏障，北面敞开的半盆地，即军事地理上所称的"通"形之地。曾国藩的话，是在总结了历史上众多战例经验后得出的结论，说明了通城在军事地理位置上的重要。纵观太平军西征史，即可明了这一点。

李自成进军通城，深得地理之利。主要有：

1. 通城、巴陵一带在崇祯十六年经张献忠的大西军"扫荡"以后，已经没有南明势力，甚至连地方官吏都没有，是一块军事真空之地。"行于无人之地"，则"行千里而不劳"。

2. 俗话说："兵马未动，粮草先行。"李自成千里流动作战，最重要的是必须有军需保障。但大顺军失去了后方，也就失去了保障。因此，唯有"因粮于敌"一途。而洞庭湖地区就有保证"军食可足"的条件。俗言：洞庭稔，则湖南丰；湖南稔，则天下足。由通城西至巴陵，仅有数十里之隔，通达快捷。南明总督何腾蛟离开左良玉军后，就是由崇阳间道通城入湘的（见蒙正发《三湘从事录》《京兆堂黎氏宗谱》）。

3. 高夫人与李过率领的西路军此时正向荆襄地区退却，李自成驻通城可尽快与之取得联络，便于两军会师，重振军势。

4. 通城东连宁州，除南楼岭险隘以外，基本上是坦荡通途，由此而向南昌十分便捷。李自成若要继续东进，也可以此为出发地。此道虽较沿江东进距离要远，但军事阻力却小得多，正所谓"先知迂直之计者胜"，清咸丰五年，石达开太平军东进，在通城歼灭护理县事熊绣、平江拔贡李元浚兄弟所部后，走宁州，成功地进行了宁州伏击战。继而攻下袁州、上高、樟树等八府五十余州县，从根本上动摇、打破了清军对天京（南京）的包围，可为例证。《药都樟树》记樟树药业向鄂南辐射时，也注明了同样的一条路线，可证这条路线的方便、通畅。

5.通城在汉属长沙国，三国时属吴，历为屯兵之所（见《通城县志》）。控制通城，对岳州、蒲圻威胁甚大。咸丰六年，石达开与湘军战于袁州、万载，以何名标占据通城，阵斩湘军将领江忠济，断绝湘军粮道（见新编《通城县志》）。北伐时期，第四军攻占平江、通城，造成北洋军阀全线溃退，自动放弃岳阳、蒲圻。第四军由通城直插蒲圻，打响汀泗桥战役（见郭沫若《革命

春秋》）。郭沫若称此路线为"弦线"。由此可见，通城在湘鄂赣边处于重要的军事地理位置。

四、孙子云："通"形者，先居高阳，利粮道，以战则利

李自成率部抵通城后，即分兵三路占领通城东、南、西三面险隘。由于事出不测，李自成在九宫山被村民以耙耜杀害。李延率兵复仇，灭姜家寨一村而去。

五月初，李自成进入通城，即分遣人马占据各高阳之地。右路：刘宗尧等部出尖山，径抵通、岳边界的石人洞一带，占据巴陵之永安、清福碉卡和雁门关。《兴贤堂李氏宗谱》卷五十一中载顺治三年六月的一篇《祷文》记"李自成搜山"，抓去他们的子弟。据《巴陵县志》载，"一只虎"引兵由通城入巴陵"屠洗乡村，所至为墟"。其羽翼王进才尤残酷，临湘、华容二县（均在通城县西）搜杀与巴陵略同。左路：吴汝义部走塘湖，在薄刀仑劈山开路（见《通城县志》），在南兴一甲（在县东、今陈段村附近）征集粮草，打击吴姓地主武装，使之"幼被掳去，老壮十亡其半"（见乾隆丁丑《延陵堂吴氏宗谱》卷首《南兴一甲分序》），向宁州进发。据《修水县志》记载：清顺治二年五月，李自成部数万由湖北通城经麦市攻入宁州内。修水县在嘉庆十七年修《沈氏宗谱》卷首《曾祖沈公三益传》也有相应的记述。据《平江县志》记载，这支部队的部分人马占据平江东乡的黄龙、幕阜、东阳诸山，田见秀据平江中洞。平江唐良玺在顺治五年己丑撰《幕阜岩楼记》云："乙酉之岁，闯南遁，余党蹂躏乡邑，予挈家匿岩穴……东望故园……时有寇掠往来。"中路：李自成亲率，走栗坪，出石南，分刘体纯、郝摇旗、牛有勇走五斗岭、陈谷、白米，入平江北乡（见《平江县志》），攻破张家坡（在通城县中段南界外）李魁南寨（见平江《大同李氏宗谱》）。后来，刘体纯、郝摇旗就抚于湘阴（与平江毗邻），牛有勇就抚于新墙（与通城县西交界，属岳阳，《中国古今地名大辞典》记：新墙，有官路二条歧入湖北通城）。

1940年侵华日军由蒲圻、咸宁出发，翻过药姑山，经通城进攻湖南平江和

岳阳的月田、新墙，掠过修水东部地区的路线与大顺军在通城的分部行军路线基本相同。

李自成所率部，在县城南马鞍山驻守。约在五月下旬（上芋头堤季节），李自成留李延守马鞍山寨，自率二十余骑登九宫山。《绥寇纪略》等书记载李自成入玄帝庙，伏谒帝像。我认为入庙谒帝为其表，察地形，观屯处为其实（《国寿录》亦持是说）。因为通城九宫山虽然仅高三百余米，但它紧靠锡山，南面紧连阳台尖、黄鹤山，是北控县城，西控入湘通道，东控入赣通道的制高点，是重要的军事防御阵地。清咸丰间、抗战期间，这里曾是双方军队争夺、设防之地。李自成上九宫山，有可能是做地形考察，他只带二十余骑相从，且止从骑于山下，是因为当时整个通城都在大顺军控制之下，安全系数很高。结果事出意外，李自成最终为乡民误杀。

李自成被杀的经过，通城有两种传说，一种说庙中道姑之父是明朝官吏，早年被大顺军杀死，道姑在乳母携带下避难通城，寄生庙中，并从乳母口中知悉李自成的相貌，长大后出家。此日认出李自成，趁其在山坡上小憩时，即呼姜家村民杀贼。此时正值姜家结寨自守，村民闻呼即至，自成遂遇害。另一种说法是，姜氏舅甥从地里收工回家，看见一身材高大之人寐于林下，疑其为窃贼，遂以耙耙碎其首。后知其为李闯王，急遁寨中。

何腾蛟在《逆闯伏诛疏》中说：关于李自成的死信，不仅来自李的旧部，而且还来自"臣旧治之子衿氓隶"。这些"子衿氓隶"就是崇阳县蒙正发与南明崇阳县令李方曾所率之乡勇及通城黎时生等人（见《京兆堂黎氏宗谱》）。这些人证实了李自成死于九宫山，这座九宫山也就在通城。

李自成遇害后，其侄李延立即率部从马鞍山到姜家畈（今续这畈，在九宫山下），屠姜家畈一村，畈间河水为赤，故后人呼河上桥为红桥（今九宫路中园艺桥）。姜家修谱人姜道应证实说："姜家是大族，被杀了一千多丁。"《雁门堂续氏宗谱》有相应的记载。另外还烧毁了玄帝庙。据传，大顺军知县汪一位在毁庙处勒石记其事。在李自成土坟附近，也有封建文人镌联于石柱云"罗公丹灶，闯贼荒茔"。

　　李延安葬李自成后，也领兵东去，经隔壁金家，烧毁金轮寺。《彭城堂金氏宗谱》中载金瑯伟（生于崇祯十二年）于康熙五十五年所撰谱序记："李延、李自成流寇猖狂，其烧毁民居也不殊秦火之虐焰，凡吾族之谱牒与必谅公之绣衣、诰敕，藏于金轮寺之天棚者，尽为煨烬。"继进宁州，"直扑州城，后从宁州布甲前往通山"（见《修水县志》）。

　　《永历实录》卷十三记自成"奔入江楚界，南渐浏阳，东抵宁州，北迄通山"。所谓江（西）楚（湘、鄂）界，即为通城。通城县三省毗邻地，"东连幕阜黄龙之奇，西挹衡岳洞庭之胜"（《湖广通志》），自春秋之际即有吴头（赣西地）楚尾（湘、鄂、边）之称，黄龙山上至今保留有"吴楚界碑"。浏阳县在通城正南（中隔平江），通山县在通城东北（中隔崇阳。《崇阳县志》有"闯贼百万入崇"和大顺军在崇、通边界的梓木港打击苏幼男、苏少男地方乡团的记载），宁州在通城正东。大顺军以通城为基点分兵四出，也说明了李自成的指挥位置确在通城。正史记载李自成殉难通城，是毋庸置疑的。

西川——明末农民起义的发源地和根据地之一

张俊谊

　　明末统治者吏政腐败，荒淫无道，因之民不聊生，民变蜂起。陕北向来土薄民贫，加之天启末年、崇祯初年接连数年大旱，群众无法为生，只好铤而走险，揭竿而起。先是澄城王二起义，接着府谷王嘉胤率众起义，顿时，在陕北燃起燎原大火，一场轰轰烈烈的农民战争揭开了序幕。有不少农民在西川登台演出了一幕幕可歌可泣之剧。关于陕北农民起义，《绥寇纪略》有如下记载："当秦寇发难，延绥以北为逃兵，为边盗，延绥以南为土寇，为饥民。边盗则神木王嘉允，靖边之神一元为魁，而支蔓于绥德之不沾泥，庆阳之可天飞，延安之郝临庵，镇原之红军友也。土寇则西川之王左挂、苗美，清涧之点灯子为魁。"

　　王左挂、苗美都是西川人，他们响应王嘉胤起义，先起事于绥德（见《延绥镇志》）。到崇祯三年正月"王子顺、苗美，合溃兵掠延安、绥德，众三四千，南围韩城，守将失利。时杨鹤改为陕西三边总督，与陕西巡抚刘广生将兵赴援，斩首三千级。贼走犯清涧，陕兵随之，走西川，复追之"（《流寇志》）。与此同时，苗美叔苗登雾、苗登云也起事于安定，总兵杜文焕四处征剿，这年六月，王子顺、苗美被困于延川。王子顺同姬三儿被诱降，八月王左挂等九十八人被明统治者杀害。苗美率八百人走脱，杜文焕穷追不舍，在铁叶寨擒苗登云、苗登雾，而苗美又逃，杜文焕派都司"王仲宁追之，及于贺家湾，贼左右斩美首以献"（《流寇志》）。王左挂、苗美二人先后遇难，但其部下仍在活动。

　　和王左挂、苗美同时响应王嘉胤起义的有一个重要头目诨号叫"不沾泥"。有关不沾泥起事,《平寇志》《明史纪事本末》《石匮书后集》等书都有记载。不沾泥是何人呢?边大绶在《虎口余生记》中引用了李自成乡人口称:"崇祯三年西川贼不沾泥作乱。"可知不沾泥是西川人。吴先生《柴庵疏稿》卷十《延北逆贼授首疏》内也说"尚有三大伙,一为延绥之西川头目不沾泥等",得到进一步印证。不沾泥的真实姓名为何呢?据《石匮书后集》卷六十三、《国榷》卷九十一等所载,不沾泥名叫张存孟。

　　王左挂、苗美以西川为据点,或战斗于延南,或出没于山西,稍有挫折、仍退回西川。王左挂、苗美牺牲后,不沾泥仍以西川为根据地,坚持斗争。《绥寇纪略》记载道:"西川其窟穴也,大山深谷,初王左挂倚为固,不沾泥取之立十二哨六十四寨,壁天险为持久。"这段史实,《怀陵流寇始终录》也有类似记载。

　　伴随不沾泥起义,张献忠也在西川起义。崇祯三年,张献忠、罗汝才聚米脂吴家山、党家坪、薛家崖等十八寨一千九百余饥民起义。张献忠自立一军,号西营八大王。不久,即有众五六千人,活动在安定、米脂、清涧等地(《绥寇纪略》)。吴家山、党家坪、薛家崖在何处呢?此三地都在西川,皆原属米脂县,现归子洲县管辖。党家坪,在高家坪乡;薛家崖,在马蹄沟镇;吴家山,子洲县现在有两个吴家山,一在西庄乡,一在瓜园则湾乡,皆有寨堡,究竟是哪个吴家山,难以判断。据1981年地名普查时,瓜园则湾乡据说有明末农民起义军之拴马桩遗迹,或许是瓜园则湾吴家山。不管哪个吴家山,都在西川(按:据考察,瓜园则湾乡吴家山是清初才建立的,因此,应是西庄吴家山)。因之,张献忠是在西川举起义旗的。

　　这年夏天,李自成不堪艾同知之辱,也愤而起义,遂直奔西川,投往农民起义军。

　　崇祯三年,西川农民起义,声势浩大,活动频繁。是时"其间窑寨绝险,六十有四,尽为贼薮"(《流寇志》卷一)。"……绥德、榆林、米脂之患,则西川为最。"(《柴庵疏稿》卷十)"开门纳贼,民尽盗也;缚将投贼，兵尽盗也。"（《国榷》卷九十一）一人起义，全家相从；一村起义，各村附和，"几乎无民"，尽成义军了。

农民起义军日盛一日，明统治者十分恐慌，先派吴先生赈抚，又派杨鹤诱降，可是仍无济于事，于是明统治者改派洪承畴巡抚延绥，镇压义军。

崇祯四年四月，不沾泥攻米脂，攻葭州（见《流寇志》《怀陵流寇始终录》），"总兵王承恩、侯拱极以兵三千至葭州，洪承畴、张应昌兵亦至"（《流寇志》）。不沾泥战斗不利，只好退回西川。这时洪承畴"追至西川，斩级三百余，溺死无数"，并"屯西川双湖峪"。此时，各路兵马汇集，大兵压境，西川双湖峪成了洪承畴镇压义军的大本营。这时不沾泥势单力弱，只好向西退却，"将百骑逃关山岭，都司马科追之，尽歼其骑。不沾泥手杀双翅虎、缚紫金龙以降"（《流寇志》卷一）。此时，"李自成走匿山间得免"（《石匮书后集》），"其党归闯将"（《怀陵流寇始终录》）。

是年，"十二月，洪承畴奏抚过延安吴家山、党家坪、薛家崖十八寨贼首张献忠、罗汝才等一千九百余名。又分遣总兵曹文诏等同游击左光先、崔宗允、李国奇等五路剿宜、绥、清、米四县之贼于怀宁川黑水峪、绵湖峪、封家沟，大战败之，追至祁家高梁，丑山扫地王授首"（按：怀宁川即今淮宁川，也叫南川，和西川相对而言，黑水峪、绵湖峪、封家沟、祁家高梁四地都在今子洲境内）。

在这样的高压之下，起义群众尚未屈服，崇祯四年冬，延绥大雪，饥民冻馁无助，"延安四载奇荒，边军始乱，出掠米脂、绥德、清涧，协从甚众，几乎无民"（《流寇志》）。赵四儿（即点灯子）起绥德、清涧，张献忠、罗汝才又起，不沾泥张存孟复陷安定，直到崇祯五年四月不沾泥被擒，被害于绥德，王承恩败义军"于西川胡堡"，"乔六（按：亦西川人）斩其党以降，余皆遁走"（《流寇志》）。

不沾泥张存孟之死，是义军的挫折，也是一个转折点。从此，义军东渡黄河，在山西一带开展斗争。

综上所述，崇祯三年到崇祯五年，王左挂、苗美、张存孟、张献忠、罗汝才、李自成等义军首领，先后在西川活动十分频繁，西川确是明末农民初期起义的发源地和根据地之一。直到崇祯九年，义军曾又一次回西川活动。这年"三月十四，闯将李自成至延绥西协竟家沟。定边副将张天礼御之，失利"。"四月戊寅初四、闯将犯西川，欲从清涧、绥德渡河入山，遂犯断头……五月甲辰朔，闯将纠大寇围绥德，延绥俞总兵以镇兵逐贼，贼走追之，陷伏中，围之数重，战士杀伤殆尽俞总兵被执，丧师千人，延西大震。过天星部曲数万一时并起，延安、绥德、米脂俱陷。"此时，义军各回乡里，"衣锦绣昼游，炫其亲戚，故从乱者益重"。西川群众又有不少人投奔义军。（上引文均见《流寇志》）

李自成何时何地参加义军？有关史书有两种记载。

一种记载李自成和李过亡命甘州，投甘肃巡抚梅之焕所部参将王国为兵，王国奉调路过金县，士兵哗变，自成遂杀国而起义。《绥寇纪略》《明季北略》《鹿樵纪闻》《怀陵流寇始终录》《罪惟录》《明季遗闻》《劫灰录》《后鉴录》等书都持此说。

另一种记载是说他到西川参加起义。《荒书》《明史纪事本末》《虎口余生记》《豫变纪略》《延绥镇志》《延安府志》《米脂县志》都有类似的记载。

李自成金县起义说，不少专家学者指出其不可信。《明末农民战争史》的作者顾诚撰文《李自成起事考》，做了不少考证，他论定"李自成领着本村一批走投无路的群众，参加了不沾泥领导的队伍"，柳义南《李自成纪年附考》一书中也认为李自成是在"崇祯三年投入西川的不沾泥部"。方福仁《李自成史事新证》亦持此说。

笔者认为，崇祯初年，绥德、米脂、清涧之农民起义如火如荼，"米脂人从贼者十之七，邑几空"（《流寇纪略》）。出身贫寒，当驿卒而被裁之的李自成岂能去甘州当兵？他到西川投奔义军是可信的，符合史实的。

那么李自成到西川究竟投奔了不沾泥，还是王左挂、苗美？还值得探讨一番。

先将有关史料摘引如下：

康熙二十年《米脂县志》："崇祯三年大旱，夏秋无收。李自成以驿卒失公文，盗起。""李自成银川驿一马夫耳，因裁驿饥荒，无所得食，振臂而呼。"这里记载了李自成起义的时间，似乎也透露出他起义之原因、地点、他是在本境揭竿而起的。

康熙二十年《延绥镇志》说：李自成从驿站被裁后，"亦复无聊"。里中"谬相推为里长，使主征会以自给。值催科甚道"。

李自成终寝湘西洪江罗公山

阳国胜

明末农民起义领袖李自成兵败后归宿何处，三百多年来众说纷纭，莫衷一是，成为中国历史一大悬案。当前学术界最有影响的有两种说法：一说李自成在湖北通山九宫山死于乡民程九伯之手，一说他兵败后到湖南石门夹山寺做了和尚。笔者经过五年的研究认为，"通山说"和"石门说"都存在诸多疑点，李自成最大可能终寝湘西洪江（原黔阳县）罗公山。

通山说和石门说的历史争论

"通山说"是史学界权威观点，《辞源》《辞海》和《明史》都持这一说法（不过这些史书惯用"通城"而实为"通山"，因为"通城"和"通山"地理相近，又同属九宫山）。《明史·流贼·李自成传》载：顺治二年（1645年）二月，"自成走延宁、蒲圻至通城，窜于九宫山。秋九月，自率二十骑掠食山中，为村民所困，遂缢死；或曰村民方筑堡见贼少，争前击之，人马俱陷泥淖中，自成脑中锄死。剥其衣，得龙衣金印，眇一目。村民大惊，谓为自成也。遣识自成者验其尸，朽莫辨"。1956年《历史研究》第六期又发表金毓黻的文章：考证李自成为通山县乡民程九伯所杀；此后有关单位经实地调查及发掘档案资料，确定李自成牺牲于顺治二年五月上旬。至此"通山说"几乎成为定论。但是1981年初，湖南石门夹山寺发现了传系李自成所作《梅花百韵》木刻版，又从奉天玉和尚的墓葬中发现骨灰和砖刻《塔铭》，不少人据此印证奉天玉和尚就是李自成，并考证得出，李自成于顺治二年隐入夹山灵泉寺做了和尚，至康熙十三年（1674年）寿终正寝。于是引起一场旷日持久的争论。

"石门说"派的理由：第一，乾隆年间澧州知州何璘曾到夹山实地调查，见过一位服侍奉天玉和尚、操山西口音的七十多岁的老人，他告诉何璘，奉天玉是顺治初年来寺的，并取出其画像，"肖似李自成模样"，何璘还写有《书〈李自成传〉后》留世；第二，李自成在明崇祯十六年称"奉天倡义大元帅"，后又称"新顺王"，"奉天玉"是"奉天王"加一点来隐讳的；第三，所发现墓葬及其子弟野拂所撰牌文与何璘之文相印证，并认为"野拂"就是李自成的侄儿李过。

同时指出，"通山说"的主要记述追根溯源，来自清军阿济格的报告，他当时在武昌，与通山相距数百里，所得信息是道听途说，且当时就引起清方朝野的怀疑；再者堂堂的农民大顺军领袖李自成，当时尚有五十万大军在握，怎么会死在不是劲敌的乡民程九伯之手？如果确死于程九伯之手又有险报信物，当时肯定轰动朝野，但查清廷档案，怎么概无记载？还有，李自成真的死了，大顺军就没有任何举哀和报复九宫山民的行动？此是其一。其二，有人反复研究过《程氏宗谱》和《通山县志》，发现错误之处很多，不能以此为凭。其三，从大顺军的进军路线分析，李自成没有路过九宫山。因此认为通山之说不可信。

"通山说"派坚持自己的观点，而认为"石门说"是无稽之谈：第一，何璘不是历史学家，说李自成就是奉天玉和尚是主观臆断，如奉天玉画像就与李自成不符，《明史》说李自成"状貌狰狞"，且在崇祯十四年左眼中箭"眇一目"被称为"瞎贼"，而画像左目未眇；第二，夹山现存的三块墓碑并不能证明李自成"圆寂"于夹山，只证明奉天玉确有其人；第三，李自成早已称帝，为"李万岁爷"，并"至死不去僭号"，不可能隐去帝号而用王号称"奉天玉"。据考证，奉天玉确实是顺治年间到夹山寺做和尚的，但他来到夹山古刹后大发慈心，沿门托钵，还结交官府，广收门徒，如果是"逃禅隐居"的李自成岂敢抛头露面？有人进一步考证，奉天玉是来自四川的明朝遗老；还有人考证，为奉天玉作碑文的野拂也是"久恨权阉""敢逐寇林""方期恢复中原"的明朝武官，根本不是李自成的侄儿李过。

"通山说"和"石门说"的反复争论说明一个问题：九宫山和夹山都不是李自成真正的终寝地。

推出洪江说的理由

洪江罗公山即《水经注》中的龙桥山，现通常称作罗翁八面山，它是湘西雪峰山脉的最高峰，最高海拔一千九百三十四米。《名胜志》载："罗公山周回五百里，绝顶有池，广数十里，昔有罗姓隐此修道而得名。为兵家必争之地。"李自成就终寝于罗公山腰约九百米处的熟坪罗翁村。其主要依据和理由是：

1. 有可靠的文字记载。最早记载李自成终寝罗公山的是清顺治年间成书的《明史纪事本末》。其记载甚详：顺治二年（1645年），"大清兵既定三秦，下河南入楚取荆襄，李自成南奔辰州将合张献忠；献忠已入蜀，遂留屯黔阳，尚拥众十余万，……乏食，遣贼将四出抄掠……川湖督何腾蛟进攻之，自成营于罗公山，倚险筑堑，为久屯计。势弥蹙食尽，逃者益众。自成自将轻骑抄掠，何腾蛟伏兵邀之，大败，杀伤几尽。自成以数十骑突走村落中求食，村民皆筑堡自守，合围伐鼓，共击之。自成麾左右格断，皆陷于淖，众击之，人马俱死。村民……截其首献腾蛟，验之左眼镞伤，始知为自成。李过闻自成死，勒兵随赴夺其尸灭一村而还……以衮冕葬之罗公山下"。康熙五年编的《黔阳县志》有类似记载：李自成"留屯黔阳……食尽，自成以十数骑突走村落中求食，村民乱锄击毙之，截其首献腾蛟。"这些记载与《明史》记载的死于通山的说法有相似之处，都是说自成以十数骑出山寻食被村民用乱锄打死，但可信度要比《明史》的说法高得多：第一，《明史纪事本末》成书于李自成死后不久，稍后的《黔阳县志》成书在1666年，离李自成死也只有二十来年，且记载的是当地发生的事情，不会出大错；而《明史》成书于乾隆四年，即1739年，距李自成死已近百年。第二，《明史》记事模棱两可，时说"缢死"时说"人马俱陷于泥淖中"，"验其尸"又"朽莫辨"。第三，洪江罗公山是西南战略要地，又是湖广蜀的必经之道；而通山九宫山是一些不足五百米的小山冈，且距清军把守的重镇武昌很近，李自成屯兵九宫山有何理喻？

2.洪江罗公山发现过李自成的坟墓和祭祀李自成的庙宇。李自成墓是20世纪70年代原黔阳县在罗公山下的熟坪公社罗翁大队修水库时发现的。1990年编的《黔阳县文化志》记有如下文字："罗公山国营家垦场第四工区（桃冲）与第六工区（楠竹山）乱岩堆处有一坟墓，当地群众称之为闯王墓。原有一块石碑书'李闯王之墓'，修水库时被砸烂做了基脚。"修水库同时被毁掉的还有距坟墓不远的闯王庙。清嘉庆八年（1803年）修的闯王庙，供有"奉天倡义大元帅之神位"的木牌……拆庙时，熟坪公社一位干部在神位之下得到《东华录圣武记》（《东华录》《圣武记》是两本书，《东华录圣武

记》可能是两书连写或打印之误——笔者注）和《仙湘纪实》书各一本，宝剑一把，可惜"文革"中已失。在"文革"时期，这么珍贵的文物被毁是完全可能的，何况墓址和庙址在水库淹没区之内。原黔阳县当年修八面山水库是"千人大会战"，众目睽睽之下发生的事情不会有假。《黔阳县文化志》的编辑人员彭仲夏、佘定喜证实，他们编录"闯王墓"这一条是经过调查核实的。

3. 洪江罗公山尚存李自成屯兵遗址。屯兵遗址在罗公山桃冲的一片当阳坡上，从掩埋在杂竹、灌木林中的残垣断壁可以看出，当年的驻军建筑大多是用就地取材的石块临时垒筑的。笔者现场估测，屯兵建筑遗物涉及范围约一点五平方公里，其年代和规模与《明史纪事本末》关于李自成屯兵十万的记载完全吻合。

4. 罗公山一带有祭祀"闯王"的习俗。1990年编《黔阳县志·附录·轶事》载：罗翁人有祭闯王的传统，"庙置有田，每年春秋两祭。祭期上演当地剧——过往行人不管认识与否，辄邀入座看戏、饮酒、吃饭"。祭祀活动一直保持到20世纪40年代。《黔阳县文化志》载，每年的祭期是"农历二月初二和十月初二"。当地一些老人介绍：二月初二是李自成的生日，十月初二是李自成的忌日。

5. 在洪江能找到李自成具体的遇难地点。可以肯定，当时用锄头打死李自成的绝不会是罗公山附近的普通农民。笔者调查，从罗翁下山西走四十里的沅水西岸有一片开阔地，地名"平阳"。传说明朝时这里有一巨富，田产千亩，家养刀斧手数十，后在清初时败于兵乱，老屋被烧毁，现遗有"老屋背""大屋场""伏贼地"等小地名可以印证。笔者分析，李自成很可能在此遇害，并且是何腾蛟串通"巨富"设置圈套布下埋伏所致。理由：①此地名为平阳，与《中国通史全编》中记有"平阳说"的"平阳"二字相同，山西平阳可能是因此而附会；②何腾蛟的老家在贵州锦屏，与此相距不远，李自成又可以说是他们共同的敌人，何腾蛟与"巨富"合谋或借刀杀人极有可能；③此地在沅水西岸，李自成若骑马而来，必须在河东下马，要乘渡船才能过河，如过河后中了埋伏较难脱险，特别是"伏贼地"这一地名的存在更能说明问题；④此地离罗公山不远，李自成遇害后其尸骨被移葬于罗翁在情理之中；⑤传说"巨富"清初败于兵乱、房屋被烧与史料所记李自成遇难后李过实施报复行动相吻合。

6.李自成屯军洪江符合其应有的战略思想。笔者研究认为，李自成驻扎罗公山是另有战略图谋，并事先有周密计划的。据《黔阳县志》和《靖州县志》记载："清顺治元年（1644年）清兵刚攻陷北京时，黔阳人士邱式籽得到靖州明朝守将陈友龙之助，成立'靖州临济会'抗清，并北上雍州，与金新安、姜大同等抗清力量结为一体。李自成兵败武昌后，与清军的矛盾上升为主要矛盾，而与国内其他军事力量以及南方明朝军事力量的矛盾下降为次要矛盾，联合一切力量抗清。"再东联明将何腾蛟，西联张献忠，结成抗清联盟。估计李自成隐居罗公山跟"临济会"建立了稳定的联系，但却遭到了何腾蛟的暗算。《黔阳县志》载，李自成死后的顺治六年（张献忠、何腾蛟也相继死于清军之手），"其余部与临济会联合抵抗清军。两支人马会合后，声威远震，清兵莫敌，清廷倾湖、广、滇、黔兵力围剿，方使战事失败"。笔者认为，两支人马联盟抗清正是李自成生前的战略安排。

几点补充

其一，既然李自成死于洪江，那"通山说"又是怎样产生的，况且九宫山也存有李自成的坟墓。笔者推测：李自成兵败武昌后，清兵穷追不舍，情况十分危急；为转移强大敌人的视线，他在通山放一个烟幕弹，采取假死的办法（借别的死尸）"金蝉脱壳"，以图东山再起。于是有了村民程九伯神奇的传说，而清兵验其尸时"朽莫辨"。加上与何腾蛟"剿杀"李自成的真实信息搅和在一起，就出现了后来《明史》所记有关李自成遇难的模棱两可的情况。另一个原因是湖北通山九宫山又别名"罗公山"，加上黔阳地处湘西偏僻一隅，远不及九宫山有名，所以"通山说"进入了《明史》。

其二，《明史》记载李自成死于清顺治二年"秋九月"，后"通山说"派又考证死于顺治二年五月上旬，其年都是"顺治二年"；其"秋九月"与洪江罗翁一带流传农历十月初二是李自成的死忌日相吻合。由此可以基本认定：李自成假死日是顺治二年五月上旬，真正遇难日是顺治二年农历十月初二。

其三，洪江由于地处偏僻湘西大山区，经济文化相对落后，当地少有人过问历史，史学界也没有涉足实地考察过，使洪江许多重要发现没能及时公诸于世。本文大概算是持"洪江说"参与李自成归宿问题讨论的第一篇文章。不过据笔者所知，著名历史学家周谷城先生在主编《中国通史》时比较《明史》和《明史纪事本末》的记载，亦不赞同《明史》说，而说过"李自成很可能死在黔阳罗公山"。

治国必先治吏

——毛泽东读《永昌演义》的历史启示[1]

高中华

《毛泽东书信选集》中收录了一封毛泽东于1944年致陕甘宁边区政府副主席李鼎铭先生的信，全文如下：

鼎铭老先生左右：

《永昌演义》前数年为多人所传阅；近日鄙人阅读一过，获益良多。并已抄存一部，以为将来之用。作者李健侯先生经营此书，费了大力，请先生代我向作者致深切之敬意。此书赞美李自成个人品德，但贬抑其整个运动。实则吾国自秦以来二千余年推动社会向前进步者主要的是农民战争，大顺帝李自成将军所领导的伟大的农民战争，就是二千年来几十次这类战争中的极著名的一次。这个运动起自陕北，实为陕人的光荣，尤为先生及作者健侯先生们的光荣。此书现在如按上述新历史观点加以改造，极有教育人民的作用，未知能获作者同意否？又健侯先生近来健康如何，能来延安一游否？统祈转致健侯先生为祷！

敬颂

大安！

毛泽东

四月廿九日

---

[1] 本文写作的过程中，李鼎铭之孙李雪飞老师提供了颇有价值的史料，谨此致以谢意。

《永昌演义》是一部历史章回小说，描述了明末农民起义领袖李自成起义的兴衰始末，"永昌"是李自成自立为帝时的年号。该书成于1930年，是民国时期唯一一部以李自成起义为题材的历史小说。作者李健侯（1894～1954年），原名宝忠，字健侯，祖籍陕西米脂。系清末进士李少川的三子，李少川曾在四川做官。李健侯生于四川，中学毕业后返回米脂。父亲死后，他长期在家闲居，由于和李自成同乡，遂起了为李自成立传的念头，并立即开始收集有关李自成农民军的材料。

他花了数年心血，收集了流传于米脂的大量传说，他曾游历山西、直隶等地，收集披览多种正史杂书，博采众长，并请人到河南、湖北等地采访，抄录了有关史书的文献记载。他从1926年动笔，经过多年辛勤笔耕，在1930年12月撰写成历史小说《永昌演义》一部，共四十回本、三十八万多字。书稿写成后，他请陕西省政府清乡局局长杜斌丞等人帮助提意见。从书稿开始写作到最后脱手，历经四年，三易其稿，六次抄缮，最后甚至不惜变卖部分田产。书稿定稿后，虽未出版，不过在20世纪40年代初在陕西广为流传。这部书不仅具有很强的史料价值，而且情节曲折，故事生动，可读性也很强。

1944年前后，李健侯请李鼎铭先生把《永昌演义》手抄本带到延安，呈送毛泽东审阅。毛泽东在百忙之中，抽时间读完了这部书稿。毛泽东在审读之后表示了对此书的极大兴趣，同时嘱托秘书逐字抄存了这部书稿。为表达对作者的敬意，4月29日，毛泽东给李鼎铭写了一封亲笔信，专门评价了《永昌演义》和李自成起义，在信中特意邀请李健侯"来延安一游"。李鼎铭接到毛泽东的来信后，即由四子李之纪把这封信转到了李健侯手里。李健侯看后，心情十分激动。

不久，他应邀来到延安，受到毛泽东的热情款待，毛泽东还奖给了他二百元边币、两石小米，聘请他担任边区的参议员。通过毛泽东关注《永昌演义》一事，给后人留下很多启发：

一、毛泽东有识才之眼

毛泽东在致李鼎铭信中表达了他对书稿的感受和评价。他首先表示了对这部历史小说的喜爱之情，他说：近日"阅读一过，获益良多"，"并已抄存一部，以为将来之用"，这是对这部书稿价值的充分肯定。他称赞作者"经营此书，费了大力"，为此请李鼎铭代向作者"致深切之敬意"。同时，他对此书委婉地提出了批评，指出它的语言、结构到主题倾向没有跳出旧古典演义小说的窠臼，"此书赞美李自成个人品德，但贬抑其整个运动"。这个评价可谓中肯而深刻。毛泽东认为，这部小说虽然与那些丑化农民起义领袖的作品不同，把李自成作为正面形象而颂扬其个人品德，但没有用历史唯物主义观点把农民对封建统治阶级的反抗和斗争看作推动历史前进的杠杆，就从客观上贬低了这次起义的伟大历史意义。

在语言和结构上看，第一回的回目叫作"陈祖师偈语征先兆，李守忠善念获佳城"。开篇起笔是："话说天下大势，治久则乱，乱久复合。方其治也，则有圣明君相，应景运而生；及其乱世，则有草泽英雄，应韧运而出……一此皆天地气数之所推移。"在描写过程中，也有一些宿命论的色彩。毛泽东强调指出："实则吾国自秦以来二千余年推动社会向前进步者主要的是农民战争，大顺帝李自成将军所领导的伟大的农民战争，就是二千年来几十次这类战争中的极著名的一次。"用"大顺帝"来称呼李自成，表明毛泽东对李自成农民起义的伟大历史功绩及其合法地位的崇高评价。用唯物史观的立场看待历史和反映历史，是毛泽东的一贯主张。

他认为，讲历史不拿阶级斗争观点讲，就讲不通。为此，他提出，这部书稿"如按上述新历史观点加以改造，极有教育人民的作用"。新中国成立后，毛泽东还建议作者根据这一"新的历史观点"来对书稿加以修改。这封信充分体现了毛泽东的直率和坦诚，不仅反映出毛泽东热情谦逊、平易近人、诚恳率直的个性，也反映出毛泽东与民主人士推诚相见、真诚合作的民主作风，为共产党人与各民主党派、各界民主人士合作共事树立了榜样。

二、李鼎铭有举荐之功

李鼎铭与李健侯为米脂同乡，李健侯起初在米脂县县志局供职，两人亦为同事。李鼎铭出生于1881年，长李健侯十三岁。李鼎铭自幼也对李自成起义的事迹耳熟能详，很崇拜李自成济世助人的情怀。为此，他欣然将《永昌演义》一书推荐给毛泽东。这一"举荐之功"，既是出于李鼎铭对毛泽东作为党的领袖的钦佩和信任，又是出于对中国共产党未来长久发展的关注。在此之前，这位开明绅士曾向毛泽东提出了"精兵简政"的良策，被欣然采纳，对边区渡过难关、密切军民关系，起到了至关重要的作用。所以，毛泽东对李鼎铭十分尊敬，来往信函中悉称其为"老先生"，敬仰尊敬之情溢于言表。

作为一位忧国忧民的开明绅士，向党的领袖举荐了这部书稿，正值延安整风期间。就在毛泽东给"老先生"回信之前，3月19日至20日，《新华日报》连续刊载郭沫若的《甲申三百年祭》一文，毛泽东向全党发出了学习这篇文章的号召。

4月12日，毛泽东在延安高级干部会议上说："近日我们印了郭沫若论李自成的文章，也是叫同志们引以为戒，不要重犯胜利时骄傲的错误。"一个含辛茹苦、流血流汗打下来的政权，居然没几天便糟蹋完啦。所谓"打江山十八年，坐江山十八天"。同月，毛泽东给李鼎铭去信，重申了他对李自成及其领导的农民起义的评价，他深刻认识到"治国就是治吏，礼义廉耻，国之四维，四维不张，国将不国。如果臣下一个个都寡廉鲜耻，贪污无度，胡作非为，而国家没有办法治理他们，那么天下一定大乱，老百姓一定要当李自成。"可以看出，毛泽东对《甲申三百年祭》和《永昌演义》的认识，前后一致，交相辉映。

三、李健侯有传世之功

李健侯创作这部历史小说，有着一个同乡人对农民起义领袖李自成的浓厚景仰，正如他在《永昌演义·自序》中所说：李自成"崛起草泽，战必胜，攻必克，十余年间覆明社稷，南面而王天下"，其业绩可与刘邦、朱元璋媲美。况其人不贪财，不好色，光明磊落，有古豪杰之风，是一位了不起的伟人。"窃叹吾乡有此不世之伟人，而竟听其事湮没，莫得搜考而表彰之，时时引以为憾。"从中足见他对这位农民起义领袖的无限称颂和热爱。

毛泽东的信由李鼎铭转达给李健侯后不久，李健侯十分兴奋地应邀来到延安。毛泽东热情地接待了他，奖励给他二百元边币。新中国成立后，由毛泽东建议，安排李健侯任陕西省文史馆研究员，继续修改《永昌演义》。李健侯根据毛泽东的建议，着手修改他用毕生心血写作的这部历史演义小说书稿。遗憾的是，此书尚未修改完成，作者不幸于1954年病逝。真是"出师未捷身先死"。

1951年在西安发现了《永昌演义》稿本，常黎夫特意约请郑伯奇按毛主席的意见修改此书，1954年常黎夫调北京工作，此事遂搁置。后来，李鼎铭的次子李力果准备根据毛泽东的意见，承担修改《永昌演义》的任务。李力果在新中国成立后曾任唐山市委书记、第一机械工业部副部长等职务，不幸于1959年病逝，从此，这部书稿的修改任务就搁置下来。不过，李健侯积累的大量历史资料，为后人研究李自成起义提供了宝贵的线索，尤其对姚雪垠创作长篇小说《李自成》提供了很大的帮助。《永昌演义》一书也几经周折，终于20世纪80年代由新华出版社出版。

最近，重庆出版社和武汉出版社再次出版了这本书，分别取名为《大顺帝李自成》和《天下狼烟》。

当前，中国共产党作为执政党在带领全国人民实现中国梦的过程中，反腐倡廉的任务依然繁重。治国必先治吏，治官务必从严，这是历代统治者的共同经验。吏治腐败历来是最大的政治腐败，干部是影响政治路线的决定因素，为此，邓小平曾强调，惩治吏治腐败是清除腐败过程中不可或缺的重要环节。所以，要结合新形势提出的新要求，加强制度建设，推进制度反腐，进一步制定干部管理制度和教育制度，进一步健全干部的选举、招考、任免、考核、弹劾、轮换制度，进一步推进干部人事制度改革，从而实现执政党永葆青春。

易解李自成俗名"黄来僧"

李宏旺

据明朝的米脂知县边大绥《虎口余生记》里的一份塘报载："李自成幼曾为僧，俗名黄来僧。"又据《米脂县志》亦称乳名黄来儿，黄来儿为僧，二者称名相合。李自成的俗名深藏玄机，似以偈语的形式，浓缩反映了李自成的一生。下面就用易象理数予以解读。

《周易·说卦传》有坤为黄，为顺，故其俗名可引绎为坤来僧，顺来僧等吉利之语。虽然当时取名纯属偶然，但是其无意中的寓意则深远也。坤卦六五爻辞曰："黄裳，元吉。"坤文言曰："君子黄中通理，正位居体，美在其中，而畅于四支，发于事业，美之至也。"坤黄中色也，亦为体，为事业，言有黄中之德者，其身必润发，事业必成也。闯王李自成领导的农民起义不是事业有成吗？推翻明王朝，建立大顺政权，称帝穿黄袍，不正是"黄裳，元吉"吗？虽然所在皇位时间短，但是已达到了"发于事业，美之至也"的效果。黄来僧，顾名思义，就是皇入寺为僧之义。李自成幼时称黄来僧，就是喻示着将来称皇之后，仍有入寺为僧之预兆。事情不正是这样吗？大顺帝李自成起义失败后，不是隐身来到夹山寺为僧吗？这不正是黄来僧最好的预示注解吗？那么，黄来僧是不是奉天玉和尚呢？易解如下：黄来为坤来，僧为和尚，和尚为乾，否卦辞曰："大往小来"即乾大为往，坤小为来，故乾往坤来相对组合出天地否卦，其卦象体是，上乾为天，为玉，为和尚，下坤为黄，下互为艮，艮为手，黄手捧上乾为奉，故组合出奉天玉和尚的象意名称。故可判断，黄来僧李自成就是奉天玉和尚。

　　又据夹山寺记载，奉天玉和尚是从四川来到夹山寺的。这就映照黄来僧复入寺之象。故取复卦之义，复卦辞曰："朋来无咎。"朋为坤，表明李自成以坤开入寺则无咎也。按复卦体，上坤下震，坤为黄，为西南，为川；震为东，为行，易数为四。由此组合象意，黄来僧李自成是由西南的四川向东行，来到湖南的石门夹山寺。又复卦的综卦为山地剥卦，卦体是上艮下坤，艮为石，为门，为寺，为止，故组合显示，黄来僧来到石门夹山寺是隐身为止的象意。故可确定奉天玉和尚就是从四川来的。又复卦的错卦是天风姤卦，卦体是上乾下巽，乾为大，为和尚，为帝；巽为木，为顺，为入，组合出大顺帝李自成与和尚相姤合，并入大和尚之列。另复卦中的震数为四，坤生数为五，成数为八，从李自成三十八岁算起，即1644年到1651年，历经八年多的隐匿斗争（此说虽无史载，但从易数上推导，并不排除在四川藏身斗争的可能），到了四十五岁时，看到大势所趋，胜利无望，才复入寺为僧（生），这与奉天玉和尚到夹山寺的记载时间相符，故可确定，奉天玉和尚就是李自成。

　　以上就是易解黄来僧俗名映照李自成一生变化起伏的形象缩影。

小议李自成失败的原因

姫高燕

在中国历史上1644年是一个非常特殊的年份，崇祯十七年、永昌元年、顺治元年，北京这座千年古都，城头变幻大王旗，一年之内，紫禁城的龙椅上坐过三个皇帝。三百六十一年间后人对那一年发生在北京的历史，以及对中国的影响的探讨经久不衰。幼时接触这段历史，是读郭沫若的《甲申三百年祭》。在那个资源贫乏的年代，一遍又一遍读那本小册子。这篇成于抗战末期的名文，形成了大顺军入城后腐化变质的观点，以致几年后解放军进北京之前，毛泽东也据此告诫就要夺取天下的共产党人，一定要吸取李自成的教训。

历史真的是这样吗？究竟是什么原因使1644年春天的北京发生戏剧性的变化？明王朝从万历年间开始走向衰败，灭亡是不可避免的，但是不是过不了崇祯十七年？崇祯虽然为人猜疑多变，可是在明朝的皇帝里面还算是个勤政的好皇帝。北面，清皇太极新丧，多尔衮上台，内部不稳，暂时不会大举入寇。各地民变蜂拥，可是富饶的江南完好无缺。唯一的燃眉之急就是李自成，为什么偏偏就躲不过去？

李闯虽然一路斩将，也不过占了山西。明朝重京畿而轻外省，历来在北京集结重兵。三大营号称四十七万，虽然虚额很多，但半数应该有的。战斗力固然不强，可是清军多次兵临城下，京营也算得上久经战阵。北京的城防甚为坚固，自俺答以降，多次外敌兵临城下都无法攻破。崇祯年间清兵也多次打到北京，京营野战也许不济，守城起码能坚持数月，此外还有红衣大炮的帮助。闯军攻坚能力很差，一个宁武关就损失上万精锐，为什么攻北京如探囊取物？崇祯迟迟不南迁和命太子南下也不好解释。君王死于社稷是壮烈，可是有哪一个愿意当亡国之君的？和其他朝代不同，明以南京为陪都，太子驻南京前朝也曾有过。崇祯不至于昏庸到这种程度，以致后来因为皇统的问题使南明覆灭。可以说崇祯在闯军逼近时是不相信城陷的，而且文武百官也有这个信心，否则早就四散逃亡了。有一种说法是崇祯恨百官有逃命的企图，故意不让太子南下，大家一棵树上吊死，这种推测未免太离谱。应该说崇祯在闯军逼近时是不相信城陷的，吴三桂不日即到，一旦闯军屯于坚城之下，各地的勤王兵马也会陆续开到。崇祯不需要长期守城，只要能坚持个把月就会转危为安。最令人不可思议的是，李自成兵临城下之际，派出太监杜勋为使与崇祯议和，开出的条件是："议割西北一带分因而王，并犒劳军银百万，退守河南。""愿为朝廷内遏群寇，尤能以招兵助制辽藩，但不奉诏与觐耳。"眼看就要进城了，竟然开出这么优惠的条件？而崇祯在社稷颠覆的时刻居然不应允。李自成已经占据了陕西河南，割不割都一样。而且他也已经自立为王了，现在就是掏出一百万银子的事，还可以借助他去剿灭张献忠等寇，甚至抵抗清兵。即便将来尾大不掉，也比城破国亡强一万倍。假设崇祯接受这个城下之盟，李自成就会解围而去，丢掉到手的胜利。

1644年三月十七日，攻城的前一天，城里城外双方认定北京牢不可破，这个错误判断从何而来？崇祯十七年李自成率大顺军东进，其目的不是要夺取天下，而是掠夺。后人因事而论，认为李自成以为时机成熟，所以来取北京。实际上东征路上他几次想后撤或者转向，尤其是宁武关损兵折将以后。如果不是大同守军来降，也许就返回或者改道下江淮。甚至到了北京城下，大顺的君臣依旧没有想到有可能轻易破城而入。入城出城仅四十天，经山海关一战，之前攻无不克的大顺军溃不成军，从此没有打过一场像样的战役。如果说是腐化变质的话，四十天内截然不同很难令人相信。自古入京的叛军不少，比闯部更贪婪的比比皆是，从来没有在这么短的时间内失去战斗力的。比如黄巢部，撤出长安后还能够南征北战。相比之下，闯部是进入京城时间最短的，可却是战斗力下降最厉害的。如果说李自成的部队本来如此，又很难解释之前的战绩。有人认为他带入京的没有那么多人，山海关一战精锐丧尽。可是留守陕西的部队呢？还有一种说法是流寇的缘故，所以太平天国才能长久些。可是太平天国也是流寇，只是到了南京以后不走了。李自成此时已经在西安扎下基业，算不上流寇了。东进时后方和沿线肯定留下不少人马，这批没有受到损失的人马怎么也没有战斗力了？崇祯守不住北京是因为众叛亲离，李自成为什么称帝后马上撤走？山海关一战，吴军和清军是惨胜，为什么连乘胜追击的能力都没有？李自成虽然伤亡惨重，可是没有全军覆没，为什么不依托北京完整的城防死守一下？李自成率二十余万人讨伐吴三桂，他带进京的远不止此数。当时北京新定，一定会在北京留下重兵。还有三大营的降卒，这些加起来应该还有几十万，为什么不坚守一下，而是仓皇而去，让吴三桂追得如丧家之犬？还有一种说法，在山海关损失的是李自成的精锐。即便这样，其他二流部队应该也有一点的战斗力。李自成不会把所有精锐都带到山海关，因为京城三大营的降卒那么多，需要留下亲信和精兵看守。李自成纵横十几年，所部是各股流寇中战斗力最强的，即便受损失，也不至于没有还手之力。还有其部下将领，为什么这些久经战场的将领撤出北京以后就再没有出色表现？这种全军判若两人的情况究竟是为什么？相比之下，张献忠部也是一战而溃，后来还有李定国连斩名王，李自成手下为什么这么草包？

进京之前也进过城，洛阳、西安，这些都是大城市，为什么偏偏进北京就彻底腐化了？从北京撤出来，最后连西安都守不住，李自成被杀也好出家也罢，最后不是众叛亲离，而是有一支人马众多就是不能打仗的大军。李自成带到北京的不是乌合之众，留在各地的也不是摆设，在山海关和关宁铁骑交锋时表现不俗，也说明腐化之说不正确。起码在山海关前，闯部是能战的，可为什么只有一战之力？

再看看在这时举足轻重的吴三桂，三月七日接旨，三月十日放弃宁远，三月十六日到达山海关，对于一支军民掺杂的二十万人来说，这个速度不应该是故意磨蹭了。吴三桂是可以丢下百姓飞奔北京，可是当时李自成还没到北京，没有必要十万火急。三月十八日，尚未安置完毕官兵家眷和辽东百姓的吴三桂出兵救援京畿，然而这一天京城已经沦陷了。这个时候，说明吴三桂是全心全意救驾的。三月二十三日，接崇祯死讯，传吴三桂归降大顺。三月二十七日，吴三桂到达距离北京约二百六十余里的玉田，获悉大顺军在北京奸淫掳掠，拷打文武贵戚索要金银，吴家亦牵连蒙难。是夜"恸哭六军俱缟素，冲冠一怒为红颜"，掉头奔袭山海关。这四天中发生了什么？吴三桂叛变后，李自成亲征，说明在他眼里吴三桂是个劲敌，否则派刘宗敏等就可以了。这么重要的一个人，为什么几天都等不了，非要上吴家索要金银和陈圆圆？明朝官员投降的很多，对拥兵的武将，李自成从来是优待的，为什么偏偏对吴三桂这么严厉？说明拷打吴襄甚至索要陈圆圆都是子虚乌有。即便是真有此事，吴三桂冲冠一怒为红颜，手下的军士也未必肯。当时各地相继投降，怎么唯独吴军铁板一块，他要降就降，要叛就叛？为明朝报仇也说不过去，因为吴是先降后叛，早知今日何必当初？吴三桂是辽东军人集团的代表，不是个鲁莽的武夫，所作所为要从辽东军人集团的利益着想，否则部下不会绝对服从的。背关和李自成决战，风险极大，即便清军相助，以之前李自成驰骋中原的势力，胜负很难预料。在人心不稳的崇祯十七年，为什么吴三桂部队就那么齐心？山海关一战，吴部伤亡惨重，居然能对李自成穷追不舍，连战连胜，和在山海关前势均力敌的情况截然不同。可是为什么又突然不追了，就因为李自成放归陈圆圆？吴三桂这么重色轻家仇国恨的话，怎么可能有人为他卖力，清廷也不会让他西南为王的。最后是清军，山海关一战只动用了两个旗，可以说和其他北方游牧民族相比，清军夺取华北是最容易的。主力完好，春夏之际正好用兵。可是为什么这一年除了西追李自成外，没有下江南，而听凭南明小朝廷建立？雄才大略的多尔衮加上范文程、洪承畴，都应该知道最危险的不是流寇，可是明之正朔。其后果然有李定国、郑成功高举复明的大旗，只不过功亏一篑。还有那些以抢劫为目的的清廷亲贵，都应该知道西北残破，江南才是富饶之地。为什么清军白白地耽误了这一年的时间？如果没有左良玉清君侧，清兵或许很难渡江，宋金的故事又要重演了。

1644年3～4月间的北京，什么东西牵动着历史？

历史在后人眼里是规律是必然，在当时人眼里是无序是偶然。大大小小的偶然造成历史，起码是局部的历史变幻莫测。这些偶然往往被史家忽视，因为他们眼里是既成事实。历史不可能假设，但历史中的偶然性或者说被当时人甚至现代人忽视的东西往往是历史的真正动力。在这个星球上，人类是主宰，可是除了人类之外，还有动物植物和自然环境，这些非人为的东西一样能造就历史，因为历史不仅仅属于人类，历史是这个星球的日记。1644年在北京，决定历史的不是哪个人，哪一群人，而是无处不在的肉眼看不见的细菌。1644年，人们还不知道细菌为何物，尽管它们比人类的历史长得多。在中国的历史记载中，大疫往往代表着细菌造成的传染病流行。风雨飘摇的大明王朝后期，大疫在北方多次流行。从万历年间开始，山西开始出现瘟疫。崇祯六年，山西出现疫情，十年山西全境大疫，十六、十七两年为高峰。河南、江苏在崇祯十三年到十七年间也多次出现大疫。北京附近，崇祯

十三年，顺德府、河间府有大疫。崇祯十六年，通州、昌平州、保定府均有大疫，并且传入北京。《明史》云："京师大疫，自二月至九月。"和山西的情况一样，在初次流行的第二年，也就是崇祯十七年，北京大疫进入高峰，高峰期正是三四月间。这个横行华北的大疫究竟是什么？"东死鼠、西死鼠，人见死鼠如见虎"，它是人类历史上最重要的烈性传染病：鼠疫。当时人们不知道传播途径，因为每次流行都见到死耗子，知道和耗子的死亡有关系，因此得名鼠疫。二百五十年后，日本人北里柴三郎和法国人耶尔森从香港鼠疫病人身上分离出一种杆菌，证明这种杆菌是鼠疫的病源，人们才开始对鼠疫有了认识，并且找到了防治手段。可是在1644年，面对鼠疫，人们只能束手待毙。

历史上最有名的鼠疫流行是14世纪消灭了欧洲将近一半人口的黑死病。黑死病是通过跳蚤的叮咬在耗子之间、耗子和人之间传播的。其发病很快，死亡率极高。但这种病初发地要高温潮湿，像地中海边的意大利。同时卫生条件要很差，跳蚤、老鼠到处都是。华北在明代虽然卫生环境不怎么样，可是气候干燥有冬季，不适合跳蚤大规模繁殖，为什么也流行鼠疫？和黑死病不同，在华北流行的鼠疫潜伏期长，死亡率没那么高，身上没有黑斑，往往有出血现象，以致迄今还有人认为不是鼠疫。这个问题在20世纪初东北鼠疫大流行时由一代名医伍连德找到答案，证明鼠疫有两种。引起黑死病的是腺鼠疫，通过跳蚤传播；在中国北方流行的是肺鼠疫，通过呼吸道传播。有效预防的方式是戴口罩。可是，1644年人们哪里知道何谓口罩。直到三百五十九个春天以后，北京才出现全城戴口罩，这一次是SARS，也是经呼吸道传播的烈性传染病，高发期也是春天。这也证明了，北京春天干燥的气候适合呼吸道传播的病源生存，使它们在离开人体后能存活一段时间。流感如此，SARS如此，鼠疫也如此。当李自成兵临城下的时候，北京城里鼠疫正好是突然爆发的关键时刻。联想一下SARS在北京时，那种恐慌的情况，如果有敌人，怎么能守得住？三个城垛一个兵，北京才有多少城垛？三大营再虚额，十分之一也会有吧。"鞭一人起，一人复卧如故"，这难道是人心涣散？杀一儆百不就行了？李自成部素来凶残，难道大家情愿受死？是因为鼠疫流行，感染以后身体虚弱，无能为力。北京人满为患，正好利于鼠疫流行。鼠疫在生活环境差的百姓和士兵中间流行，官僚家庭受波及很小，所以在深宫里的崇祯不知道，在城外的李自成也不知道，这才有议和的故事。等到李自成想惩罚性地攻一下城，没等开始，守城的便纷纷献城。这是因为大家都知道守不了。如果没有鼠疫，再不济事，靠着大炮和坚固的城防，怎么说也能坚持几天吧？李自成就这样连自己都不敢相信地轻易地进了北京，同时连自己都不敢相信地发现他梦里繁华的京城现在如同鬼城。

不管是不是鬼城，进了京的没有人肯退出去。李自成在西安已经立国了，这么轻易地进北京，不登基等什么呢？于是大顺的精兵良将就在北京住下了，不是住兵营就是住民居，降卒也要收编。无数的密切接触机会，鼠疫便开始在这些外地人中间流行开了。四十一日迅速丧失战斗力，不是北京的花花世界，而是满城的咳嗽细菌。既然已经拿下京城，为什么那么急向官员们追缴，难道不知道稳定人心的重要性？可是李自成没有办法，宫里空荡荡，老百姓贫病交迫，只有官员有油水，万一哪天瘟疫扛不住了得赶紧蹽脚丫子。其实这并不是李自成所部一家所为，古来叛军入城，都是烧杀奸淫掠夺，以已经被丑化了的历史记载来看，李自成算是文明的，多少次王公贵族被屠杀的，也没听说那么快就丢了到手京城的。李自成讨伐吴三桂，人数为什么争议很大，就是因为瘟疫流行，减员严重。可是为何在山海关前李自成一度占优？这还要说说肺鼠疫，这类鼠疫的潜伏期可以长达二十多天，也就是感染了二十多天才发病。这种长期潜伏的烈性传染病流行面广，因为未发病时和正常人一样，可以继续感染别人。李自成带到山海关前的部队，正是剩下的还未发病的那部分人，战斗力还在。这批人在山海关战死了一部分，逃回来的也陆续发病，于是李自成手下全是鼠疫病人，即便是痊愈的也非常虚弱，能跑路就不错了。这就是为什么李自成从山海关下来，不能守北京，离开北京也连战连败。一路退一路把鼠疫流行过去，"凡贼所经地方皆大疫，不经者不疫"。各地留守的部队也染上鼠疫，于是弃山西弃西安最后败死九宫山。那支无敌的雄师被鼠疫消灭了，联合南明时已经是乌合之众。历史上瘟疫造成大军死亡几成的记载比比皆是，行军打仗，最怕瘟疫。李鸿章深有体会。他考察西洋军事最大的感慨就是西方部队以医官为重，这才开设北洋医学堂，培养军医。在古代那种卫生条件和医疗水平之下，一旦军营出现瘟疫，整个部队便不战而溃，多少次到手的胜利就是让瘟疫夺去的，李自成也一样，只不过他丢得可惜，丢得让人感慨，才让后人忽略了瘟疫的作用。

出西安之时，摆在李自成面前的是两条路，一是经河南、湖北，夺取江淮；二是进逼北京。最后他采取了顾君恩的中路直进策略。从夺取北京的结局来说，是个好计谋。可是暗中看不见的鼠疫之手，让在皇位上屁股没有坐稳的李自成急速败亡。如果采取稳扎稳打的策略，先把占领的地盘稳固了，然后再夺取北京，结局会截然不同。明朝灭亡是迟早的事，在北方除了清兵以外，没有别的叛军跟他争，多等一年有何不可？这就是所谓死催。坚持讨伐吴三桂，也是一着臭棋。吴三桂不会主动进攻北京，也不会投降清。大军压境，只能把吴三桂推向清军。如果占领北京以后马上解决吴三桂，那时军容尚整，可以以战逼降，是李自成唯一的机会。古人迷信，往往将大疫归于天意，这场大疫，断送了崇祯性命，也使李自成手下离心离德，无人效力。后人分析李闯败亡，奇谈怪论层出不穷，偏偏就忽略了时机这个问题。李自成以宋献策为军师，观天象占卜，可惜不会看显微镜。李闯之败，怪只怪天时。

三月二十三日到三月二十七日之间，吴三桂降而复叛，原因不是因为知道家人受虐待，而是知道了京城的虚实，知道大顺军瘟疫流行，他才敢背水一战。手下那批辽东军人和他一样在瘟疫中看到了称雄的希望，所以才义无反顾地追随他返回山海关。吴三桂的算盘，李自成在大疫中不会与他交战，几个月后让瘟疫折磨得七七八八了，北京就是他吴三桂的了。到时候或者扶植新君，挟天子以令诸侯；或者以华北而割据。人在辽东的吴三桂，因为家人在京，北京大疫的情况他很清楚，也会料到会流行到秋天的，所以才敢冲天一怒。人云吴三桂引清兵入关，是想借清兵灭流寇，然后用金银财宝把清兵哄回去。吴三桂自幼和清兵为敌，哪会这么天真。何况清兵还有范文程、洪承畴，他这种把戏焉能瞒得过去？吴三桂不会不考虑引清兵入关，重则千古罪人，轻则也是石敬瑭。历史上这种引狼入室的，有哪一次轻易回去的？吴三桂知书达理，不会冒此罪名的。他的真实想法，是把清兵也引进疫区，让这场瘟疫帮他消灭两个大敌。到达北京之后，吴三桂没有在疫区停留，率军猛追李自成，他知道现在是最好的时机，尽管他手下伤亡很大，可是李自成已经无还手之力了，而且他不能留在北京让手下失去战斗力。追了一半不追了，也是因为部下也开始发病了。山海关前"暴骨盈野，三年收之未尽也"，清兵入关后安葬崇祯，为什么不下令地方官员收尸，而听之暴露荒野？这不像是新王朝的气象。原因还是瘟疫，病尸谁敢收？清军入关后，一部分随吴三桂追击李自成，此外还有很大一部分人马，就驻扎在北京无所事事，当年除了顺治登基就没有一丝南下的打算，眼看着南京那里建立小朝廷渐渐成了气候，其原因也是入京以后染上瘟疫了。吴三桂的绝户计几乎成功了，可惜，还是天时。清兵入关是因为天时，坐稳了还是因为天时。历史记载，鼠疫在北京和华北的确流行到1644年九月，可是满汉分治，满人和汉人没有杂居，接触的机会少，加上满人入京天气已经开始热了，离开人体的细菌不容易存活，鼠疫便没有像大顺军那样大规模地在满人中传播。即便这样，还是有一定程度的流行，造成当年清兵无力南下。可是正和山西的情况一样，连续流行两年后，第三年不流行了。烈性传染病流行过程中一些迄今为止无法解释的自然规律，甚至在今天，科学家们也只能说是天意。不仅1645年不流行，其后几年也只是小规模流行，为什么？顺治二年开始风调雨顺，天气不再干燥了，于是大规模鼠疫就没有了。吴三桂的妙计终归敌不过天时。鼠疫这个黑暗中的手在当时和后世造成对清兵战斗力过高的估计，因为连纵横中原的李自成都一战而溃，人们普遍认为清兵的战斗力很强。实际上从后来郑成功、李定国的战绩上来看，率领那种算不上雄师的部队都能几乎席卷南方，清兵的战斗力没有那么厉害，因为入关时没有多少人，全是后来投降加入进去的。所谓八旗子弟三代不能战，不能说不对，可是也没有那么绝对。

清兵以十万之众夺取天下，鼠疫帮了大忙了。今人赞许多尔衮，可是历次北方民族侵入中原时，其领袖人物在能力上堪与多尔衮并肩的比比皆是，那些民族除了蒙古外，都没有如愿，就是因为没有鼠疫这个天时。

三国演义为了扬刘抑曹，产生了一句名言：天时不如地利，地利不如人和。自古占地利的都是采取守势，夺天下靠的是中原逐鹿，靠地利的最多是偏安。人和就更谈不上了，人心如铁、官法如炉，朝代更替时哪一次不是杀人如麻、血流成河？所谓人心向背是因为老百姓厌倦战争，支持强大的一方而已。因此，最重要的还是天时。三国归晋，那地利与人和不是都输给天时了？三国演义，演义耳！所谓天时，有天下大势和机会，也有自然环境的影响，这里面包括疾病的流行。唐末梁晋之争，开始梁军占尽优势，几次包围太原，都因为大疫，士卒损失过半而罢兵，最后输给了晋军。类似的例子还有很多，这种不可预料才是让历史缤纷多彩的内在原因。

明朝为什么祸不单行？流寇北虏还有鼠疫，可以说天欲亡明。但是仔细探讨一下，究竟是什么导致明朝灭亡？退一步说为何1644年北京一年三变天？清兵先放在一边，流寇和鼠疫其实同源，都是因为土地兼并。老百姓丢掉了土地，出路有两条，一是成为流民饥民，最后走投无路加入流寇。二是去开荒，大批的失去土地的农民经山西去草原垦荒。草原原来是野鼠的地盘，人逐步侵入耗子的领地，这样也接触了一直存在于野鼠群中的鼠疫。万历年开始山西经常性地流行鼠疫，正是因为草原被逐渐蚕食的原因。为什么偏偏就李自成倒霉？这要从流行病的传播过程说起。染病不像中毒，把耗子药往井里一撒，吃完饭全村的人都翘了。传染病或者从动物到人、或者从人到人，都是一传一或者一传几的形式，一开始是点，然后是小规模的面，最后是大规模的铺天盖地。从点和面到铺天盖地有个临界点，就是合适的环境气候和足够的传染源。就北京的情况，春天的三四月间最容易流行传染病，崇祯年间山西的情况也证明这种鼠疫发病的高峰是这两个月，之前是积累阶段，其后因为天热瘟疫势头逐渐下降。恰恰是这两个月，李自成驻扎在北京。传染病大流行的另外一个因素是要人多，草原上鼠疫一直没断，没有大规模流行是因为没有太多的人。北京鼠疫流行是因为京城人烟密集，本来这一年就是鼠疫高潮期，在最高点突然拥进了几十万外地人，一下子就成了鼠疫杆菌的继承人。连年鼠疫，北京居民里面好歹有些有抵抗力的，新人这么一来，全是没经历过的，不快速流行才怪？于是鼠疫的流行从北京市民和三大营士兵里面转移到大顺军队中，李自成的部队成了鼠疫的主要疫区。李自成从北京撤出来，大部分的现行鼠疫病人和感染者也就出了北京。清兵入京后，天气开始热是一方面，北京城里没有多少现行鼠疫病人和感染者也是一个原因。老百姓染上鼠疫的，不是好了就是死了，顶多是零零碎碎的，不够大规模传播的基数。明之亡不是亡于鼠疫，而是民不聊生。亡于鼠疫的是李闯王，天下归清也要归功于耗子和它身上的小小细菌。历史有时候是肉眼看得见的，有时候是看不见的，1644年春天北京的历史，就不是肉眼可以看见的。正是这类肉眼看不见的历史，才是被史学家忽视的"国家兴亡自有时"。1644年春天，北京城里许多人咳嗽。在一声声的咳嗽中，肉眼看不见的东西改变了历史，城头变幻大王旗。

李自成起义
是旧式农民革命的最高峰

简修炜　张义和

　　在封建社会，农民的革命始终是为求政治平等和经济平均而战斗，而这种平等要求归根到底反映了农民问题是土地问题，农民革命是土地革命，其深刻原因为封建社会是土地所有制社会。因此，当农民战争把对土地的要求以纲领、口号的形式鲜明地写在战旗上的时候，也就展示了旧式农民革命的最高峰的到来。

　　17世纪30年代初到40年代中，李自成领导的明末农民大起义经历了十余年的浴血奋战，不但推翻了明政权，还提出了"均田免粮"的斗争纲领，并在实践上进行了初步的尝试。这是极其伟大的革命创举。但是，作为小生产者和私有者的农民阶级，不可能把包括土地在内的经济平均主义变为制度，无法真正实现"均田"这个理想，这是由农民阶级政权转化的必然性和小农经济本身的不稳定性所决定的。这就是农民革命军不可克服的历史局限性。

　　在考察李自成一生的活动时，既要看到他坚韧不拔的革命性，也要分析其不可克服的历史局限性。

　　本文拟就李自成起义所表现的农民战争发展的阶段性，大顺政权的政策性和入京后的矛盾性进行论述。

一、生产关系的变革和农民革命发展的阶段性

　　马克思在《政治经济学批判》中指出："无论哪一个社会形态，在它们

所能容纳的各部生产力发挥出来之前，是决不会灭亡的；而新的更高的生产关系，在它存在的物质条件在旧社会胎胞里成熟之前，是决不会出现的。"封建社会的存在，是以它所能容纳的全部生产力为前提的；同样，封建社会的存在，也是以它相适应或部分相适应的生产力为前提。因此，在封建生产力尚未全部发挥以前，不仅封建社会还要继续发展，而且封建生产关系也在变革中得到发展。变革应该看作是生产关系的特性，是其生产力的表现。所以，生产关系是在动态的变革中发展，不是在静态的僵化中死亡。变革使生产关系适应和相对适应生产力的发展。生产关系变革的特性，使之不仅是生产发展的阻力，而且可以成为生产力发展的助力。生产关系的变革所表现出来的生产力，可以延续到被更高的生产关系取代为止。

封建生产关系是由土地制度、分配制度、奴役形式等环节构成的。当生产力的发展与这些环节包含的内容逐渐不相适应时，则导致矛盾的激化。作为生产关系中的劳动生产承担者、生产力体现者的农民，要求改变旧的环节；而占有生产资料和权力的地主阶级，特别是地主阶级中直接支配政权的统治阶层或集团更是反对变革，而这些阶层或集团在封建生产关系一定的历史发展阶段中又恰恰占据着支配地位，决定着一定阶段封建生产关系的特点，从而在激化生产力矛盾中起主要作用。同样，表现为腐朽而顽固的地主阶层或集团之所以成为矛盾的主要方面，是因为他们在经济领域内占据垄断地位，在政治领域内又取得支配的权力，在激化阶级矛盾中起主要作用。因此，生产力要向前发展，就必须首先冲破这些环节的束缚和阻碍；农民阶级起来斗争也就必须以这些阶层或集团作为打击目标和攻击的对象。

自战国到西汉，主要阻碍生产关系发展的是农奴式的奴役形式和旧式奴隶制度的残余，因此在这一时期内，农民革命的主要攻击目标是以国家劳役制和残余为表现的生产关系环节，主要打击对象是代表这些环节的各级军功地主。从东汉到隋，农民革命的主要攻击目标是部曲、佃客、荫户农奴式的人身奴役制度，即私家劳役制度；主要打击对象是代表这一制度的世族地主和豪族地主。大体而言，在封建社会的前期，农民革命多侧重于反对政治上的超经济强制，反对人身依附，反对徭役等。自唐中叶起，随着庄园经济结构的瓦解和世族地主门阀统治的衰败，地主经济得到新的发展，代表这种经济发展趋势的是官僚地主、豪绅地主的庄田经济。在此转变过程中，以均田制为形式的土地国有制迅速被破坏，自耕农和半自耕农经济的复苏现象像极地的冬日，初升即落。农民的人身依附关系相对减弱，租佃契的关系逐渐普遍化，土地买卖频繁，土地集中加速，农民因失去土地而贫困，地主因占有土地而富足。封建制度下阶级对抗最本质的东西趋于明朗化。到了宋代，封建国家将土地占有和土地的依附者的户口分为主户和客户，虽然此举主要是便于征发赋役，但客观上反映的却是土地占有关系、分配关系中贫富不均的事实。自此，农民革命的主要攻击目标由封建奴役形式深入到分配关系和所有制关系，主要打击对象从封建国家、世族地主及豪族地主转向官僚地主和豪绅富户。北宋初年，四川的李顺起义反映的就是这种情况。延及明代，皇族地主和官僚地主疯狂地集中土地，皇庄、官庄急剧发展，把封建地主的庄田经济推到了高峰。这样，封建地主所有制与个体生产者之间的固有矛盾发展到空前尖锐的程度，从而生产力和生产关系、农民阶级和地主阶级的矛盾以土地关系为集合点，冲突也就前所未有地清晰。所以，明末农民斗争的实践集中在土地这个最根本的目标上，主要打击的对象更集中在皇族地主和官僚地主。从明末农民起义的主要攻击目标之准确，主要打击对象之集中，我们可以说它达到了旧式农民对封建斗争的最高阶段，因为它展现了生产关系的基础——封建土地的所有制。

与之相适应的是农民革命意识和思想发展也有一个从低级到高级的过程。在封建社会上半期，农民的思想主要反映在反对封建王朝暴力统治上。无论是秦末农民起义的"伐无道，诛暴秦"，还是西汉末年农民起义的"杀人者死，伤人者偿剑"，其主要表现是反对酷刑，争取个人的生存权利；反对苛法，争取法律上"平等"的权利；反对沉重的徭役，争取劳动自主的权利。而封建社会进入下半期之后，在封建生产力和封建生产关系的运动过程中，由于生产关系中一些环节日益腐朽，对生产力束缚、阻碍和破坏日益严重，促使农民阶级与地主阶级之间的矛盾和斗争日益充分展开，在自发的斗争实践中提高了农民的认识水平。唐代末期，王仙芝和黄巢等针对"富者地数万亩，贫者无容足之居"的土地占有关系，发出了"平均""均平"的呼声，第一次对不平均的土地占有关系进行抨击，反映了农民的革命意识从政治领域深入到了经济领域。嗣后的两宋农民起义对不平等的分配方式、土地所有制的批判更加具体。明末农民起义明确地提出了"贵贱均田"的口号，要求废除一切形式的地主土地所有制和实行平分土地。列宁说过："地权"和"平分土地"的思想，无非是为了完全推翻地主权力和完全消灭地主土地占有制而斗争的农民力求平等的革命愿望的表现而已。[①]一旦农民革命把要求平分土地的思想用政治标语形式写在战旗上的时候，便意味着旧式农民革命思想已发展到最充分、最鲜明、最深刻的时候了。农民革命从根本上说就是土地革命，到了为土地而战的纲领的提出，便表明旧式农民革命进入了峰巅阶段。至于太平天国革命，它是在我国近代史开端时期爆发的，不仅社会条件与旧式农民起义不尽相同，而且它把"平分土地"的要求制度化为《天朝田亩制度》，这就不是旧式农民起义所能达到的高度，而是资产阶级民主主义革命中"耕者有其田"的土地纲领的先声。因此，把土地问题制度化则是旧式农民革命向资产阶级民主革命转变的标志。

二、大顺农民政权的政策实践是旧式农民革命的最高阶段

农民政权，是在农民起义过程中逐渐形成的，它是农民反对封建斗争的权力机构。农民政权除组织领导旨在推翻封建政权的军事活动外，则是通过政策进行反封建斗争。大顺农民政权在政策制定和实践上为均平理想、为坚持主要攻击对象和主要攻击目标而斗争。

(一)打击宗室贵族和官僚豪绅

明朝末年，宗室贵族、官僚豪绅以及保护这些人的特权和利益的明王

---

① 《列宁选集》第二卷，第418～419页。

朝，是摧毁社会生产力的主要力量。这种情况的产生固然是封建生产力与封建生产关系矛盾运动的结果，还与明代宗室享有的特殊地位有关。明初规定，皇帝的儿子除嫡长子继承皇位外，其余都封为亲王；亲王除嫡长子承袭王位外，其余都封为郡王，直到六世孙以下为奉国中尉，世袭罔替。到明末崇祯皇帝在位时，宗室人数有多少，史书记载不一，多者说有近百万，少者说有二三十万。①明宗室剥削百姓的主要形式有禄米和田庄两种。按朝廷规定，亲王每年禄米一万石，郡王两千石，镇国将军一千石，以下递减至二百石为最低额。明代末年全国人口数约六千万左右，宗室人口若以二十万计算，则平均每三百人要供养一个朱家子孙，每人每年至少要交纳禄米一石。这个数目是非常大的。在明代嘉靖年间，就有人认识到了宗室禄米的严重性。御史林润说："天下之事极弊，而大可虑者莫甚于宗藩禄廪。天下岁供京师粮四百万石，而诸府禄米凡八百五十三万石。以山西而言，存留百五十二万，而宗禄百十二万。是二省之粮借令全输，不足供禄米之半。"②除禄米之外，宗室还拥有广阔的庄田，几万顷的数目在史书记载中是常见。"惟余芳草王孙路，不入朱门帝子家"③，就是对宗室兼并土地的生动说明。官僚豪绅兼并土地的势头不让宗室，如明代万历以后，福建州府"郡多士大夫，其士大夫又多田产，民有产者无几耳"④。江南苏松一带，"富家豪民兼百室之产"⑤，"有田者什一，为人佃作者什九"⑥。湖南湘潭县"有田者皆

---

① 《明经世文编》卷四九一。

② 《明纪》卷三六。

③ 《中刊杂俎》。

④ 《明史》卷二〇二《欧阳铎传》。

⑤ 《归震川令集》卷十一。

⑥ 《日知录》卷二十。

巨室富人"①。山东历城县，有恒立之家"百无一二"②。以上虽只是某些地区的几个事例，但反映了当时官僚豪绅兼并土地及土地集中的趋势。而广大农民"每以贫富不均，涓涓疾视"，"各佃含怨"③。

正因如此，李自成起义把推翻明王朝、铲除各宗室勋戚、打击官僚豪绅作为斗争目标，转战于黄河两岸，大江南北，起义军所到之处，大杀明朝宗室，"贼破城辄先收宗人"④，"惟宗室无得免者"⑤，如"屠戮皆尽"⑥。张献忠在四川也遥相呼应，"令各郡县起送王府暨家口数万人，皆杀之"⑦；"捕蜀王府宗室，凡匿避深山穷谷者无不毕获，杀之"⑧。福王朱常洵、唐王朱聿镇、津王朱常沧等都成了起义军刀下之鬼。对官僚豪绅，起义军也给予狠狠打击。经过起义军的扫荡之后，"覆宗绝祀者，不可胜纪"⑨，有的地方，"诸大姓无有存者"⑩。起义军运用这些暴力手段，消灭了全国最大的地主，削弱了地方腐朽势力，改造了当时的生产关系，为发展生产力铺平了道路。在除暴问题上，李自成、张献忠等行动的一致性，既反映了农民攻击目标的准确，也表明了农民思想认识达到了应有的高度。

(二)土地政策

"贵贱均田"是李自成起义军在土地问题上的基本主张。查继佐《罪

---

①乾隆《湘潭县志》卷十。

②《历乘》卷十四。

③康熙《昆山县志·文艺》上。

④康熙《曲阳县志》。

⑤《明季实录》附录《酉阳杂笔》。

⑥顺治《云中郡志》。

⑦《蜀难余略》。

⑧《荒书》。

⑨乾隆《郑州志》卷十。

⑩顺治《郏县志》卷七。

惟录》卷十七记载起义军"谓五年不征，一民不杀，且有贵贱均田之制"。由于材料失存，我们无法知道此制的全部内容，但能从山东丁耀亢《出劫纪略》的记载中略知一二。其文说大顺政权县令莅任诸城，"以割富贫之说明通衢，产不论久近，许业主认耕。故有百年之宅，千金之产，忽有一二穷棍认为祖产者"，"巨室膏田，一无主人，任其侵占而谁何，故前此所积不可间矣"。即起义军土地政策的基本点是号召"业主"认耕自己的土地，鼓励并支持失去土地的农民向地主夺回霸占的土地。有的人认为，李自成这一土地政策只是一个口号，并没有付诸实施。我们的看法是这一政策在局部地区实行过，并取得了很好的效果。乾隆《长治县志》卷八记载："自明季闯贼煽乱，衣冠之祸深，而豪民之气横。乡保揞让于绅缙，伍佰侵凌于阀阅，奴仆玩弄于主翁，纲常法纪扫地无余。贫儿陡成富室，贱隶远冒华宗，衣裳车马饰都雅之容，申第田园肆并兼之策。"光绪《孝感县志》转引顺治年间编撰的旧志亦说："年有田者皆自有而之无，无田者皆自无而有之矣。"这些记载表明起义军在局部地区确实实行了均田政策，并导致了阶级关系的大变动。

在李自成的起义军中提出"贵贱均田"的同时，明王朝内部也有人提出了"限田"的奏议，这在时代背景下没有什么区别。但明官僚的动机和目的是为了抵制农民革命，维护封建统治。李自成起义军则不同，它是作为一个革命纲领提出来的。虽有宣传的目的，争取民众参加斗争，但出发点是针对明末不合理的土地占有关系，谋求解决土地不均，满足无地少地的农民对土地的要求，借以改善农民的经济生活。但必须指出："贵贱均田"反映的是农民阶级对平等平均社会的憧憬。他们渴望拥有一块土地，以求自给自足。即使起义成功，李氏王朝建立后普遍推行"均田"，也只能带来自耕农土地所有制及小农经济的短暂复兴。因为大土地所有制最终取代自耕农土地所有制是封建社会土地占有的规律，不以人的意志为转移。李自成起义军反对封建地主所有制，并企图改变这种土地占有关系，但其阶级属性则表明他们不能完成这个使命。换句话说，在封建条件下，农民阶级对土地问题的认识和实践只能达到这个高度。

(三)"三年免征"与追赃助饷

一般说来，自唐之后，土地占有关系的不平均所造成的农民阶级与地主阶级矛盾的激化都会导致农民起义的爆发。明末李自成起义的发生还有一个更直接的原因，即广大农民不堪忍受朱明王朝加派的各种捐税。自万历末年起，为了应付辽东战事，明廷又强制征收辽饷。连常年赋税都穷于应付的农民，面对辽饷的加派，只有两条路：或流亡他乡，或铤而走险。因此，辽饷加派后，尤其是崇祯初年，史籍中有关农民暴动的记载连篇累牍。为了镇压各地农民起义，明廷又加征剿饷和练饷。这一愚蠢的竭泽而渔的做法，迫使髓尽血干的农民大批拥入起义队伍，造成了农民起义全国范围内大规模地展开。农民为摆脱那些如牛负重的赋税而起事，自然要表明他们在赋税问题上的主张。这个主张就是"三年免征"。也正因为明末农民起义的这一背景，"三年免征"和"贵贱均田"历来被人们认为是明末起义军最重要的政策。

在史书记载中，有关起义军在赋税问题上的主张的记录并不完全一致。

或言"迎闯王，不纳粮""迎闯王，不征粮"；或曰："降城不征""先服不输租"，或称"给复一年""三年免征""五年不征"，等等。但基本点是一致的，即在一定时期内取消农民和其他劳动者承担的一切赋税。正因为如此，李自成所到之处受到当地农民的热烈欢迎和支持。"三年不征"大约在崇祯十五年(1642年)提出的，此后起义军的势力迅猛发展，应当说是与这一政策的号召有关。

免除了农民和其他劳动者的一切赋税，而军队和地方政府的开支也需要维持。这是非常棘手的问题，也是关系到起义军的生死存亡问题。虽然起义军所到之处，当地居民送粮献草，没收明宗室和贪官污吏的家产，也实行过军屯，或"下乡打粮"，这些毕竟是有限的和应急的办法，崇祯十六年(1643年)十月，起义军攻占西安。起义军数量迅速增加，政权机构普遍建立。以往筹集粮草的办法显然不合需求了。这时候，李自成起义军便实行了追赃助饷的政策。追赃助饷是从籍没贪官污吏家产演变而来。早在进攻河南时，起义军每当攻破城池，就没收当地官僚豪绅的家产。以原来攻打荆襄，对那些富室，更尽索其所藏，并将其杀死。而作为一项具体的政策，则是在攻占西安之后。《鹿樵纪闻》卷中记载：李自成曾"大宴关中缙绅，出秦府金银器皿分与之，谓曰：饷乏，公等皆墨吏多金，宜各出之以助军需。且令左右露刃胁之。皆战栗署诺惟谨"。《甲申传信录》卷六亦载：崇祯十六年(1643年)十月，"闯收关中，请乡绅输助，多三四十两，或三五两，惟举人免输"。在这之后，随着起义军的壮大及大顺政权在黄河流域的普遍建立，追赃助饷作为一项重要政策在各地迅速展开。进入北京之后，更进行得轰轰烈烈。直到四月八日，李自成看到这一政策在执行过程中有"滥及无辜"的现象，反映非常强烈，才下令停止。但其他地区依然施行。虽然追赃助饷政策着眼于起义军的财政，但在政治上的意义是很明显的。它打击了皇族勋戚、顽固反抗的官僚地主和贪官污吏，鲜明地体现了大顺政权的农民革命性。

(四)砸庙毁坊

这是李自成起义军对封建意识形态所采取的立场。所谓庙，是指文庙(孔庙）；所谓坊，指牌坊。关于李自成对文庙的态度，今人说法不一。一说李自成不仅不反孔，反而保护文庙，并以崇祯九年（1636年）李自成攻打米脂，驻军城外，遗金于知县促修文庙和大顺军到山东曲阜，发布文告保护孔庙为例来说明。这种看法看来还需要再讨论。虽然我们在起义军一系列政策中很少见到如何对待文庙的具体文告，但起义军的斗争实践表明，起义军对文庙不是予以保护，而是坚决摧毁，尤其是在黄河流域。如顺治十八年（1661年）《河南府志》卷十二载，"新安文庙于（崇祯）十四年流寇焚毁"；乾隆四十四年（1779年）《河南府志》卷二十九载：渑池文庙"旧建新城西门外，寇毁仅存大殿"。又康熙三十三年（1694年）《伊阳县志》卷一载：伊阳县文庙曾在万历元年（1573年）修筑齐整，崇祯七年（1634年）又加增饰后"会流寇猖獗，悉付灰烬"。其他如永宁文庙、禹州文庙、郏县文庙、南阳文庙、陈留文庙之外，各地的城隍庙、名宦祠、乡贤祠以及其他各种神祠，都在起义军的焚毁之列。

虽然目前尚无充足材料证明大顺起义军对文庙及各类神祠的焚毁是有组织、有步骤地进行的，但在毁坊问题上，起义军的态度是明确的。李自成不仅颁布了"毁坊之令"，而且责令其军政官员认真执行。凡旧有官府，仕宦之家的牌坊，包括匾额，统统捣毁。顺治十八年（1661年）《延川县志·宫室志》载："明癸未（1643年）冬，逆闯有毁坊之令。"乾隆十九年（1754年）《蒲州府志》载：崇祯末年李自成派遣的防御使至州后，下令尽除当地牌坊，并言："敢后者死！"据王兴亚先生考证：清初河南黄河南部五府所属州、县在李自成占据期间，几乎摧毁了所有的牌坊。[①]牌坊是中国封建统治阶级为了表彰忠孝节义、功名科第而修造的一种建筑物，是封建王朝在意识形态领域加强专制统治所采取的一项措施。由于这种形式具有旌表忠义的特殊作用，自汉代起，历代统治者都非常重视，并演化为一种制度。到了明代，官府、士人、乡绅都非常狂热地营坊造匾，并以奢丽相尚，致使劳民伤财，

---

① 王兴亚：《李自成起义史事研究》。

怨声频生。明吕刊《去伪斋文集》卷一即指出"劳民伤财为费最甚者，莫如牌坊一事"，呼呈朝廷采取措施加以限制。但时至朱明暮期，积重难返。明末农民起义军明确制定并颁布毁坊的法令，并运用军权和政权力量在其占领区大张旗鼓地进行毁牌坊的斗争，这在旧式农民战争中是仅见的。它反映了农民战争随着时代的发展而发展，农民反封建的思想意识随着斗争的深入而深入。

三、迷乱中的大顺政权和旧式农民革命的历史局限性

农民政权的命运，学术界普遍认为不外乎三种：或者被封建王朝镇压；或者与旧的封建王朝同归于尽；或者自身转化为封建政权。大顺政权的结局似有些异常：它既没有被旧的封建王朝消灭掉，自身也没转化为李氏封建王朝，而是在覆灭朱明王朝之后，毁于满汉地主联军之手。虽然农民阶级不可能建立独立于封建社会之外的、单纯的、农民性质的政权，随着政权形式的完善和发展，最终要转化为封建政权。但这种转化并非那么简单，一般说来，农民阶级的革命性强烈，朴素的阶级感情纯真，其转化的速度愈缓，难度愈大。

作为朱明政权对立物，大顺政权在没有推倒之前，其内部力量在共同的斗争目标下保持着高度的一致性。但是，对立面一经消失，它就陷入了一种迷乱的困境中：究竟按哪些人的意志、向什么方向发展？下面，我们选择李自成与诸军将领、投入义军的地主分子、普通军士作为分析对象。

在政权方面，李自成与诸将领的关系实际上表现的是政权形式与实质内容的矛盾。史籍记载反映，直到攻占北京之后，大顺政权内部的权力结构仍然是集体议政方式。如《甲申传信录》卷六记载："又有内宫降自宫中出，皆云：李贼虽为首，然总有二十余人俱抗衡不下。凡事皆从谋也。"

又《平寇志》卷十记录："自成置酒宫中，召牛金星、宋献策、宋企郊、刘宗敏、李过等杂坐攫食相尔我。牛、宋执礼甚恭，自成呼之，必避席以对。刘、李举手而已。宗敏时呼自成为大哥，自成无如之何。"直至吴三

桂降清，山海关军情紧急，李自成还是召集刘宗敏等大将共商讨敌之计。在戎马倥偬的岁月，集体议政方式成为农民起义军习惯上的权力机构形式，它是一种普遍劳动者的平等联合，是建立在相互信任和彼此了解的基础上，甚至包含了相当浓郁的兄弟义气。只要起义军将领的立场未变，他们在情感上不会改变，乃至反对改变这种政治上的平等的联合。这是问题的一方面。另一方面，农民政权是建立在封建基础之上的，它没有也不可能去改变这个基础，农民政权又是按照封建王朝的形式建立起来的，它自然不可能摆脱封建主义的影响。李自成在西安建立的大顺政权，基本上因袭了明王朝的一整套机构。如在中央，设天佑殿，相当于明朝的内阁；设六政府，相当于明朝的六部；设宏文馆，相当于明朝的翰林院。在地方，设府尹、设州牧、县令，相当于明朝的知府、知州和知县。除名称差异之外，它与明王朝统治机构并没有多少不同。大顺政权还制定了一套讳法，到北京后，进一步发展到文字禁忌。如《平寇志》卷九记载："自成用顺王之玺。……禁民间用'李自成'字、'闯'字。"同书卷十记载："颁示自成先世祖讳，禁用自、务、明、光、安、定、成等字。"李自成甚至请出了"天"作为保护法神，除在襄阳自称"奉天倡义文武大将军"之外，当他荣归故土时"改"延安府为天保府，米脂县为天保县，并改清涧县为天波府，[①]改江夏县为瑞符县，[②]这多多少少地反映了李自成为了证明自己建国称王是顺天应人的事业，便借助神学、天命来神化自己。这是封建帝王惯用的手法。这些事例表明，农民政权一建立，不仅政权机构带有浓郁的封建色彩，还规定了人与人的关系，这就必须要改变起义军将士之间、兵民之间纯朴的较为平等的关系。而恰恰在这个问题上，李自成的态度是左右徘徊，进退维谷的。从襄阳建制起，李自成"自明不知书，令其下教之作字，又令讲通鉴而听之，辄用己意论臧否"[③]；

---

①道光七年《清涧县志》。

②《绥寇纪略》卷九。

③《绥寇纪略》卷九。

"暇则令儒生讲经史"①。这都说明李自成不自觉地接近封建统治方式和封建统治经验。权威和意志的高度集中是政权，尤其是专制政权所必需的。兄弟之义和带有原始风味的民主议政不仅不能造就权威，反而产生了掣肘力量。《甲申传言录》卷四记载："初自成命权将军曰：'罪者杀之，贪鄙多赃者刑之。'而诸将多拷掠无辜。士众有怨者，自成谓诸将曰'何不助孤做好皇帝？'制将军曰：'皇帝之权归汝，拷掠之威归我，无烦言也。'"又陈济生《再生纪略》记载："伪礼政府晓谕伪官，于二十九日齐拜贺登基。伪大将军如李如刘，各自为雄，目无贼主，面呼老李。逆闯每欲僭位，其下即相对偶语云：以响马拜响马，谁甘屈膝！又云：我血汗杀来天下，不是他的本事。繁言喷喷，逆闯心不甚安。"这不仅是对李自成个人立位的不平，更是对权威的漠视。李自成手下这些将士的心态阻碍了他向封建帝王的转化。其实，出身赤贫、阶级意识极强的李自成，对地主阶级的仇恨和憎恶也在抵制其向封建帝王转化，不能自觉地转化与自觉地抵制构成了鲜明的矛盾，它使得李自成在政权问题上左右为难，无所适从，从而引起了起义军内部新的矛盾。在这方面，李自成就不如历史上的刘邦、朱元璋那样从容和无情，而是在艰难、痛苦及无可奈何的状态中挣扎。

农民政权建立之后，总是越来越多地任用地主分子和旧王朝的官吏。这种历史现象，几乎成为农民政权的一个规律。农民领袖在建立政权之后，就会自然地奔向皇帝御座，而完成这一步骤，必须有一帮人出谋划策。由于文化素质和经验的局限，使得这些谋士只能在地主阶级和旧官僚中物色。大顺政权也是如此。无论是中央或地方机构，明朝官吏和举人都占据着重要地位，天佑殿大学士牛金星，原是明朝的举人；吏政府尚书宋企郊，原为明朝吏部员外；户政府尚书杨王休，原为明潼关道兵备；兵政府尚书侯恂，原为明兵部尚书；礼政府尚书，原为明朝湖南督学参政；刑政府尚书安兴民，原为明朝举人，等等。李自成甚至把选官的重大责任委托给宋企郊。这些人都

---

① 《豫陵流寇始终录》卷十六。

吸收到农民政权里后，其基本职能是帮助李自成等向封建帝王转化，并使大顺政权从内部到形式按照地主阶级的意愿趋向统一。从史籍记载来看，这些人的活动是有明显效果的。它表现在两方面：一是起义军占领北京后，明朝末期官场一系列腐败作风在大顺政权中有具体反映。如《甲申核真略》记载："盖时多为谋官者，如戊辰进士即宋企郊（若杨观光），河南人即牛金星，宋献策（若何瑞征），其类最多。"《甲申传信录》卷五指出："其时或贿或请，沛然几于明季之风焉。"拉帮结派以造成门户林立，这是明季政治颓败因素之一。大顺政权在很短的时间内就染上这种病毒，当然与这批人有关。二是这批人的生活方式腐蚀了农民革命肌体。如前所述，自唐宋之后，农民起义军都提出了各种各样的平均口号。这种口号是针对土地集中和政治腐败而发出的。但农民绝不会真正地造成平均主义。道理很简单，农民渴望从地主那儿均到土地和财物，但不会赞成把他自己的那一份私产也拿来均分。相反，由于小生产者的立场，他们则希望得到更多的财产。在大顺起义军摧毁明王朝占据北京后，一批将领的生活方式发生了很大变化，或"挟妓欢呼"，或耽乐酒色。地主阶级分子适时地把握机会，让义军将领沉湎于温柔之乡而丧失进取和斗志。不过，话也得说回来，农民领袖和农民政权若顺利又迅速地封建化，需要双方的一拍即合。在这个过程中，农民领袖的个人作用是不能忽视的。值得一提的是，在欢庆胜利的喜悦之中，李自成并没有尽情地享受，而是一如既往地粗茶粝食，简简朴朴；对地主阶级的献策也没有达到言听计从的地步，而是常有保留。李自成的这种态度，一次又一次地给这批人带来失望。在西安时，牛金星就有怨言："诚问古今天下如此君臣乎？势虽强，不过为他人所驱除耳。"[①]到了北京，这种失望情绪更加激烈："我主马上天子，惜其杀戮太过，盖选祸耳。"[②]主如此，臣亦如此："朝臣降贼者，大为贼所轻视，贼兵乘马过市，见降臣乘驴来，故驱突之，

---

① 《豫变纪略》卷六。

② 《平寇志》卷十。

视其避，以为笑。"①这些事便说明这支农民军的素质、战斗经历、领导人的个人品质诸因素比以前任何朝代的农民起义军更具有革命性和抵抗封建化的能力。要使这支阶级意识极强的队伍发生转变，没有比较长的相对和平的局面，是非常困难的。在北京追赃助饷滥及无辜情况下，对大顺政权心存期望的那些地主阶级分子，由观望、失望、绝望，转而疯狂地反扑。山海关之战后，各地官绅纷纷叛乱即是证明。

1640年以前，李自成起义军几起几落，多有挫折；而在此以后的四年内，发展迅猛，势不可当。其间奥妙在于1640年以后起义军提出种种措施得到了下层民众的赞同和支持。覆灭明王朝之后，要求恢复、发展小农经济的压力在起义军内部表现出来。当时起义军士卒都握有"多者五六百金，少者示二三百金"②的金钱。他们迫切要求把金银变为土地，使自己立即成为拥有一小块土地的农民。这本来就是他们积极参加起义军所企求达到的目的。《甲申纪事》载："既陷都城，马侠、炊丁亦人怀重宝，皆有归志。"重土思乡的心情缘于胜利的取得，而手头握有的那一点金银则使这种心情更加急切。这样，起义军士卒的心理与紧张的军事形势发生了尖锐的冲突。人心惶动，军心不稳。在这种情况下，应当制定恢复和发展小农经济有关政策，尽管李自成、刘宗敏等看出了军心动摇的苗头，但没有采取有力的措施。

从上面分析不难看出李自成及大顺政权巩固及发展方向上发生了迷乱，其后果是极其严重的。山海关之战后，起义军千里撤退，终致失败。大顺政权的结局使我们想起了列宁曾经说过的一段话："历次革命的一般进程表明了这一点，在这些革命中，往往有过短时间的、暂时得到农村支持的劳动者专政，但却没有经过劳动者的巩固政权，经过一个短时期，一概又倒退了，所以倒退，是因为农民、劳动者、小业主不能有自己的政策，他们经过多次动摇之后，终于倒退回去。"③

---

① 《甲申核真略》。

② 《甲申核真略》。

③ 《列宁选集》第四卷，第496页。

《李自成家谱》中的一世祖李彦即李延

李文屏

关于李自成的归宿，到目前为止竟然有十九种说法，虽经众多专家学者的精心钻研，至今仍然还是个谜。在这些众说纷纭和扑朔迷离的说法中，学术界普遍认为只有两论比较可信，即湖南石门县夹山寺的"禅隐说"，以及湖北通山、通城的"遇害说"，学术界称之为"两论并存"。然而，人的归宿终归只有一个。由此，两论三地不同程度均有一定的存疑，其中"遇害说"两地之一陵墓下葬埋的不是李自成，而是"李延"。经过众多史学专家和明史爱好者的考察研究，已有确凿的证据和学术论文足以证明这一论断。但需要进一步印证的，就是必须在李自成家族或亲族人的家谱中找到有关"李延"其人的记载，其论断才能成立。几十年来，专家学者费尽周折，多方寻找，一直杳无音信，毫无结果。

2004年9月，本人在为家族续修家谱时，经过周密细致的考察研究，证实了密传三百多年的家族史，即陕西省延安市富县寺仙乡太平村的李姓人家，是李自成唯一的直系，从而填补了李自成三百多年无后及断代的历史空白。同时挖掘和整理出一批由李自成家人传承和保留下的大顺时期的物质文化和非物质文化遗产。尤其是在《李锦家谱》里，隐藏着丰富而珍贵的文化蕴涵，给研究李自成及大顺历史提供了难能可贵的印证资料。

家谱序言里所提到的"李彦"，曾引起诸多研究者的关注："李彦"是否就是"李延"？因为当时没有其他资料来印证和说明，一直无法得到断定。此事作为难解之谜被搁置一旁。随着一本清光绪三年本家族分支《神簿》的出现，谜团逐渐揭开，这一困扰历史学者多年的疑难课题，有可能从这里得到较为满意的答案。

一、《李锦家谱》序言中的"李彦"

太平村李自成家人有十分完整的家谱、神轴、族规和独特的祭祀礼仪。家谱分大谱和支谱，大谱及部分支谱在"文革"中被毁，仅存大支系（长房长孙支系）《李锦家谱》一本。该家谱修订于1962年，由当时富县专业修谱人李荫仁先生主修，为白麻纸张十六开，共二十四页，毛笔书写。原件现存于富县档案馆，为富档清字001号。该家谱虽为近代产物，但它所产生的年代和其所具有的严肃性，是不会有假的，起码在记叙传承上是按部就班，一丝不苟地去抄录，这是修谱人的基本常识。

当时续修家谱时，就是以《李锦家谱》为基础，进行了仔细认真的研究和解读，发现了神秘的"世系排号表"，揭开了蕴含其中的寓意，以及家谱序言中的深刻含义，唯有四位先祖的身份难明。在该家谱序言第二页第八行中，曾这样提到："我们的先祖李元、李昌、李彦、李贞，为了保家全生，逃到鄜州，劈山开荒，务农为生。"这四位先祖究竟何许人也，他们与李锦是何等关系，是李锦的先人，还是李锦的后人，因无其他任何资料印证，固然是一个难解之谜，但四位先祖中的"李彦"却引起一些专家学者的高度关注。他们推测，其中的"李彦"有可能是史学界在全国范围内竭力寻找的"李延"。

二、"李彦"是李自成的亲侄儿

2006年11月，在广东省汕头市澄海区一中学任教的高级教师李育强（李自成第十五世孙）回家探亲时，在太平村其祖屋南头院的腰房里，找到了一本光绪三年（1877年）"李彦"支系的《神簿》。此簿为细薄麻纸手工装订，毛笔书写，长二十厘米，宽十五厘米，共二十三页，至今一百三十年。由于年代久远，未能妥善保管，致使纸张严重风化，下部四分之一处严重断裂，但字体工整，页码不乱，主要文字还是清晰可见，首页左侧第一行写着"一世讳彦"（即李彦）。

此簿经有关专家确认，是一本《神簿》，而不是《家谱》。所谓的《神簿》就是后代为了缅怀和便于查找已故先人，专门从"神轴"（也叫"阴轴"或"阴谱"）上转抄来的。而"神轴"则是专门记载已故先人的谱，是由布绢或丝绢做面料，由绘画师在上面绘制一至四位列祖全身或半身画像及牌位，下余列祖则以绘画单一牌位供奉。一般是逝世三年以后方可上谱，（因为俗称三年以后为神），以供后人祭祀参拜。由于是平面制作，故在其上端设置一木轴，便于卷起收藏，安放隐蔽之处。"神轴"使用不太方便，只有在春节、清明或大型祭祀活动时才悬挂使用。后人为方便查找已故先人，于是就各自摘抄在小本之上。这种做法许多家族都在沿用。也就是说，家谱的修订是有组织的行为，尤其是序言或记事部分，都是经过内查外调，追根溯源，研究确认后，编撰而成。而《神簿》则是依照原物抄录而成，纯属个人行为。《神簿》是没有序言说明的，因为原件本身就没有。

这本《神簿》与该支系清乾隆年间的"神轴"是同出一辙，各列祖列宗名号完全一致。且神秘的二十个辈分字号也是相同的，只是"神轴"第一人为三世先祖"李飞"，一、二世先祖断代。这本光绪三年"李彦"支系的《神簿》恰恰弥补了一、二世的空白。尤其是"李彦"的出现，揭开了《李锦家谱》序言中四位先祖的身世之谜，确定了他们在李自成家族中的辈分地位，为同辈人，都是一世，是李自成的侄子。

在太平李自成家族中，除大"神轴"（"文革"中被烧毁）中的一对夫妻为李自成与高桂英外，从现有分支的两幅"神轴"来看，均由三世和四世立起，以上却无从查起。从新发现的"李彦"支系的《神簿》和《李锦家谱》来看，他们首位先祖均是一世，他们是李自成的侄儿，这就与太平村李自成家人祖传的"咱村一世祖都是李自成的侄儿家"相吻合。由此可以确认，这位李彦是李自成的胞侄，他们和其他几位兄弟都是李自成之父李守忠的亲孙子。

从历史资料来看，记载最多的是李过（李锦），他是李自成之兄李自立之子，其父李自立和李自成是同父异母，李自立比李自成大二十岁。李自成无亲子，李过、李彦等侄儿过继给李自成为子（有"神轴"图腾标志和口传为证）。李过与李自成同年生，李自成比李过大四个月。李自成的生母除生下李自成，另有三弟李自良（见申长明先生《李自成家族考》"李自成家族世系图"），"李彦"及另外两位无疑是李自良之子，他们同是李自成的亲侄儿。

三、《李锦家谱》中四位先祖名字有避讳之意

《李锦家谱》序言中提到的"我们的先祖李元、李昌、李彦、李贞"，其名字分别为"元、昌、彦、贞"，这些均是其隐讳之名。

太平村的李自成家人，是在"联明抗清"路线及南明永历政权彻底失败之后，受李自成旨意从云南北回米脂途中，隐居在鄜州（今陕西省富县）子午岭山旁的黄土高原塬面上，利用当地独特的地理位置和地形，筑城建堡，养马屯粮，以图东山再起，并起村名为"太平"。为了不引起满清政府的怀疑，更好地传承、保留和纪念李自成及大顺时期的核心思想和人物，充分利用避讳和隐讳的手法，来迷惑外人。如：家谱"世系牌号表"的二十字，就是利用隐讳的手法作的五言绝句藏头诗；又如：三百多年来一直供奉的"显神爷"像，就是李自成的隐身像，对外却以春秋战国的伍子胥为隐名，其目的就是为了避讳，从而达到蒙蔽的目的。那么认为"李元、李昌、李彦、李贞"之名是避讳之名，也就毫无疑问了。

从历史情况来分析，李自成的这些侄子们除李过是跟随李自成南征北战的老将主帅外，其他三位侄子都是小将和"联明抗清"时期的主将。他们在当时是有一定的影响力，都是清朝政府缉拿的"要犯"。后代肯定不能将其真实名字堂堂正正地写在家谱上面，否则那是引火烧身，自投罗网。为此，

必须用其他名字来代替，以便避讳，从而达到"保家全生"的目的。

从四人名字的排序和字义上也不难看出其精心策划的一面。在家谱记载中，同一辈人的大小次序是绝对不能搞乱的，必须是从大到小，依次排列。"李元、李昌、李彦、李贞"按排序李元为大、为首、为第一。再从字意上来看，元字的本意就是第一、首位、开始，那么，作为大侄李过理所当然地成为元，李元就是他的隐讳之名。考虑到他是大顺军赫赫有名的大将军，号称"一只虎"，"联明抗清"时又一度为主帅，避讳其真名很有必要。在家族中他也是大分，他们支系的人口最多，辈分最小，繁衍最快，完全符合中国的传承规律。

不难看出，李彦在四人的排序上为第三，而实际上其支系也是第三，在家族中他们的辈分最大，人口最少，繁衍最慢，是家族中最小的一支系（四支系李贞是否断代或隐居在外，待查），他的家谱隐讳之名叫"李彦"，为什么要避讳？既然避讳，其本人的历史面貌就非同小可。

从一些研究李延的历史资料来分析，他避讳的必要性仅次于李过，因为英王阿济格向当朝奏报，死于湖北通山九宫山牛迹岭的是李自成（实际上是李延），也就是将李延说成李自成。如果再有李延其人在李自成家族中出现，一旦发现，其后果不堪设想。由此推测，李彦的真实名字叫李延，不是没有可能的。

四、李过与李延是同辈之人

有专家学者几十年的研究成果证明，李延是李自成的侄子，与李过是同辈人。在中国家谱修订规则中，世系排号表（也叫辈分字号）的单个汉字为本辈分的标记，以便识别辈次。通常以二十个字（也有字数不等的）为一组，每字一世，按每世二十年计算，可使用四百年。字号用完后，可按原世系表，同音不同字重新编组。也有按汉字的偏旁部首来做辈分标记的，有三点水旁、草字头、走之旁，宝盖头等。像唐高祖李渊的辈分部首就是三点水，在《世界李氏族谱全书》"李氏历代世系"第八十七世中（第66页）就这样记载："李浪、李海、李涛、李源、李渊。"《李自成家谱》中第八世也是三点水旁，如李满、李溢，等。云南省红河自治州弥勒县荣宗村李自成堂弟李自行家族第四世的字号，就是草字头，如：李芸、李萃、李芯、李蔚、李芬、李苘、李著，等。李自成家族的家谱是大顺以后，按李自成的旨意新编的世系字号，与李自成祖上老谱字号是完全不同的。李自成的侄子辈（按老谱）就是走之旁；如：李过、李通、李进、李迪、李达、李适、李遵、李道、李迈，等。这些名字在李健侯的《永昌演义》和一些历史资料里有记载。虽然《永昌演义》不能与历史记载相比，但作者是李自成的族人，又是李自成故里之人，是清光绪十二年（1886年）生人，对一些事件与人物进行过实地调查了解，是真实地记述李自成的第一人，相距李自成时代较近，他的演义不同于其他，是具有纪实性的一面，有一定的参考价值。

在家族辈次的年龄结构中，其跨度相差很大，造成同辈之人不一定是同一时代人的现象较为普遍。同一辈人中，年龄有相差二十多岁，甚至六十多岁，高达三代人之距。本人在叔伯弟兄中排行为九，与大兄长的年龄相差四十多岁,最小的要差近六十五岁。这种现象在每个家族中不同程度的都有。也有人说:"过"的部首与"延"的部首笔画不同,不能视为走之旁。两者的笔画是不同,一个是三画,一个是两画,那是现代字典的划分,而四百年前还没有字典,那时的人们还是将这两者归为同一部首,更何况民间。所以说这种说法是不能成立的。

传统的家谱记载方式上是不记人的生卒年月,那么李延当时应该有多大呢?按照中国人的习俗和地区的风俗,以及当时的具体情况分析,普遍是早婚,陕北就是典型的早婚地区之一。新中国成立前中国人结婚的年龄一般是在十八岁左右,有的则在十六岁左右,农村和富人家为多。当时李自成的大顺军中更是鼓励早婚,那是形势的需要,不仅是过早地传宗接代的问题,更重要的是军中嫡系人才和兵源问题。据史料记载,大顺军中就有童子军的编制,他们都是九到十二岁的孩子,在军中的主要任务就是给将领、骑兵遛马和放马,还有攻城和侦察放哨的任务,北京城就是在童子军的攻城下才攻破的。由此推测,当时的结婚年龄应在十五岁左右,如果一个人十五岁结婚,到三十八岁时他的孩子起码有二十二岁,而且孙子也有五岁多。就是现代人中,三十八岁有孙子的人在农村也不是什么新鲜的事。按照李自成"遇害之说"的时间计算,当时李自成是三十九岁,其弟李自良的年龄也有三十八岁左右,其侄李延的年龄应该在二十一岁左右,这与一些研究者认为李延当时遇难二十二岁左右是相吻合的。这个年龄段的人,在任何时期的战争年代都是军中的主将,从"米脂李延"佩剑的档次和规格上来看,也能证实这一点,他只是一部之将,相当于现在的团级。另外,《神簿》记载李彦仅有一子,这与他英年早逝不能说没有关系。

由此可见,李延是李自成的侄子,与李过为同一辈人,是能够成立的。

五、"彦"和"延"同音不同字

李自成家人受命从云南回归米脂途中,隐居在太平村后,为家谱中一世们的避讳问题,也算是周密思考,精心设计。根据每人不同情况,采取多样化的方式，巧妙地进行隐讳，以便达到既能隐讳，又不至于难以破解的效果。因为隐讳是手段，而不是目的。在李延的避讳问题上是直接采用同音不同字的做法，这也是合乎情理的。用李彦来代替李延是两全其美之事，既达到了避讳的目的，又能保持其原音不变。"彦"与"延"同为"yan"，其声母和韵母是完全一样的，按照普通话来读，只是声调上有所不同，"彦"是四声，"延"是二声，从太平李自成家人所在地富县的当地口音来辨别，只有一点点区别，和普通话差不多。然而，陕北榆林地区的口音将这两个字的读法是一样的，听起来没有任何区别。为证实这一点，本人将"彦"字和"延"字写在纸上，找米脂、横山、榆林人，用他们当地的方言来读，其结果出人预料，两个字的读音完全一样。考虑到李自成家族的最初立谱的年代是在清康熙中叶，当时的后代们仍然操着浓重的陕北乡音，虽然南征北战，足迹遍布二十多个省区，还是乡音未改。所以视"彦"为"延"也是完全有可能的。

六、李彦之后与清朝有三世之仇

从富县太平村李自成家族现仅存的、修制于大约清乾隆年间的两幅神轴来看，一幅是大分支系四世祖耀春为首的列祖列宗牌位，其中四世、五世、六世夫妇有画像和牌位。三世夫妇的着装是：男着清朝官服，女着贵族服饰。唯有三分支系的"神轴"有些特别，它是以三世李飞为首，另有四世、五世夫妇的画像。四世和五世夫妇的身着服饰与大分支系完全相同，只有李飞夫妇俩身着明朝服饰：头戴高筒白色布帽（米脂人称"楮楮帽"），一副明朝王侯的装扮。根据年代推算，三世李飞应是清雍正年间生人，已远离明朝近半个世纪，为何他们夫妇不身穿清朝服装？这一奇特现象吸引了诸多专家学者的高度关注。富县文物局局长陈兰女士带领一些文物专家和历史学者，进行了多次认真的考察辨认，她明确指出：这是因为三世以上人的思想信念和政治立场与清朝势不两立，是完全不归顺清朝，后代不能违背他们的意愿。从着装情况来看，完全可以说明四世以后归顺了清朝。这一论断和结论得到了众多专家学者的一致认同。

那么，三世李飞的思想信念仅仅是体现在与清朝的政治立场上吗？难道就没有其他原因吗？

《神簿》明确记载，一世祖李彦有一子，名"仲信"，"仲信"有两子，长子名"彩"（因故断代），次子名"飞"，李飞为李彦之次孙，由他繁衍生息的三分支系，至今只有一百七十余人。

正史并没有李延的记载，可能因为他当时在大顺军中只是一位小将官，还不足以提及，只是在湖北通山九宫山牛迹岭遇难的主人公中有一些关于他的零星记载，仅限于地方志和民间。有说李延就是李自成；又有说李延不是李自成，是李自成的侄子；还说李延是替李自成而死的。这些资料有：《世忠堂程氏宗谱》《通山县志》、康熙庚午年（1690年）举人通山高湖谢挺树先生的《诗古文集》、康熙五十五年撰修的通城《彭城堂金氏宗谱》，还有世代为李延墓（现闯王陵）守陵十七代的朱家留传的"米脂李延"佩剑，以及杀害遇难者的凶手程九伯的家谱上有关杀死李延的明确记载，足以说明和证实当时遇害者的确是李延，他和李自成是两个人。由此可想，李延之死，无论是偶然性还是必然性，都是一种无奈的选择，他不同于战场牺牲，与敌方的冤仇将直接影响着几代人。这是家仇和国仇。于是，李延或者说是李彦的后人深记这一冤仇是情理之中的事，作为李彦的嫡孙和他的后人，在"神轴"的绘制上，如此一反常规的做法也是其心愿的完全体现。

从李彦《神簿》来看，虽然不能证明是李延的直接佐证，但从其特殊的主体资格和诸多方面的相互印证，还是可以说明李彦就是李延这一问题。尤其是他的主体地位，就是要寻找李延只有在李自成的家族中找，而且必须是侄子辈，年龄还要相同，加上同音不同字的名字和那三世孙"清人明装"的奇特画像，还有那仅有一子的参考因素，足以证实《李自成家谱》中的一世李彦就是李延。

中国有句俗话："解铃还得系铃人。"要想得到直接证据，还要从李自成家族人中寻找。按照李自成家人惯用的隐身、隐居、避讳和声东击西的兵法来分析，肯定会有记载真实历史的资料被隐藏，只是至今未能发现而已。相信随着时间的推移和历史文化意识的提高，在不久的将来，可能会问世，届时，这一沉睡了三百六十年的历史谜案将大白于天下。

《雪山飞狐》与李自成禅隐夹山说

肖良琼

　　《雪山飞狐》是金庸先生系列新式武侠小说中的一部。继《雪山飞狐》之后写的《飞狐外传》已拍成电视连续剧，我曾断断续续地看了一些，却不曾阅读全书。正如金庸先生自己所说，这是两部各不相涉的书。①因此，也没有想到《雪山飞狐》与李自成禅隐夹山有什么联系。经覃正海、龙西斌两位先生的介绍，才特地找来拜读。

　　原来金庸先生在书中采用了李自成禅隐夹山说，并虚构了李自成的部下为了严守李自成禅隐夹山这个天大的秘密，彼此间造成种种误会，结下世代冤仇，最后终于化解的引人入胜的武侠情节。在《雪山飞狐》的后记中，作者比较了学术界关于李自成归宿的多种说法，并涉及其他几部新旧文艺作品对这个问题的处理，足见作者深厚的文史功底和严肃的创作态度。

　　《雪山飞狐》并没有直接写李自成，只是描绘了他的部下的后代们在不明真相的情况下，围绕大顺王朝遗留下来的宝藏，各路英雄或小人，为了争夺一把武林中掌门人持有的传家宝刀（即闯王宝刀）的故事。因为这把宝刀不仅是代表掌门人的权柄，还隐藏着寻获宝藏的线索，故事情节曲折，人物心态复杂。作者歌颂的是一个有勇有谋、矢忠闯王、伪降吴三桂、号称飞天狐狸的英雄胡卫士。他在九宫山劝阻李自成自刎，在李自成禅隐夹山之后，他离间清廷与吴三桂的关系，图谋恢复大顺王朝，即使不成也要假手清廷使吴三桂满门灭族。这是小说中涉及李自成归宿的部分。三百多年来，李自成的归宿始终是一个不解之谜，加上继明王朝之后而统治中国的，又是一个少数民族建立的满清王朝。种族矛盾与阶级矛盾交织在一起，除了广大的汉族和满清以外的少数民族的老百姓之外，不少的知识分子是倾向或同情李自成及其大顺王朝的。从总结这次波澜壮阔的农民革命经验出发，李自成的归宿自然是史学界重视的问题。其中影响最大的是郭沫若先生的《甲申三百年祭》。关于李自成之死，他最初采用了死于通城说，新中国成立后才改为通山说。但不论李自成死于何处，在他心目中李自成是不会消极禅隐的。益阳文史资料就收录过一篇抗战初期他路过益阳时写的文章，其中就批驳过禅隐说。不过他误将益阳某寺当作夹山寺了。申悦庐老师将《大顺军领袖李自成被害问题存疑》，投到《历史研究》时，曾经找过我。那是1956年，当时的史学界流行十种说法，就是大英雄人物的结局，应当是不成功便成仁，一定是壮烈的或悲壮的，而不可能是贪生怕死，消极禅隐，抑或是退一步说是为了东山再起而暂时引退也不可能。

此后，通城说似乎已成定论。但仔细分析，疑点确实太多。一具"朽莫辨"的尸体，自相矛盾的记载，能证明李自成死于九宫山吗？不论这座山是在通城，还是在通山，李自成在西安登基之后，进入北京城时，尚且是"毡笠缥衣"，为何围困于九宫山外出掠食时要全副帝王打扮？李自成的下落如何？禅隐夹山说是消极的还是积极的？这一切都要有事实根据。三百多年来，流传于石门一带的禅隐说，并不是毫无根据的。因为大顺军余部曾在这一带活动过很长时间，他们深得人心。这些传说，世代相传。小时候，我也听长辈们讲述闯王的故事。那时，他并没有像新中国成立后这样被奉为伟大的农民起义领袖，但故事中他始终是一个站在人民一边，反对专制政权的失败英雄。有一些传说不免带上消极的迷信色彩，如他不是真命天子，等等。但绝无贬义，也无顾虑。因为满清王朝早已被推翻了。一说李自成禅隐夹山，既无杀身之祸，也无贴金之嫌，紫石牌坊早已打碎，作为李自成及其余部影响的最后象征，清廷在何璘《澧州志林》发表后也被摧毁了。但人民心中的丰碑却没有倒下，新的闯王陵却又在三百多年之后建立起来了。

在《李自成禅隐夹山考实》一书中，新发现了一些过去为人所不注意的史料，至少我个人是不知道的。

一是大顺军余部与容美土司的关系，一是撰写奉天玉和尚墓志铭的刘碹及严首升等知识分子与大顺军余部及容美土司等的关系。看来湘鄂西这片土地在清初仍是山高皇帝远，有相对的地方割据性。

新发现的文物也证实了过去部分传说，例如奉天玉和尚确有其人，他是和尚，葬俗却与陕西米脂一带相同。他是律宗，他的弟子野拂却是禅宗。章太炎所说的百首《梅花百韵》的雕版，以及野拂所撰《支那撰述》的雕版在大殿的墙头被发现。不论《梅花百韵》作者是谁，这都有些奇怪。《梅花百韵》的刻本，早年是有传世的。据沈克家先生说，大约在20世纪40年代，他还听到我舅公李搏九先生背诵过许多首，并告诉他是李自成所作。奉天玉和尚的墓志中也有些疑点。墓志是发掘品无疑，其中的年号却很不一致，既称大清，最后又用周王丙辰二年，吴三桂拥立朱三太子时年号是周启。他自封周王。刘碹不是一个没有知识的人。为什么出现这种矛盾？联系他与严首升等人的某些活动，这墓志很可能隐藏着某些秘密。

《雪山飞狐》假设胡卫士以灭吴三桂为恢复大顺王的突破口，墓志却用他的年号，这是金庸先生的假设与新发现的文物不同之处。当然小说是允许虚构的。墓志用周王丙辰二年至少表现了刘碹等人希望各路反清势力联合的愿望。

近年来主张李自成禅隐夹山的学者，都认为禅隐是为了联合南明抗清，出自李自成的策略。在《雪山飞狐》中此计却出自劝阻他自杀的部下。正如金庸先生在另一部小说《神雕侠侣》的后记里引书中人物："郭靖说'为国为民，侠之大者'这句话在今日仍有重大的积极意义。"[②]撇开李自成的归宿不谈，大顺军以势如破竹之势迅速地覆灭了明王朝，但又似暴风骤雨一般迅速地消失是发人深省的。《甲申三百年祭》指出大顺军犯胜利时骄傲的错误，部分成员腐化堕落，内部谗忌残杀，违背了"为国为民"的初衷，这在今天也仍然有重大意义。

《雪山飞狐》中写了大顺军遗留下的财宝，有的人为财而死，在石门传说中这批财产为作家丁玲的祖上临澧蒋家所有，没有藏在辽东的雪山。湖南境内也有一座雪峰山，但在石门所处的武陵余脉之东南。也算是一种并不相符的巧合。

　　《雪山飞狐》同金庸先生其他几部武侠小说一样，主旨都在"为国为民""赏善罚恶"，以大局为重，反对狭隘的仇杀，与主张禅隐夹山说者们类似。不过金庸先生在指出"为国为民，侠之大者"这句话在今天仍有重大的积极意义的同时，又说，"但我深信将来国家的界限一定会消灭，那时候'爱国''抗敌'等等观念就没有多大意义了。然而父母子女兄弟间的亲情，纯真的友谊、爱情、正义感、仁善、勇于助人、为社会献身等等感情与品德，今后还是长期为人们所赞美，这似乎不是任何政治理论、经济制度、社会改革、宗教信仰等所能代替的"。有的禅隐说的学者认为大顺军余部最后降清是因为清王朝轻徭薄赋，人民安居乐业，没有反抗的必要了。我想当时还不可能有这样的认识。大顺军余部降清后，下场是很可悲的。种族矛盾

和阶级矛盾不曾因为社会安定而消失。而统治者恰恰是把镇压反对的各种势力作为社会稳定的因素，人民群众的抗清运动一直没有停止。直到辛亥革命时期，同盟会的口号还是："驱逐鞑虏，恢复中华，创立民国，平均地权。"今天我们可以不带种族偏见来客观地评价满清王朝的得失，但不能脱离当时的社会历史条件。

对于禅隐夹山说，金庸先生提出的疑点是《澧州志林》中何璘描绘的李自成的画像与李自成瞎左眼不符，鞠盛先生说有材料证明李自成的箭伤恰恰是在眼眶之下，因而造成右眼大左眼小，与雷山的祖师爷铜像一致，希望鞠盛先生将材料公布出来。

①金庸：《雪山飞狐》后记，《白马啸西风》，百花文艺出版社，1988年4月第1版，1993年5月第4次印刷。

②金庸：《神雕侠侣》后记，陕西人民出版社，1992年9月第1版。

后 记

　　李自成是明末农民起义领袖，是大顺政权的建立者，是我们米脂人。一个陕北的弹丸小县，历史上出了这样一位响当当的人物，实属不易。一代英雄，以其飒爽的英姿，在我国历史上写下了浓墨重彩的一笔。

　　2013年初，我们初步考虑出一本关于李自成的专辑，之后县政协领导充分肯定了这个选题，并给予了大力支持。时任米脂县县长的温江城亲笔题写了书名。这一年我们聘请了申长明、田文亮、李雄鹰等12名热爱文史工作的特邀文史员，召开约稿会、座谈会，并在米脂电视台、《米》杂志上刊登征稿启事，最终确定了稿件内容和撰稿人。

　　《米脂出了个李自成》之一用23万字从传说故事、史海钩沉、易象解读等多个视角给我们呈现出一个英雄的一生。专辑出版后，反响不错，我们的工作得到了社会各界的肯定，很多人想办法要这本书。这使我们感到欣慰。姜良贵老师因为一些原因稿件提供得迟，未被收录而深感遗憾，表示一定要抓住下次机会。类似的情况还有很多。时隔一年，我们决定将后期征集到的稿件编辑整理，出版这本《米脂出了个李自成》之二，内容包括明末农民起义的发源地、李自成失败的原因以及对李自成归宿的论证，等等，共35篇，约22万字。

文史工作是非常细致繁琐的，在机关内部，文史委的同志是最辛苦的，从约稿、审稿、编排到校对都得亲自参与，必要时要查阅史志、档案资料，和撰稿人反复核对，有的同志还得亲自撰写文史资料。而这些都是没有任何报酬的，但我们的同志没有怨言。感谢我们的文史工作者，我们的成绩与大家的辛勤付出是分不开的。也感谢我们的特邀文史员，特别是申长明老先生，不仅不辞辛劳收集、整理、撰写文稿，还为我们的工作提出了许多宝贵意见。最后一并感谢社会各界人士的关注和支持！

由于时间紧，资料、人力及水平有限，书中难免会有错误和疏漏，敬请读者指正。

编 者